dtv junior Lit

Heinrich Pleticha wurde 1924 in Warnsdorf/Nordböhmen geboren. Sein besonderes Interesse galt schon seit seiner Schulzeit der Geschichte und der deutschen Literatur. Deshalb studierte er nach dem Zweiten Weltkrieg Geschichtswissenschaften und Germanistik und promovierte über ein Thema zur modernen ägyptischen Geschichte. Er wirkte als Gymnasiallehrer in Würzburg und wurde 1984 als Honorarprofessor an die Universität Würzburg berufen. Seit er 1950 erstmals einen Lux-Lesebogen veröffentlichte, hat er zahlreiche Bücher für Jugendliche und Erwachsene geschrieben und herausgegeben, die sich vorwiegend mit historischen und literaturgeschichtlichen Themen beschäftigen. Ihre Gesamtauflage umfasst längst mehrere Millionen. Heinrich Pleticha war wiederholt Vorsitzender des »Arbeitskreises für Jugendliteratur e.V.« und leitete von 1991–1997 als Präsident die Deutsche Akademie für Kinder- und Jugendliteratur in Volkach am Main. Er lebt in Würzburg.

dtv junior Literatur-Lexikon

Sprache, Lebensbilder, literarische Begriffe und Epochen

Herausgegeben von Heinrich Pleticha

Deutscher Taschenbuch Verlag
Cornelsen Verlag

Mitautoren: Renate Freyeisen, Johannes Glanz, Hans-Jürgen Hereth, Günther Merwald, Otto Schönberger, Gernot Stengel und Roland Vocke

Überarbeitet und aktualisiert von Dr. Hans-Jürgen Hereth

Mit Porträtzeichnungen von Ingrid Kellner

Bearbeitete Neuausgabe nach den Regeln
der Rechtschreibreform
17. Auflage November 2006

www.dtvjunior.de
Umschlagkonzept: Balk & Brumshagen
Umschlagbild: Simone Fischer
Gesamtherstellung: Kösel, Krugzell
Printed in Germany
ISBN-13: 978-3-423-79517-3
ISBN-10: 3-423-79517-4

Inhalt

Vorwort

Mit dem Lesen ist es so eine Sache. Die einen lesen gar nicht, andere begnügen sich mit »leichter Kost«, mit Unterhaltungs-, Kriminal- oder Abenteuerromanen. Daneben gibt es auch Menschen, die sich immer wieder bemühen durch Lesen ihr Wissen zu vertiefen, sich mit wesentlichen Fragen des Lebens und Denkens auseinander zu setzen, und manche Leser lieben die großen Werke unserer Dichtung und der Weltliteratur.

Dieses Buch möchte die Begegnung mit Werken der Literatur erleichtern, beim ganz persönlichen, privaten Lesen ebenso wie in der Schule, bei der Vor- und bei der Nachbereitung häuslicher Lektüre eine Hilfe sein und – zum Lesen anregen. Es ist ein Nachschlagewerk, d. h. es soll nicht wie ein Roman oder ein Sachbuch in einem Zug gelesen werden, sondern dann, wenn eine Information gesucht wird. Doch im Gegensatz zu anderen Nachschlagewerken, wie etwa den großen Lexika, sind die einzelnen Beiträge bewusst ausführlicher gehalten und so geschrieben, dass sie die gewünschte Information auf eine möglichst lebendige und verständliche Art bieten. Auch das Lesen von Nachschlagewerken will gelernt sein. Einfaches Überfliegen eines Textes nutzt da wenig. Ein bisschen muss sich der Leser schon anstrengen, muss bereit sein mitzudenken und mitzuarbeiten. Wenn auch die Stichworte in den Hauptgruppen alphabetisch geordnet sind, so bestehen doch oft Zusammenhänge zwischen den einzelnen Begriffen. Um diese dem Leser deutlich zu machen wird deshalb häufig mit so genannten »Verweisen« gearbeitet, wie man die kleinen Pfeile nennt, die den Text unterbrechen und auf Begriffe hinweisen, die ihrerseits wieder irgendwo als Stichworte auftauchen. So kann der Weg von einem Lebensbild zu einem oder sogar zu mehreren Sachbegriffen führen und umgekehrt.
Natürlich kann man sich jederzeit diese Pfeile wegdenken, kann sich eben nur mit dem Leben eines Dichters oder mit einem literarischen Begriff beschäftigen, doch ein sinnvolles Arbeiten, wie es ein Hilfsbuch dieser Art gewährleistet, ergibt sich oft erst durch die gemeinsame Aussage mehrerer Begriffe. Dieses Buch will Schulbücher nicht ersetzen, wohl aber ergänzen. Bei der Lektüre tauchen immer wieder Namen und Begriffe auf, die unbekannt sind.

Wer weiß auf Anhieb etwas über das Leben Walthers von der Vogelweide oder Franz Kafkas zu erzählen? Wer kann ohne weiteres Begriffe wie »Metapher« oder »Novelle« erklären? Wer weiß über das Funktionieren von Bibliotheken oder die Arbeit in einem Verlag Bescheid? Die Antwort auf solche und ähnliche Fragen finden die Leserinnen und Leser auf den folgenden Seiten.
Das Buch gliedert sich in fünf Gruppen. Die erste zeigt die Geschichte unserer Muttersprache und der deutschen Mundarten auf. Die zweite Gruppe beschäftigt sich mit Sachbegriffen. Für eine Begegnung mit den Werken der Literatur mögen sie im ersten Augenblick unwichtig erscheinen. Tatsächlich werden wir eine Erzählung, ein Gedicht, einen Roman zuerst einmal in Ruhe lesen und auf uns wirken lassen, aber sowohl für die schulische Arbeit als auch bei der Privatlektüre streben wir ja darüber hinaus auch eine kritische Auseinandersetzung mit dem Sprachkunstwerk an. Jedes Kunstwerk, ganz gleichgültig ob es aus dem Bereich der Musik, der bildenden Kunst oder der Literatur stammt, gehorcht bestimmten Gesetzmäßigkeiten (Stilformen, Versmaß, literarische Gattungen), deren Kenntnis wiederum zu seiner richtigen Bewertung notwendig ist.
Als drittes schließt sich ein Kapitel mit Übersichten über die Epochen der deutschen Literatur von der Dichtung des Mittelalters bis zur Gegenwart an. Wer einige der wichtigsten hier erwähnten Dichterpersönlichkeiten näher kennen lernen möchte, wird im vierten Kapitel manche Auskunft finden. Es bringt die Lebensbilder von 70 Dichtern. Der Bogen reicht dabei von den ersten bekannten Namen des Mittelalters bis zu den lebenden Autoren. Werk und Leben gehören zusammen. Viele Romane, Erzählungen oder Gedichte haben einen sehr persönlichen Hintergrund und lassen sich oft nur aus dem Leben ihres Schöpfers richtig erklären. Ob erst die Abschnitte über die einzelnen Epochen der deutschen Dichtung oder die Kurzbiografien der Dichter gelesen werden sollten, muss sich einfach von Fall zu Fall ergeben.

Die deutsche Literatur kann aber nie allein und losgelöst von den Literaturen anderer Länder und Kulturkreise gesehen werden. Deshalb beschäftigt sich ein eigener Abschnitt auch mit deren Dichtungen. Freilich muss es hier mehr noch als bei den anderen Stichworten bei knappen Zusammenfassungen bleiben, trotzdem dürften die Hinweise für eine erste Begegnung mit der jeweiligen Literatur eines Landes ausreichen. Auch hier ergeben sich immer wieder Querverbindungen zur deutschen Literatur, die zu literarischen Entdeckungsreisen einladen. Welche dichterischen Werke entstanden in Deutschland zu der Zeit, als in England Shakespeare seine berühmten Schauspiele schuf? In Amerika wurde die Kurzgeschichte begründet; was ist darunter überhaupt zu verstehen und welche Bedeutung erlangte diese für die deutsche Literatur der Gegenwart? Solche und andere Fragen, die jeder sich selbst und anderen stellen kann, lassen sich bei ein bisschen Übung mit Hilfe der vielen Stichworte dieses Buches beantworten.

Noch ein Wort zum Schluss. In diesem Buch werden Hinweise auf viele literarische Werke gegeben. Es ist von Romanen ebenso die Rede wie von Schauspielen, von Erzählungen, Gedichten. Es wäre schön, wenn es nicht allein bei solchen Hinweisen bliebe, sondern diese vielmehr zur Lektüre anregen würden.

Heinrich Pletícha

I. Die deutsche Sprache

Geschichte der deutschen Sprache
Mundarten
Schrift- und Umgangssprache

Geschichte der deutschen Sprache

Um das Jahr 600 n.Chr. wohnten in Mitteleuropa mehrere germanische Stämme, im Süden Baiern und Alemannen, an Rhein und Main die Franken, nach Norden hin die Thüringer und Sachsen und an der Küste die Friesen. Vom Friesischen abgesehen waren ihre Sprachen einander sehr ähnlich, dann aber kam es zu einigen Veränderungen im Lautsystem, von denen vor allem die so genannten Verschlusslaute *(b, d, g, p, t, k)* betroffen waren. So wandelte sich beispielsweise *p* zu *f*, *t* zu *s* (in bestimmten Fällen wurde *p* zu *pf*, *t* zu *z*), *k* zu *ch*. Aus *b, d, g* wurden *p, t, k*. Im Einzelnen sind wir über den Verlauf dieser Veränderung nicht gut unterrichtet, da es aus dieser Zeit so gut wie keine schriftlichen Nachrichten gibt. Man darf aber annehmen, dass sie von Süden nach Norden verlief und etwas nördlich von Köln »stecken blieb« (↗Mundarten). In der Wissenschaft heißt dieser Vorgang die hochdeutsche Lautverschiebung. Sie trennte das Hochdeutsche, d.h. die Dialekte im Süden Deutschlands, vom Niederdeutschen und allen anderen germanischen Sprachen, z.B. vom Englischen. Deshalb entsprechen sich auch Apfel:apple, Wasser:water, machen:make, zehn:ten oder Tag:day.

Die Epoche von etwa 800 bis 1100 n.Chr. bezeichnet man als die Zeit der althochdeutschen Sprache. Damit ist keine einheitliche Sprache gemeint, sondern eine Zusammenfassung der einander recht ähnlichen hochdeutschen Dialekte. Die althochdeutsche Literatur brachte schon eine stattliche Zahl eigenständiger Werke hervor, dazu kamen zahlreiche Übersetzungen aus dem Lateinischen. Die nächste Sprachstufe ist das Mittelhochdeutsche, das etwa bis 1350 reicht. Sein auffallendster Unterschied zum Althochdeutschen zeigt sich in der Abschwächung der Endsilben, z.B. sihu:sehe oder taga:tage (Tage), und in den Umlauten *ö* und *ü*, die sicher auch schon im Althochdeutschen gesprochen wurden; geschrieben hatte man damals nur den Umlaut *e* (= *ä*). Aus dieser Zeit stammen die großen ↗Ritterepen, religiöse und weltliche Lieder und auch deutsche Urkunden, Verträge usw. Seit 1350 spricht man vom Frühneuhochdeutschen, seit 1500 dann vom Neuhochdeutschen. Sein Hauptmerkmal ist die so genannte neuhochdeutsche Diphthongierung, d.h. *i, u* und *ü* (geschrieben iu) wurden, wenn sie im Mittelhochdeutschen lang gesprochen worden waren, zu *ei, au* und *eu*. So entstand z.B. aus min:mein, aus hus:Haus, aus hiute:heute. Ein neuhochdeutscher Dialekt, das Ostmittelhochdeutsche, bildete die Grundlage der neuhochdeutschen Schriftsprache. Sie hat sich in ihren Lauten bis heute fast nicht mehr gewandelt. Sehr tief gehend sind die Änderungen in der Struktur, die die Sprache im Laufe ihrer Geschichte durchgemacht hat. Das Althochdeutsche stellte die grammatischen Beziehungen, z. B. die Fälle, durch Endungen her. Da sie im Laufe der Zeit vielfach abfielen oder sich abschwächten und damit oft doppeldeutig wurden, musste sich ein neues Beziehungssystem entwickeln. Bei den Substantiven übernahm der Artikel diese Aufgabe. Auch heute ist dieser Wandel noch nicht abgeschlossen. So wird z. B. der Genitiv immer häufiger durch Umschreibungen ersetzt: das Haus »von meinem Vater« statt »meines Vaters Haus«. Insgesamt kann man, nicht zuletzt unter dem Einfluss des Lateinischen, ein Streben nach mehr Genauigkeit beobachten: Heute gibt es sechs Zeiten, während das Althochdeutsche mit Gegenwart und Präteritum auskam. Jedoch konnte sich die tatsächliche Verwendung aller Zeiten in der ↗Umgangssprache nicht durchsetzen; das Futur wird darin kaum benützt und, vor allem in Süddeutschland, kennt sie fast nur Gegenwart und Perfekt. Ständig in Bewegung war und ist der Wortschatz: Wörter ändern ihre Bedeutung, sterben aus, neue Wörter kommen hinzu. So wurden im Althochdeutschen, meist nach lateinischem Vorbild, neue Wörter für die neuen Begriffe des Christentums geschaffen (Lehnübersetzungen). Dazu kamen Fremdwörter, die, als solche meist nicht mehr erkennbar, ebenfalls auf das Lateinische zurückgehen. Im Mittelalter brachte die Ritterkultur viele Wörter aus dem Französischen, das zusammen mit Latein im 17. und 18. Jahrhundert die deutsche Sprache erweiterte und beeinflusste. Dies führte zu Gegenreaktionen vieler Schriftsteller und zu zahlreichen Eindeutschungen, z. B. Bittsteller für Supplikant oder ergiebig für lukrativ. Auch in den letzten 150 Jahren nahm unsere Sprache viele Fremdwörter auf, oft griechisch-lateinische Kunstwörter wie Automobil, vor allem aber englische Wörter, da England in der Technik lange führend war. Heute prägt vor allem Amerika den Wortschatz der modernen Zivilisation – von der Politik bis zur Kunst, von der Technik bis zur Mode. So verwundert es nicht, dass eine Vielzahl von Wörtern aus diesem Kulturkreis entnommen werden, von »cool« bis »skateboard«. Doch dieser Austausch ist nicht einseitig: Deutsche Worte wie »Blitzkrieg« (für den Golfkrieg) und »Kindergarden« (für Kindergarten) sind in Amerika ebenso geläufige Begriffe.

Mundarten

»Och, wat hürt un lest'n faaken / Vun de Goern foer eische Saaken, / As vun dit undoegsche Paar, / Dat Max un Moritz ropen waar.« – »Nei, was ghört me-n au für Gschichte / Vo de böse Buebe brichte! Au vom Max und Moritz da / Häd me nüd vill Guets vernaa.«

Wenigstens ungefähr versteht man diese Zeilen, weil der Ausgangstext bekannt ist. Meist aber wirken diese beiden Mundarten, Plattdeutsch und Züritüütsch (Züricher Deutsch) auf einen Außenstehenden wie eine Fremdsprache: Die deutschen Mundarten haben sich teilweise so weit voneinander wegentwickelt, dass eine Verständigung schwierig, wenn nicht unmöglich ist. Begonnen hatte diese Trennung in althochdeutscher Zeit (800–1100 n. Chr., ↗Geschichte der deutschen Sprache). Damals wohnten im Norden des Ostfränkischen Reiches Friesen, Sachsen und Thüringer, im Süden Alemannen und Baiern. Zwischen sie schob sich, von Nordwesten her, das Siedlungsgebiet der Franken. Die sich an die althochdeutsche Zeit anschließende hochdeutsche Lautverschiebung erfasste jedoch nicht alle Mundarten. Das Niederdeutsche (Altsächsisch, Friesisch) und ein Teil des Fränkischen, das Niederfränkische, aus dem sich später die flämisch-niederländische Schriftsprache entwickelte, blieb davon ausgenommen. Die Grenze der Trennung zwischen Hoch- und Niederdeutsch, auch Benrather Linie genannt (nach der Stadt Benrath), liegt seit dieser Zeit fest. Friesisch ist heute auf kleine Gebiete in den Niederlanden sowie auf Ost- und Nordfriesland beschränkt. Viele Forscher sehen es als eigene Sprache an, während das Niederdeutsche, trotz aller Unterschiede im Lautsystem, eindeutig zum Deutschen gehört. Wichtige Untermundarten sind z. B. »Westniederdeutsch« mit Ost- und Westfälisch und Nordniedersächsisch und »Ostniederdeutsch« mit Pommerisch und Mecklenburgisch. Von den hochdeutschen Mundarten, die dem Niederdeutschen, dem Platt, gegenüberstehen, haben Alemannisch, Bairisch und Ostfränkisch die Lautverschiebung am vollständigsten durchgeführt. Diese drei Mundarten fasst man unter der Bezeichnung Oberdeutsch zusammen, die übrigen fränkischen Mundarten und Thüringisch-Sächsisch sowie Schlesisch bilden das Mitteldeutsche. Bei allen Mundarten und Mundartgruppen kann man Untermundarten unterscheiden, die sich oft bis in Kleinstmundarten, von Ort zu Ort verschieden, verzweigen. Das Fränkische hat drei Untergruppen: das Ripuarische im Rhein-Gebiet Aachen – Köln – Bonn, das Moselfränkische an der Mosel, in Luxemburg und um Limburg und Siegen und schließlich das Rheinfränkische, vor allem in der Pfalz und Hessen. Die Unterschiede zwischen den drei Gruppen beruhen auf der verschieden starken Durchführung der Lautverschiebung. Ähnlich ist es bei der Gliederung des Alemannischen: Die Unterschiede zwischen Hochalemannisch (vor allem in der Schweiz) und Niederalemannisch (in Baden und im Elsass) rühren von der althochdeutschen Lautverschiebung her. Beim Bairischen lassen sich drei Untergruppen erkennen, Süd-, Mittel- und Nordbairisch, die besonders durch die Vokale getrennt sind. Eine einschneidende Änderung im Lautsystem brachte die neuhochdeutsche Diphthongierung (↗Geschichte der deutschen Sprache), die alle hochdeutschen Mundarten erfasste, vom Alemannischen allerdings nur das Schwäbische. Damit war aber die Entwicklung noch nicht abgeschlossen. Die deutschen Mundarten erlebten viele Veränderungen, die sich sehr oft nicht an die Grenzen der Großmundarten hielten. So haben z. B. Niederalemannisch und Nordbairisch Gemeinsamkeiten gegenüber Hochalemannisch und Mittelbairisch. Eine solche »grenzüberschreitende« Änderung ist z. B. die so genannte binnendeutsche Konsonantenschwächung, bei der *p, t, k* zu *b, d, g* wurden, also »Tisch« zu »Disch«. Die Entwicklung von *s* vor einem Konsonanten zu *sch* setzte sich aber nur im Alemannisch-Schwäbischen vollständig durch: »schbitz« und »Fenschder«, in den meisten anderen Mundarten, auch in der Schriftsprache, nur am Wortanfang: »schpitz«, aber »Fenster«, und in der Hamburger Aussprache des Schriftdeutschen gibt es nur *s*: »s-pitz«. Auch der Wandel des *g* (am Wortende und zwischen Vokalen) geht über viele Mundartgrenzen, z. B. »Tach« statt »Tag«. Ein Merkmal aller Mundarten sind Veränderungen der Wortform. So fallen vielfach Endungen ab, besonders *-e* oder *-en*, oder es werden Silben zusammengezogen. Auch Neuerungen im Satzbau und in der Grammatik sind nicht selten. Dazu gehört z. B. das Verschwinden des Genitivs, das sich auch auf die ↗Umgangssprache, manchmal sogar auf die ↗Schriftsprache auswirkte. Dem Auseinanderleben der Mundarten, in früheren Jahrhunderten auch durch politische Zersplitterung gefördert, steht heute eine Neigung zur Vereinheitlichung gegenüber, die zum einen Kleinstmundarten aussterben lässt, andererseits aber gewährleistet, dass sich alle Bewohner des deutschen Sprachraums miteinander verständigen können.

Schrift- und Umgangssprache

Im Deutschen gibt es, wie in fast allen Sprachen, mehrere Sprachebenen, z. B. die ↗ Mundart (Dialekt), die Umgangssprache und die Hochsprache (Schriftsprache), mit vielen Zwischenformen und Übergängen. Wann welche Sprache verwendet wird, hängt von der Situation ab, vom Gesprächspartner oder vom Thema. Bei der Hochsprache kann man allerdings kaum wählen: Sie ist die Sprache der Öffentlichkeit, der Zeitung, des Rundfunks, meist auch der Literatur, der Schule usw. Während sich im Englischen und Französischen im Laufe der Zeit die Sprache des politischen Zentrums als Schriftsprache durchsetzte, verlief die Entwicklung in Deutschland, wo es ein solches Zentrum nicht gab, anders. Zwar kann man in althochdeutscher Zeit (↗ Geschichte der deutschen Sprache) unter Karl dem Großen und im Mittelhochdeutschen, zur Zeit der Staufer und der Blüte der ↗ ritterlichen Dichtung, die Bemühungen um eine überregionale Sprache erkennen, aber auf die althochdeutsche Zeit folgte eine verstärkte Hinwendung zum Latein. Nach dem Untergang der Staufer, mit den sich anschließenden politischen Wirren und wirtschaftlichem Niedergang, erschien das Begründen einer Sprache, die im ganzen Reich hätte gelten können, als das am wenigsten dringliche Problem. Das änderte sich im 15. Jahrhundert. Im ostmitteldeutschen Raum um Leipzig und Meißen bildete sich eine über den Mundarten stehende Sprache heraus, die in den verschiedenen fürstlichen Kanzleien geschrieben und im Osten und Südosten des Reiches als maßgebend angesehen wurde. Auch Martin ↗ Luther verwendete diese Sprache für seine Bibelübersetzung (ab 1522) und in seinen deutschen Schriften. Gefördert von den Buchdruckern, die an einer weithin gültigen Sprache interessiert waren, gelangte sie auch in bisher abseits gelegene Gebiete, z. B. in den alemannischen Raum. Es gab aber auch Widerstand: Ostmitteldeutsch war für einen Alemannen eine Fremdsprache; dazu kamen religiöse Vorbehalte: Die Reformierten (Calvinisten) lehnten Luther und damit auch seine Sprache ab. Dennoch setzte sich nach und nach das Neuhochdeutsche, wie diese Sprache wissenschaftlich genannt wird, als Hochsprache durch, d. h. es wurde die Sprache der Kirche, der Schule und der Literatur. Aber die Niederdeutsch Sprechenden wehrten sich weiterhin gegen die neue Sprache. Sie besaßen bereits eine verhältnismäßig einheitliche niederdeutsche Schriftsprache, die in Druckerzeugnissen bis weit ins 17. Jahrhundert verwendet wurde. Zwar drang auch hier das Hochdeutsche – Hochdeutsch wegen seiner Herkunft aus Oberdeutschland – weiter vor, zunächst als Schriftsprache, dann auch als Umgangssprache in den Städten, verdrängt wurde das Niederdeutsche (das Platt) aber nie. Heute erlebt es sogar wieder einen Aufschwung. Da es für die Niederdeutschen kaum eine Beziehung zwischen Platt und Hochdeutsch gab, bestand auch keine Gefahr, dass das Hochdeutsche dem Dialekt angeglichen wurde. Deshalb blieb die Schriftsprache im eigentlich niederdeutschen Sprachgebiet sehr rein erhalten und hat die weiteste Verbreitung, sogar als Umgangssprache, gefunden. Dass sich gerade das Ostmitteldeutsche als Schriftsprache durchsetzte, hat mehrere Gründe. Am Anfang nahm die neue Sprache nur eine Mittelstellung zwischen Bairisch und dem eigentlichen Mitteldeutschen ein, gleichzeitig aber auch zwischen Ober- und Niederdeutsch. Weiterhin war es durch Luthers Arbeiten und die Verwendung als Dichtersprache – viele ↗ Humanisten und auch Hans ↗ Sachs benutzten sie – zu einer Sprache geworden, die über einen großen, differenzierten Wortschatz verfügte. Es hatte überdies noch den Vorteil, dass nicht eine Provinz oder Stadt bestimmt hatte, was sprachlich richtig oder gut ist, sondern dass die großen Dichter hierfür Vorschub leisteten. Prägend waren in dieser Hinsicht z. B. Martin Opitz (1597–1639), Friedrich Gottlieb Klopstock (1724–1803), Gotthold Ephraim ↗ Lessing und natürlich ↗ Goethe und ↗ Schiller. Deshalb konnte sich das Neuhochdeutsche auch gegen das Französische behaupten, das im 17. und 18. Jahrhundert einen fast übermächtigen Einfluss besaß. Eine gewisse Normierung begann im letzten Jahrhundert, zunächst für die Rechtschreibung durch Konrad Dudens *Vollständiges orthographisches Wörterbuch der deutschen Sprache* von 1880. Auch heute noch ist der *Duden* verbindlich, wenn es um Fragen der Rechtschreibung und des Sprachgebrauchs geht. Während Deutsch als Hochsprache bei den Formen, im Satzbau und der Rechtschreibung in den drei deutschsprachigen bzw. überwiegend deutschsprachigen Staaten Bundesrepublik Deutschland, Österreich und Schweiz sehr einheitlich ist, gibt es im Wortschatz erhebliche Unterschiede. Abgesehen von der völlig akzentfreien Bühnensprache ist die Aussprache zwar auch festgelegt, aber mundartliche Einflüsse werden meist geduldet. In den letzten Jahren kann man ein Vordringen der Umgangssprache beobachten, wenn es auch Bereiche gibt, die allein der Hochsprache vorbehalten sind, z. B. die Presse. Eine lebendige Sprache wandelt sich ständig; und vielleicht ist die Umgangssprache von heute die Schriftsprache von morgen.

II. Literarische Begriffe und Sachbegriffe

Anekdote
Aphorismus
Autobiografie/Biografie
Ballade
Belletristik
Bestseller
Bibliothek
Brief
Buch und Verlag
Buchhandel/Buchmesse
Charakteristik
Comic
Dialektdichtung
Dialog
Dichter
Drama/Dramatik
Epik
Erzählperspektive
Essay
Fabel
Fantasy
Feuilleton
Gleichnis
Glosse
Hörspiel
Interview
Kalender/Kalendergeschichte
Kinder- und Jugendliteratur
Kommentar
Kriminalroman
Kurzgeschichte/Shortstory
Lautmalerei
Legende
Lied
Lustspiel
Lyrik
Märchen
Metapher
Metrik/Versmaß
Monolog
Moritat
Motiv
Nachricht
Novelle
Parodie
Plagiat
Pseudonym
Reim
Reportage
Rezension
Rhetorik
Roman
Sachbuch
Sage

Satire
Schlager
Schwank
Sciencefiction
Sketch
Strophe
Symbol
Szene
Theater
Tragödie
Übersetzung
Utopie
Volkslied
Werbung/Werbesprache
Witz/Pointe
Zeitung

Anekdote. Das Wort Anekdote stammt aus dem Griechischen und bedeutet das Nicht-Herausgegebene, das Unveröffentlichte, das vorerst nur erzählt, nicht eigentlich niedergeschrieben wird. Man versteht unter Anekdote eine kleine, bezeichnende Geschichte über einen (meist) bekannten Menschen, die das Wesen seiner Persönlichkeit, seine besonderen Eigenschaften und sein Verhalten in einer (meist schwierigen) Lage schlagartig und oft witzig deutlich macht. Für die innere Wahrheit der Anekdote ist es nicht wesentlich, ob sie nur erdacht wurde: »Wenn es nicht wahr ist, so ist es doch gut erfunden«, sagt das italienische Sprichwort. Beispielhaft hierfür ist die Anekdote über den makedonischen König Alexander und den Philosophen Diogenes. Alexander besucht Diogenes, der vor seinem Fass in der Sonne liegt, und fragt ihn großzügig, welchen Wunsch er ihm erfüllen könne. »Ach«, sagt Diogenes zum König, »geh mir ein wenig aus der Sonne.« Diese Szene wird sich in Wirklichkeit nie abgespielt haben, aber trotzdem wird einem hier das Wesen der beiden, ihre »Rolle« und das Verhältnis des freien Menschen gegenüber der Staatsmacht und ihrem Vertreter großartig vorgeführt.

Viele Anekdoten gehen aber auf wirkliche Ereignisse zurück. Schon der griechische Philosoph Plutarch hat die Lebensgeschichten bedeutender Männer in Anekdoten gekleidet. Auch in Predigten erzählte man oft Anekdoten um die Wahrheit eines Satzes hervorzuheben. Vom 15. Jahrhundert an sammelte man Anekdoten auch in Büchern. In der deutschen Literatur hat H. v. ↗Kleist die Anekdote literarisch einprägsam geformt, wie etwa die bekannte *Anekdote aus dem letzten preußischen Krieg*. Aber auch J. P. ↗Hebel hat in seinem *Schatzkästlein des rheinischen Hausfreundes* Anekdoten, wie z. B. *Kannitverstan*, erzählt.

Aphorismus. »Wenn ein Buch und ein Kopf zusammenstoßen und es klingt hohl, ist das allemal im Buch?« (Lichtenberg). Ein Beispiel für einen Aphorismus, doch was sagt es über diese wohl kürzeste Prosagattung aus? So viel zumindest, dass jemand einen gescheiten Einfall, einen Gedanken in neuer Weise ausdrückt oder auch eine geltende Meinung in Frage stellt. Gegen Ende hin enthält jeder dieser, meist aus nur einem Satz bestehenden Gedankensplitter eine unerwartete Wendung, eine witzige Pointe. Nur lacht man hier nicht unbedingt, eher beginnt man nach- und weiterzudenken. Ein weiteres Beispiel, von dem Wiener Aphoristiker Karl Kraus, zeigt Letzteres besonders schön: »Wer anderen *k*eine Grube gräbt, fällt selbst hinein.« Hier wird das bekannte Sprichwort in sein Gegenteil verkehrt und der Leser hat etwas zum »Beißen«. Nicht umsonst nennt man deshalb einen Aphorismus auch »das Sprichwort der Gebildeten«. Im ersten Moment hört sich diese Aussage fast widersinnig an, doch die Paradoxie als Mittel der Verfremdung ist typisch für viele Aphorismen. Überhaupt gehört die geschliffene, verknappte Formulierung zum Wesen des Aphorismus. Oft benutzte stilistische und rhetorische Mittel sind: das Wortspiel (»Wer sich zu lange im Spiegel betrachtet, verliert sein Gesicht« – Martin Kessel), die Antithese (»Wer im Trüben fischt, muss klar sehn« – H. P. Keller) und die Stellung von Satzgliedern »über Kreuz«, der Chiasmus (»Die Träume der Welt haben zwei Feinde: die Welt und die Träumer« – Hans Kasper). Die Lust an der pointierten Formulierung kann dabei durchaus einmal mit dem Autor »durchgehen«; um originell zu sein, darf er die darzustellende Situation auch überspitzen. – Die große Zeit des Aphorismus beginnt mit der ↗Aufklärung. Einer der bekanntesten Aphoristiker des 18. Jahrhunderts ist Georg Christoph Lichtenberg (*Sudelbücher*). Die Lebensweisheit des reifen ↗Goethe spiegeln seine *Maximen und Reflexionen* wider. Im 19. Jahrhundert legt Friedrich Nietzsche seine Kulturkritik in brillanten Aphorismen nieder. In unserem Jahrhundert hat der Pole Stanislaw Lec (1909–1966) mit seinen *Unfrisierten Gedanken* oft gallig bitter zu menschlichen und politischen Fragen Stellung bezogen: »Ich würde lachen, wenn sie mit der Vernichtung der Welt bis zum Weltende nicht fertig würden.«

Autobiografie/Biografie. Irgendwann entsteht bei vielen Menschen der Wunsch Erinnerungen an das bereits gelebte Leben festzuhalten. Die meisten erzählen dann Verwandten und Bekannten aus ihrer Vergangenheit, und je bunter, je aufregender ihr Leben verlief, umso mehr wissen sie zu erzählen. Manche dieser Leute finden Zeit und Mut einen solchen Rückblick auch schriftlich niederzulegen. Wir nennen solche Beschreibungen des eigenen Lebens – oder bestimmter Ausschnitte daraus – Autobiografien (griech. »Beschreibung des eigenen Lebens«).
Die Verfasser solcher Autobiografien verfolgen die verschiedensten Absichten. Manche wollen einfach aus ihrem Leben erzählen, wie etwa Peter Rosegger in *Als ich noch der Waldbauernbub war*, andere glauben sich rechtfertigen zu müssen, wie Götz von Berlichingen, der von seiner Rolle im Bauernkrieg erzählt, oder Karl May, der eine Erklärung für seine kriminellen Jugendsünden zu geben versucht. Politiker wie z. B. Bismarck suchen im Nachhinein ihre politischen Entscheidungen zu erläutern.
Die einen erzählen ganz einfach, die anderen schaffen mit einem solchen Lebensbericht ein literarisches Kunstwerk, wie ↗Goethe mit *Dichtung und Wahrheit*. Der Titel dieses Werkes spiegelt das große Problem jeder Autobiografie wider; denn mag ein Mensch ein noch so gutes Gedächtnis besitzen, mag er auf ↗Briefe oder Tagebuchnotizen zurückgreifen können, so werden sich in der Erinnerung doch häufig Wirklichkeit und Fantasie vermischen. Die meisten Autobiografien lesen sich auch deshalb ungemein packend, weil sie nicht nur tiefe Einblicke in die Schicksale einzelner Menschen gewähren, sondern auch die jeweilige Zeit als Lebenshintergrund viel farbiger und unmittelbarer spie-

geln als jede Beschreibung aus zweiter Hand.
Darüber hinaus verarbeiten manche Dichter ihre persönlichen Schicksale und Erinnerungen in Romanen wie etwa ↗Grimmelshausen in seinem *Simplicissimus* oder ↗Keller im *Grünen Heinrich*. Wir sprechen dann von autobiografischen Romanen.
Wird das Leben eines Menschen nach authentischen Unterlagen von einem anderen beschrieben, entsteht eine Biografie, wenn der Erzähler die Schicksale einer historischen Persönlichkeit frei nachgestaltet (z. B. M. Yourcenar *Ich zähmte die Wölfin*), entsteht ein biografischer Roman.

Ballade. *Der Erlkönig* von J. W. v. ↗Goethe, *Die Bürgschaft* von F. ↗Schiller, *Die Brück' am Tay* von ↗Fontane – das sind deutsche Balladen, die wohl jeder kennt, drei aus einer großen Zahl, wie sie in den vergangenen zweihundert Jahren immer wieder von Dichtern geschaffen wurden. Das klangvolle Wort »Ballade« stammt aus Südfrankreich und bezeichnete ein Lied, das beim Tanzen gesungen wurde. Dieser Begriff wurde später auch im deutschen Sprachraum heimisch und bezeichnet ein meist dämonisch-spukhaftes, häufig tragisches Geschehen aus Geschichte, Mythologie oder Sage. Da Balladen mündlich überliefert wurden (gesungen oder erzählt), ist unbekannt, wer sie ursprünglich gedichtet hat. Solche Volksballaden werden deshalb heute von Fachleuten auch »Erzählgedichte« genannt. Tanzlied und Erzählgedicht – das ist nur ein scheinbarer Widerspruch, vielmehr stecken auch in unseren heutigen Balladen der Rhythmus und die Bewegung des Tanzliedes. Man muss nur einmal eine Ballade laut lesen um diesen Rhythmus als ein Wesensmerkmal zu verspüren, z. B. »Nun dappelt's und rappelt's und klappert's im Saal/von Bänken und Stühlen und Tischen …« Mit dem Rhythmus hängen ↗Reim und ↗Strophe zusammen, die schon rein äußerlich von der Form her zeigen, dass es sich bei der Ballade um ein ↗Gedicht handelt. Aber im Gegensatz zu den meisten Gedichten, die doch in erster Linie Gefühle, Stimmungen, persönliches Erleben ausdrücken wollen, möchte die Ballade erzählen. Man kann also von Geschichten in Gedichtform sprechen, aber das wäre noch zu wenig; denn genau betrachtet ist fast jede Ballade auch ein kleines Schauspiel (↗Drama) mit Szenenanweisungen wie »Er stand auf seines Daches Zinnen …«, »Schwedische Heide, Novembertag, der Nebel grau am Boden lag …«, ↗Monologen und ↗Dialogen der handelnden Personen. Somit vereinigt eine gute Ballade die Elemente eines Gedichts, einer Erzählung und eines Dramas in sich. Goethe spricht deshalb von der Ballade als vom »Urei« aller drei Grundarten der Poesie.
Die Volksballaden, von denen bisher die Rede war, hatten manches gemeinsam mit der ↗Moritat und den Liedern der Bänkelsänger. Das waren berufsmäßige Sänger, die solche Balladen auf den Jahrmärkten vortrugen. Im

18. Jahrhundert erhielt diese Form dann ernsthafte Konkurrenz durch die »Kunstballaden«, die von Dichtern geschaffen wurden. An Stoffen fehlte es nicht. Vor allem die Geschichte und die Welt der Sage boten ausreichende Vorbilder, aber auch heitere Themen und Schwänke wurden aufgenommen und in den Balladen neu gestaltet.

Den Anfang mit den neuen Kunstballaden machte 1773 der Dichter Gottfried August Bürger, der in der Ballade *Lenore* eine schaurig-schöne Gespenstergeschichte gestaltete. Wer sie heute aufmerksam liest, wird leicht erkennen, dass Bürger hier die Grundelemente der Volksballade und des Moritatensangs aufnahm und dennoch mit dem Gedicht etwas völlig Neues schuf, indem er kühn neue Sprachmittel einsetzte (in nur wenigen Balladen spielt der Rhythmus des alten Tanzliedes eine so beherrschende Rolle!).

Er hatte damit einen nachahmenswerten Weg gewiesen, auf dem ihm vor allem in den nächsten Jahrzehnten zahlreiche Dichter folgten. Goethe und Schiller schufen eine Reihe berühmter Balladen, wobei Goethe sich Mythen und Natursagen als Vorbilder wählte, während Schiller seine Stoffe besonders aus der Geschichte übernahm. Die große Zeit der Kunstballade kam aber erst im 19. Jahrhundert. Zu den bekanntesten Balladendichtern der ausgehenden ↗Romantik gehörten H. ↗Heine mit seinem *Belsazar* oder der *Lorelei* und vor allem L. ↗Uhland mit zahlreichen Balladen, vornehmlich aus der Geschichte und Sage. In der Zeit des ↗Realismus waren es ↗Fontane, etwa mit *Die Brück' am Tay* oder *Herr von Ribbeck auf Ribbeck im Havelland* oder *Archibald Douglas* und anderen, aber auch G. ↗Keller und C. F. ↗Meyer, der die Stoffe seiner Balladen mit Vorliebe aus der Geschichte wählte. Nach dem Ersten Weltkrieg und bis in die heutige Zeit ließ das Interesse an dieser Literaturgattung merklich nach. Doch damals wie heute entspringt »das Geheimnis der Ballade aus der Vortragsweise«. Balladen wollen nicht nur gelesen, sie wollen auch gut vorgetragen sein. Erst dann wird man sie bis in die letzten sprachlichen Feinheiten hinein richtig erfassen.

Belletristik. Der aus dem Französischen entlehnte Begriff bedeutet ursprünglich »schöne Wissenschaft«. Seit dem 18. Jahrhundert bezeichnet er die Dichtung, d. h. die schöne Literatur und die Unterhaltungsliteratur gleichermaßen, um sie von der Sachliteratur abzugrenzen (im Englischen verwendet man hierfür die auch bei uns gebräuchlichen Begriffe »fiction« und »non-fiction«). Doch schon im *Werther* gibt ↗Goethe diesem Begriff einen abwertenden Beiklang. Goethe erscheint Literatur als Unterhaltung verdächtig, da er durch seinen »hohen« Anspruch an Poesie Literatur und Unterhaltung als unvereinbar ansieht. Diese negative Beurteilung hat sich zunehmend durchgesetzt. Unterhaltungsliteratur, eben Belletristik, wird fälschlicherweise häufig mit Trivialliteratur, wie sensationell aufgemachten Illustrierten- oder Groschenromanen, gleichgesetzt. Doch eigentlich ist Belletristik das Bindeglied zwischen dieser Literaturform und der »hohen« Dichtung. Im Idealfall kann und will sie beiden Formen gerecht werden und so ein mannigfaltiges Lesebedürfnis befriedigen. So verwundert es nicht, dass gerade belletristische Werke oft ↗Bestseller geworden sind und immer noch werden. Der erste deutschsprachige Erfolgsroman der schöngeistigen Literatur war die gefühlvolle *Geschichte des Fräuleins von Sternheim* von Sophie La Roche, der Großmutter ↗Brentanos. Von vielen und mit großem Interesse sind die abenteuerlichen *Lederstrumpf*-Romane des Amerikaners James Fenimore Cooper gelesen worden, die den Blick für die neue Welt Amerika öffneten, das Überleben in der Wildnis, die Landnahme und den Kampf der Siedler gegen die Indianer (↗USA). Diese Abenteuer offenbaren den Lesern aber auch anderes, bisher Verborgenes: Er kann Jack London in die Südsee und nach Alaska, Joseph Conrad auf die hohe See und Jules Verne um die ganze Erde begleiten. In die fantastische Welt (↗Fantasy) der winzigen Hobbits versetzt uns John Ronald Reuel Tolkien mit seinem Roman *Der Herr der Ringe*. Von gleich hohem Rang ist die so lebensnahe Fantasiewelt in Michael Endes *Momo* und *Die unendliche Geschichte*. Die Welt des Alltags wiederum ist Thema zweier unterschiedlicher Erfolgsautoren: Johannes Mario Simmel stellt sie in seinen ↗Romanen vor und Ephraim Kishon hinterfragt sie in seinen ↗Satiren.

Bestseller. Die Übersetzung des englischen »bestseller« lautet: »das am besten Verkaufte« und bezeichnet ein Buch, das sofort oder kurz nach Erscheinen mehr als 100000-mal verkauft wird. Die aktuelle Hitliste von Bestsellern kann in Zeitschriften oder Tageszeitungen, getrennt nach ↗Belletristik und ↗Sachbüchern, eingesehen werden. Oft werden Bücher, die zu Bestsellern werden sollen, von den Verlagen ganz genau geplant. Ihre Inhalte beziehen sich auf ein bestimmtes aktuelles Ereignis oder einen Anlass. Zudem wird versucht dieses Buch zum Gesprächsgegenstand in allen Massenmedien zu machen (↗Werbesprache). Dennoch sind Wirkung und Erfolg nicht gänzlich vorhersehbar. Wegen der Ausrichtung auf ein breites Publikum wird Bestsellern, wie den Abenteuerromanen von Karl May oder Kriminalromanen von Johannes M. Simmel, seltener denen von Georges Simenon und Agatha Christie, häufig niedere literarische Qualität nachgesagt. Dabei wird aber zumeist vergessen, dass Werke der Weltliteratur wie Th. ↗Manns *Die Buddenbrooks*, Franz ↗Werfels *Das Lied von Bernadette*, Ernest Hemingways *Der alte Mann und das Meer* (↗USA) oder Günter ↗Grass' *Blechtrommel* längst Bestseller sind.

Bibliothek. Seit es Bücher gibt, werden sie nicht nur gelesen, sondern auch aufbewahrt und gesammelt um sie einer möglichst großen Zahl von Lesern zugänglich zu machen. Die alten Griechen nannten eine solche Büchersammlung »Bibliothek«, was so viel wie »Buchniederlage« bedeutet. Die älteste Bibliothek war eine Sammlung von Tontäfelchen mit Keilschrifttexten, die der assyrische König Assurbanipal im 7. Jh. v. Chr. in seinem Palast in Ninive zusammentrug. Die etwa 20000 Täfelchen enthielten neben religiösen Texten auch Dichtungen (↗Orientalische Literatur) wie etwa das *Gilgamesch-Epos*. Die bedeutendste Bibliothek der Antike befand sich in der ägyptischen Stadt Alexandria. Bevor sie einem Brand zum Opfer fiel, beherbergte sie mehr als 700000 Papyrusrollen. Die angesehensten Gelehrten dieser Zeit arbeiteten dort. In Rom gab es im 4. Jh. n. Chr. bereits 28 öffentliche Bibliotheken. Auch die Mönche in den mittelalterlichen Klöstern sammelten Bücher, die damals ja noch nicht gedruckt, sondern säuberlich mit der Hand geschrieben wurden (so genannte Handschriften). Aber selbst ihre größten Bibliotheken umfassten kaum mehr als tausend Bände. Seit dem 15. Jh. legten dann die Fürsten bedeutende Büchersammlungen an und die großen Städte suchten ihnen nachzueifern. Zu solchen fürstlichen und städtischen Sammlungen kamen die Bibliotheken der Universitäten. Die erste wissenschaftliche Bibliothek im modernen Sinn wurde 1735 in Göttingen eingerichtet.

Heute sind viele moderne Bibliotheken zu gewaltigen Büchersammlungen angewachsen. So umfasst die Harvard-University-Bibliothek in den USA etwa 9,2 Millionen Bände und die Kongress-Bibliothek in Washington sogar 18 Millionen. Die größte Bibliothek der Bundesrepublik ist die Staatsbibliothek in München mit 5 Millionen Bänden. Sie alle sind wissenschaftliche Bibliotheken, die interessierten Benutzern zu kostenloser Ausleihe offen stehen. Lediglich wertvolle ältere Bücher dürfen nicht mit nach Hause genommen, sondern können nur in den Lesesälen eingesehen werden. Schüler entleihen sich vorwiegend Bücher zur Unterhaltung und zur Information aus den öffentlichen Büchereien des Heimatortes, der Pfarr- oder der Schülerbücherei.

Jedes Buch hat in einer Bibliothek seinen festen Platz, der innen und auf dem Einband durch die »Signatur« kenntlich gemacht ist. Deshalb wird jedes Buch von Fachkräften (Bibliothekaren) genau katalogisiert, d. h. Autor, Titel und Standort werden verzeichnet. Bei den wissenschaftlichen Bibliotheken ist das für den Laien ein oft schwer durchschaubares Zahlensystem. Die öffentlichen Büchereien begnügen sich mit einer einfacheren Ordnung nach Sachgruppen und innerhalb dieser Gruppen nach den ersten Buchstaben des Verfassernamens. Während die Bestände der großen wissenschaftlichen Bibliotheken überwiegend in Magazinen untergebracht sind und dort von Fachkräften geholt werden, sind die anderen Büchereien Freihandbüchereien und der Benutzer kann das gewünschte Buch selbst aus dem Regal nehmen und ausleihen.

Jede Bibliothek, ob groß oder klein, verfügt gewöhnlich über zwei Kataloge für die Benutzer, einen alphabeti-

schen Verfasser- und einen ebenfalls alphabetisch geordneten systematischen oder Schlagwortkatalog, in dem die Bücher nach Stichworten geordnet sind um dem Benutzer die Suche und damit die Ausleihe zu erleichtern. Wer nun in einer wissenschaftlichen Bibliothek ein ganz bestimmtes Buch ausleihen möchte, von dem er den Verfasser kennt, muss unter dessen Namen in der Kartei des Verfasserkataloges nachschauen und den Buchtitel (und eventuell auch die Signatur) auf einen Bestell- oder Leihschein eintragen und diesen abgeben. Er erhält dann sofort oder in den nächsten Tagen das gewünschte Buch aus dem Magazin. Benötigt man aber Bücher zu einem bestimmten Thema, wie etwa »Afrika«, »Computer« oder »Eisenbahn«, sieht man im systematischen Katalog nach, welche Bücher dazu in der Bibliothek vorhanden sind. Ein ähnliches Katalogsystem gibt es auch in den wesentlich kleineren öffentlichen Büchereien, nur darf man dort das gewünschte Buch gleich selbst suchen und aus dem Regal nehmen. Diese früher langwierige Suche mit den so genannten Zettelkästen ersetzen heute vielfach die Online-Kataloge, in denen man per Computer recherchieren und direkt bestellen kann.
Wenn ein Buch in einer wissenschaftlichen Bibliothek nicht vorhanden ist, kann man es über den »Fernleihverkehr« in der ganzen Bundesrepublik suchen und sich schicken lassen. Selbst aus dem Ausland können seltene und wichtige Werke besorgt werden.

Brief. Das Wort Brief ist abgeleitet von lat. »breve«, ein kurzes Schreiben. Solche Mitteilungen können privater, geschäftlicher oder offizieller Art sein und gehören zu den ältesten schriftlichen Zeugnissen der Menschheit. Briefe gab es schon im alten Babylonien oder in Ägypten. Die Könige führten einen regen offiziellen wie privaten Briefwechsel (Korrespondenz). Geschrieben wurde auf Tontäfelchen, auf Papyrus, Scherben oder auf mit Wachs überzogenen Holztäfelchen. Briefe waren früher sehr wichtig, weil sie die einzige nicht mündliche Verbindung von Mensch zu Mensch darstellten und zum größten Teil auch die Nachrichtenverbreitung übernahmen. Dementsprechend wurde das Briefeschreiben bereits in den ältesten Schulen geübt.
Schon in der ↗Antike wurde der Brief zur Kunstform und damit zu einer besonderen Gattung der Literatur. Angesehene Männer nutzten Briefe nicht mehr allein zur privaten Nachrichtenübermittlung, sondern wandten sich mit ihnen an größere Kreise, an Freunde und Anhänger. Sie legten in Briefen ihre philosophischen und politischen Gedanken nieder. Nicht alle erhaltenen Briefe dieser Art sind allerdings echt, manche entstanden erst in späterer Zeit und wurden ihren angeblichen Verfassern nur zugeschrieben, weil sie deren persönliche Gedanken so gut spiegeln bzw. wiederzugeben schienen. Zu den berühmtesten Briefschreibern der ↗Antike gehörten Cicero, Cäsar und Seneca. Um alle jungen Christengemeinden gleichzeitig ansprechen zu

können, schrieb Paulus »offene Briefe« an diese. Berühmte Briefschreiber waren im 16. Jahrhundert Erasmus von Rotterdam und ↗Luther, im 17. der Franzose Voltaire und Gottfried Wilhelm Leibniz, im 18. ↗Schiller und ↗Goethe. In unserem Jahrhundert gehören die Dichter ↗Rilke oder Hugo von Hofmannsthal dazu.
»Offene« – an alle Interessierten gerichtete – Briefe dienten und dienen auch heute noch gelegentlich als geistige Waffe in philosophischen, künstlerischen, religiösen oder politischen Auseinandersetzungen. Fingierte, d. h. erfundene Briefe lassen sich wegen ihrer scheinbar persönlichen Aussage als ↗Satiren verwenden. Man braucht hier nur an die Filser-Briefe von Ludwig ↗Thoma zu denken. Es gibt sogar ↗Romane, die ganz oder weitgehend aus erdichteten Briefen aufgebaut sind. Einen der berühmtesten dieser so genannten »Briefromane« schrieb Goethe mit den *Leiden des jungen Werthers.*

Buch und Verlag. Die meisten Bücher sind Produkte aus Begabung, Fleiß und Sorgfalt. Sie sind nie das Werk eines Einzelnen; denn außer dem Verfasser bzw. Autor, der den Text geschrieben hat, sind noch eine Reihe anderer Personen an der Entstehung eines Buches beteiligt. Vom Autor über die Herstellung im Verlag, das ist das Unternehmen, das Bücher veröffentlicht, bis zum Leser führt ein langer Weg.
Am Anfang steht die Idee. Jemand fasst den Plan für ein Buch; das muss nicht unbedingt immer der Autor sein. Häufig entsteht der Buchplan zuerst beim Verlag, der dann einen Autor sucht, der dieses Vorhaben realisieren soll. So geht man vor allem bei Sachbüchern vor. Dieses Lexikon zum Beispiel wurde vom Verlag und den Autoren sorgfältig geplant, bevor die erste Zeile niedergeschrieben wurde. In den meisten Fällen ist es aber so, dass ein Autor seine Idee verwirklicht, indem er einen Text niederschreibt. Schon dies kann Monate oder auch Jahre dauern. Erst dann kann er sich einen Verlag suchen, der das Werk veröffentlicht. Der fertige Text oder das »Manuskript« (von lat. mit der Hand geschrieben), wie der Fachausdruck lautet, wird beim Verlag eingereicht und dort sorgfältig gelesen. Dafür sind die »Lektoren« oder »Redakteure« zuständig. Bei einem unaufgefordert eingesandten Manuskript fertigen sie ein schriftliches Gutachten an, empfehlen die Annahme oder lehnen das Werk ab. Die endgültige Entscheidung wird dann vom »Verleger«, dem Leiter oder Besitzer des Verlages, oder der Verlagskonferenz getroffen, an der außer dem Verleger auch die Lektoren und die für den Verkauf (»Vertrieb«) zuständigen Mitarbeiter teilnehmen.
Das für die Veröffentlichung bestimmte Manuskript muss nun für den Druck vorbereitet werden. Es ist ein großer Irrtum zu glauben, dass ein eingereichtes Manuskript ohne jede Änderung gleich gedruckt werden kann. Gerade aus den Gesprächen zwischen Autor und Lektor ergeben sich oft wichtige und vorteilhafte Veränderungen. Viele Manuskripte bedürfen kleinerer und

größerer stilistischer Änderungen und Überarbeitungen. Es kommt auf das Fingerspitzengefühl des Lektors an, hier die richtige Mitte zwischen seinen eigenen Vorstellungen und den Absichten des Autors zu finden. Bei manchen vorausgeplanten Büchern ist der Manuskriptumfang genau vorgeschrieben und der Lektor muss unter Umständen zu lang geratene Texte entsprechend vorsichtig kürzen. Viele Manuskripte gewinnen an Qualität, wenn sie gestrafft werden.

Aber nicht nur der Lektor arbeitet am Manuskript, auch der »Hersteller« beschäftigt sich mit dem geplanten Buch. Seine Arbeit ist dabei ebenso wichtig, entscheidet sie doch über die gesamte Ausstattung und das Erscheinungsbild eines Buches und damit auch über seinen Preis. Jedem Buchplan liegt eine komplizierte Berechnung zu Grunde. Gewöhnlich bespricht der Hersteller das äußere Erscheinungsbild und die Gestaltung des Buchinneren mit dem Lektor. Gemeinsam suchen die beiden eine für das Manuskript passende Schrift aus und setzen Schriftgröße und Zeilenzahl pro Seite fest. Dieses Lexikon ist in der so genannten Times-Schrift gedruckt, die Spalten dieser Seite haben je 41 Zeilen. Aus Schriftgröße und Schriftart ergibt sich die Zahl der Anschläge pro Zeile und damit auch pro Seite. Wenn nun ein Manuskript z. B. 30 Schreibmaschinenzeilen mit je 60 Anschlägen, d. h. insgesamt 1800 Anschläge je Seite umfasst, lässt sich mit den vorgegebenen Zahlen dann leicht der Textumfang eines Buches vorausberechnen. Hat der Hersteller dann noch festgelegt, wie es gebunden und ausgestattet werden soll, kann er im Voraus den Preis kalkulieren. Das ist ein sehr wichtiger Vorgang; denn es geht darum, sowohl dem Buch ein angemessenes Erscheinungsbild zu verschaffen als auch den Preis so günstig wie möglich zu gestalten.

Gerade mit dem Blick auf den gewünschten Preis ist aber auch eine umgekehrte Berechnung möglich. Der Hersteller berechnet dabei erst die Kosten und sagt dann dem Lektorat, welchen Umfang das Manuskript nicht überschreiten dürfe. Dieser Weg wurde bei unserem Lexikon gewählt; denn schließlich soll es ja für Schüler gut lesbar und dazu noch möglichst erschwinglich sein. Der Hersteller hat aber nur die reinen Herstellungskosten berechnet, die bei einem Buch 20 bis 25 % des Ladenpreises nicht überschreiten sollten. Schließlich will auch der Autor noch etwas an seinem Buch verdienen. Das allerdings sind die geringsten Kosten; denn er erhält nur etwa 3 bis höchstens 10 % des Ladenpreises, bei Taschenbüchern etwa 5 %. Wenn man dann noch bedenkt, dass der Buchhandelsrabatt zwischen 30 und 50 % des Ladenpreises beträgt, dass 7 % Umsatzsteuer in jedem Buchpreis enthalten sind, dass Werbungskosten u. a. einberechnet werden müssen, kann man sich leicht vorstellen, dass der Hersteller sehr genau und sorgfältig rechnen muss. Dem Rotstift, mit dem er Abstriche an den Kosten macht, fallen dann oft gerade Feinheiten der Ausstattung zum Opfer.

Im Text erscheinende Schwarzweißzeichnungen kosten in der Herstellung das Gleiche wie der Text selbst. Besonders teuer sind aber farbige Abbildungen. Eine Seite mit einem Farbbild kostet wegen des komplizierten Herstellungsverfahrens der Bildvorlagen und des schwierigen Drucks ein Vielfaches mehr als Seiten, die nur aus Text bestehen. Darüber hinaus entstehen zusätzliche Kosten für Illustratoren, Fotografen oder Bildarchive.

Zu den wichtigsten Vorentscheidungen, die der Verleger, der Vertrieb und der Hersteller zu treffen haben, gehört die Festsetzung der »Auflagenhöhe«, d. h. wie viele Exemplare überhaupt gedruckt werden sollen. Da sich verständlicherweise gewisse Grundkosten, wie der Satz des Textes, die Herstellung der Bilder, Werbung usw. auf alle gedruckten Bücher gleichmäßig verteilen, wird sich der Preis des Buches bei einer entsprechend hohen Auflage verbilligen. Normalerweise werden bei einem Verlag Auflagen von drei- bis fünftausend Exemplaren gedruckt, bei Bildbänden muss man wegen der höheren Kosten schon mit mindestens zehntausend Exemplaren kalkulieren und bei Romanen, von denen sich der Verleger einen großen Erfolg erhofft (↗Bestseller), wagt er manchmal das Zehnfache und mehr. Taschenbücher müssen in weitaus höheren Auflagen gedruckt werden, weil ihr niedriger Preis sonst nicht gewährleistet wäre.

Wenn alle Vorarbeiten abgeschlossen sind, wandert das Manuskript in die »Setzerei«. Früher wurde mühselig Buchstabe um Buchstabe mit der Hand gesetzt, heute erledigen Computer diese Arbeit. Das Ergebnis sind die so genannten »Fahnen«, lange schmale Papierbögen, auf denen der Text mehrerer Buchseiten steht. Lektor und Autor müssen diese Fahnen erneut sorgfältig korrigieren; denn beim Setzen des Textes schleichen sich häufig Fehler ein. Nach der Korrektur und der Berichtigung der Fehler in der Setzerei erfolgt der »Umbruch«. Der Hersteller teilt den Text auf den Fahnen entsprechend der Größe der Buchseiten auf und baut die Bilder ein. Diese Arbeit erfordert größte Sorgfalt; denn eine übersehene Zeile kann einen ganzen Umbruch und damit die Arbeit von Tagen zunichte machen.

Da später nicht Seite für Seite, sondern meistens in »Bogen« mit jeweils 16 Seiten gedruckt wird, achten der Lektor und Hersteller auch darauf, dass der Gesamtumfang mit einem vollen oder wenigstens einem halben Bogen abschließt. Alle diese genannten Arbeiten ziehen sich über Wochen und Monate hin. Der »Druck« des Buches geht dann wesentlich rascher und ist je nach Auflagenhöhe und Umfang in ein bis zwei Wochen erledigt. Die Bindearbeiten werden heute von den Firmen in so genannten Buchbindestraßen voll mechanisch ausgeführt.

Natürlich lassen die aufgezeigten Stationen den Werdegang eines Buches nur in groben Umrissen deutlich werden, die noch durch zahlreiche Einzelheiten ergänzt werden müssten. Aber schon dieses Grundwissen über die Entstehung der Bücher sollte eigentlich ausreichen sie in Zukunft etwas genauer zu betrachten. Dazu gehört auch ein Blick auf die ersten Titelseiten, Titelei genannt, und das Impressum, das gewöhnlich klein gedruckt auf Seite 4 des Buches steht. Auf diesen Seiten erfährt man wichtige Einzelheiten über das Buch, so den Namen des Autors, den Namen des Verlages, des Übersetzers, des Illustrators, des Fotografen und das Erscheinungsjahr. Bei ↗Übersetzungen aus anderen Ländern erfährt man den ausländischen Erstverlag, bei Taschenbüchern den Verlag, von dem der Taschenbuchverlag die Lizenz übernommen hat. Das Zeichen © (Copyright) gibt an, wem die Rechte an Text und Bild gehören.

Buchhandel/Buchmesse. Den Buchhandel gab es schon in der griechischen und römischen ↗Antike. Sklaven schrieben in dieser Zeit u. a. die Werke von Cicero ab, die auf diese Weise bis zu 1000fach vervielfältigt und vertrieben werden konnten. Mit der Erfindung des Buchdrucks entstand die Grundlage der heutigen Form des Buchhandels. Im 12. und 13. Jahrhundert verkauften »Reisende« Bücher auf Märkten, an Klöster, Universitäten, an Reiche oder Gelehrte. Im 15. Jahrhundert wurde Frankfurt a. M. Handelszentrum, auch für den Handel mit Büchern. Drei Jahrhunderte später teilte sich der Buchhandel in die eigenständigen Bereiche Verlag (Herstellung), Druckerei und Sortiment (Verkauf). Unter Sortimentsbuchhandel versteht man den Verkauf von an einen festen Ladenpreis gebundenen Büchern oder anderen Druckerzeugnissen in einem Ladengeschäft. Weitere Formen sind der Versand-, Reise- und der Antiquariatsbuchhandel (alte Bücher). Über den Schutz und die Interessen seiner Mitglieder (Verleger, Drucker, Buchhändler) und deren Produkte wacht der 1825 gegründete Börsenverein des Deutschen Buchhandels mit Sitz in Frankfurt. Er organisiert u. a. auch die Buchmessen. Die größten deutschen Buchmessen, an denen auch ausländische Verlage teilnehmen können, sind die Leipziger Buchmesse im Frühjahr und die Frankfurter Buchmesse im Herbst jeden Jahres. Diese Veranstaltungen sind Kontaktbörsen aller am Verkauf oder an der Herstellung von Büchern beteiligter Personen, sie stehen aber auch interessierten Lesern offen. Auf ihnen werden zumeist die Neuerscheinungen einem großen Publikum vorgestellt (↗Rezension).

Charakteristik. Wohl schon immer versuchten die Menschen über andere und natürlich über sich selbst möglichst viel zu erfahren, teils aus Neugier, teils weil es Vorteile bringen kann, über jemanden genau Bescheid zu wissen. Deshalb war es stets ein Anliegen der Schriftsteller, typische Wesenszüge eines individuellen Menschen herauszustellen. Eine solche Beschreibung heißt Charakteristik; sie ist so alt wie die Literatur selbst. Allerdings hat es von Anfang an mehrere Möglichkeiten der Darstellung gegeben. Am einfachsten ist es, wenn der

Dichter das Äußere eines Menschen vorstellt und gleichzeitig sein Wesen, seine Vorzüge und Fehler beschreibt. Schon in den ältesten Epen, z. B. in der *Ilias* des Homer (↗Antike), wird nicht nur gesagt, dass Achill sehr tapfer sei, man erfährt auch, bei welcher Gelegenheit er diese Tapferkeit gezeigt hat. Damit ist ein wichtiger Schritt zu einer weiteren Art der Charakteristik getan: Der Autor beschreibt das Handeln und Verhalten eines Menschen so, dass der Leser – oder im ↗Theater der Zuschauer – selbst seine Schlüsse ziehen kann. Denkbar ist auch, dass der Dichter die Widersprüche zwischen Worten und Taten oder Denken und Handeln aufzeigt. Dadurch verkompliziert er zwar das Geschehen, macht es gleichzeitig aber auch interessanter. Der Leser will die geschilderten Widersprüche auflösen, er überlegt, wie der Beschriebene »wirklich« ist. Eine solche Art der Charakterisierung finden wir vor allem in Werken des 19. Jahrhunderts. Während aber hier die Gegensätze doch meistens zu einem geschlossenen Bild führen, gehen viele Autoren unseres Jahrhunderts noch einen Schritt weiter. Sie erheben nur selten den Anspruch einen Menschen in seiner Gesamtheit darstellen zu können, da die moderne Wissenschaft, z. B. die Psychologie, gezeigt hat, wie widersprüchlich der Mensch in seinem Innern ist oder sein kann – und damit auch wie unerklärlich. Deshalb sind auch die so genannten Charakterdramen selten geworden, die versuchen einen bestimmten Charakter darzustellen und aufzuzeigen, wie er sich mit der Welt auseinander setzt, in ihr zurechtkommt oder scheitert. Der dramatische Konflikt wird also durch den Charakter einer Person ausgelöst. Die heutige Literatur beschreibt eher die Wirkung der Welt oder des Lebens an sich auf den Menschen. Das Ergebnis wird also von individuellen Charakterzügen eines Menschen kaum beeinflusst. Obwohl die mehr oder weniger direkte Charakteristik ihre Bedeutung verloren hat, beurteilen wir die Fähigkeiten eines Autors danach, wie gut es ihm gelingt, einen Menschen, sein Verhalten, seine Reaktionen darzustellen und verständlich zu machen.

Comic. Hinter dem uns allen so geläufigen, aus dem Amerikanischen stammenden Begriff steckt das deutsche Wort »Bildergeschichte«, eine Geschichte also, die ohne viele Worte einfach in Bildern dargestellt bzw. nacherzählt wird. Diese Methode ist eigentlich schon uralt. Den Vorgängern unserer modernen Comics begegnet man an den Tempelwänden der alten Ägypter mit den Darstellungen ganzer Schlachten oder Jagdzüge und ebenso an den Wänden mittelalterlicher Kirchen, wo biblische Geschichten und ↗Legenden für jene Menschen dargestellt wurden, die nicht lesen konnten (»Bibel der Armen«). Auch die Bildtafeln, wie sie früher einmal die Bänkelsänger (↗Ballade) auf den Jahrmärkten verwendeten um ihre traurigen ↗Moritaten zu erzählen, gehören zu den Vorformen des Comics. Die gezeichneten Bildergeschichten in Büchern kamen vor etwa 150 Jahren in der

Schweiz auf, bald danach folgten die bekannten Bildergeschichten in den ›Fliegenden Blättern‹ oder den ›Münchner Bilderbogen‹. Mit Wilhelm ↗Busch erreichten diese Serien einen ersten künstlerischen Höhepunkt. Die frühen Bildergeschichten kannten das Prinzip der Sprechblasen noch nicht, sie hatten entweder gar keinen Text oder eine erläuternde Unterschrift.

Die Comics in der heutigen Form stammen ursprünglich aus den USA, wo sie um die Jahrhundertwende in den Sonntagsbeilagen großer Zeitungen als »lustige Bilderstreifen« (comic strips) auftauchten, erst ohne Text und Sprechblasen, dann aber bald in der uns heute gewohnten Gestalt. Bekanntestes Beispiel hierfür sind die *Katzenjammer Kids*.

In den modernen Comics sollen die Bilder selbst sprechen, Worte, Geräusche und Gedanken werden in Sprech- und Denkblasen eingeschlossen. Wie die Dichter versuchen auch die Zeichner den Betrachter in das Geschehen mit einzubeziehen. Dies gelingt dem Zeichner erst, wenn der Leser des Comics die Bildersprache verstehen lernt um die Gefühle der handelnden Personen ebenso wie ihre Charaktere aus den gezeichneten Gesichtern ablesen zu können. Um der Verständlichkeit willen kommt es daher vielfach zu vereinfachender Typisierung und Schematisierung. Das Geschehen selbst wechselt zwischen »Großaufnahmen« (z.B. einzelne Gesichter) und »Szenenaufnahmen«.

Inhaltlich machen die Comics Anleihen bei allen Literaturgattungen. Besonders beliebt sind die Abenteuer fantastischer, unüberwindbarer Übermenschen (*Superman, Batman, Tarzan*), Tiergeschichten (*Mickey Mouse*), ↗Sciencefiction- oder ↗Fantasy-Geschichten, aber auch historische Stoffe (*Prinz Eisenherz*) und ↗Sagen werden verarbeitet. Selbst ↗Dramen, Opern und Werke der erzählenden Weltliteratur (*Odyssee, Faust*), ja sogar die Bibel dienen als Vorbilder für Comics.

Weltweit erscheinen regelmäßig über tausend Comic-Serien als Buch oder in Heftform. Ihre Bandbreite reicht von ↗Märchen ersetzenden Gegenüberstellungen von Gut und Böse (*Superman*) über Kunstcomics für Erwachsene (*Barbarella, Phoebe-Zeit-Geist*), so genannten Underground-Comics (z.B. von Robert Crumb), bis hin zu Gewalt und sexuelle Perversionen verherrlichenden Bilderfolgen, die mit gutem Grund häufig verboten werden. Zu den anspruchsvollen Bildergeschichten, die z.T. auch schon in der Schule behandelt werden, zählen *Vater und Sohn* von O.E.Plauen und Uderzos *Asterix*. Die Geschichten von dem kleinen Gallier und seinem dicken Freund Obelix zählen zu den erfolgreichsten europäischen Comics der letzten zwei Jahrzehnte und wurden sogar schon für den Schulgebrauch ins Lateinische übersetzt. Im Gegensatz zu den in den Zeitungen veröffentlichten »strips«, den Streifen, die Woche für Woche fortgesetzt werden (z.B. *Peanuts* oder *Hägar*), gehört *Asterix* zu den »books«, also den umfangreicheren Buchgeschichten, die nicht in einzelne Episoden aufgeteilt werden können.

Der ungebrochene Erfolg der Comics liegt in der Suche nach bequemer Entspannung, Ablenkung und Abenteuer. Ähnlich wie bei den Märchen spielt die Sehnsucht, hier Wunschträume erfüllt zu sehen, eine Rolle. Längst haben deshalb große Comic-Produzenten eigene Marktforscher und sogar Psychologen angestellt, die solche Leserträume und -wünsche sehr genau untersuchen und nichts, kein Motiv, keinen Namen, ja nicht einmal die Farben dem Zufall überlassen.

Dialektdichtung. Schriftdeutsch ist für die meisten Deutschen die Sprache der Schule, der Behörden, der Literatur, während man mit Bekannten, Freunden und in der Familie eine Umgangssprache spricht, die von der ↗Mundart mehr oder weniger stark geprägt ist. So ist es verständlich, dass es schon seit langem Bestrebungen gibt in der Sprache zu schreiben, die den Menschen vertraut ist. In der Vergangenheit taten es Johann Peter ↗Hebel mit seinen alemannischen Gedichten und Fritz Reuter, der seine Romane in Mecklenburger Platt schrieb. Dennoch fand die Dialektdichtung (auch »Mundartdichtung«) keine große Verbreitung. Hierfür gibt es mehrere Gründe. In den rasch wachsenden Städten des 19. Jahrhunderts bildeten sich Verkehrssprachen, die zwar von der Mundart geprägt waren, sich aber nach der Hochsprache ausrichteten. So beschränkte sich die Mundart bald auf das Dorf und damit auf einen bestimmten Wortschatz und bestimmte Themen. Deshalb finden wir in der Mundartdichtung bis weit in unser Jahrhundert hinein auch fast nur die Darstellung bäuerlichen Lebens. Nur ganz vereinzelt, z. B. bei Ludwig ↗Thoma, wird der Dialekt als Mittel einer möglichst realistischen Darstellung eingesetzt. Zwar gibt es heute überregional gesendete Fernsehstücke, in denen Mundart gesprochen wird, aber sie verwenden den Dialekt meist nur als komisches Element in einer mundartlich gefärbten Umgangssprache. Man sucht darin den Klamauk, nicht die sprachliche Nähe. Ein weiteres Hemmnis für eine Entwicklung der Mundartdichtung ist die starke Zersplitterung der deutschen Hauptdialekte, die verhinderte, dass sich z. B. eine plattdeutsche oder schwäbische Verkehrssprache entwickeln konnte. Zwischen den Hauptdialekten selbst bestehen große Verständigungsschwierigkeiten. So bleibt Mundartdichtung meist auf einen ganz kleinen Leserkreis beschränkt. Aber trotz aller Schwierigkeiten fand man in der Mundartdichtung neue Wege: Ähnlich wie die moderne ↗Lyrik setzt sie sich nun kritisch mit dem Menschen und seiner Welt auseinander. Dafür eignet sich die ungekünstelte Direktheit der Mundart sehr gut: Sie erlaubt dichte Aussagen, bleibt anschaulich und duldet keine schwammigen Begriffe. Zur Verdeutlichung sei das Gedicht *Danooch* von Fritz Fenzl (geb. 1952) zitiert: »Da Ur-Vogl / hod koa Hirn ghabt: / ausgstorm, / song die danooch. / Da Dino-Saurier / hod ka Hirn ghabt: / ausgstorm, / song die danooch. / Da Mensch / hätt a Hirn ghabt: / Komisch,

/ song di danooch.« Ein Kommentar ist überflüssig; eine Übersetzung würde alles zerstören.

Dialog. »Dialog« – das Wort kommt aus dem Griechischen und bedeutet »Gespräch«, »Unterredung«.
Ein Dialog kann ebenso eine ernste Besprechung wie eine alltägliche, zwanglose Unterhaltung sein. Seine wesentlichen Merkmale sind: Rede und Gegenrede zwischen zwei oder mehreren Personen.
In der Literatur ist der Dialog schon seit den Anfängen des griechischen Theaters ein wesentlicher Bestandteil des ↗Dramas. Im Dialog kann die Vorgeschichte der Bühnenhandlung dargelegt werden, in ihm enthüllen die handelnden Personen ihren Charakter. Vor allem aber treibt er die Handlung voran, z. B. wenn Gegensätze im Wortwechsel aufeinander prallen wie in dem Streitgespräch der Königinnen in ↗Schillers *Maria Stuart*. Das Tempo des Dialogs steigert sich, wenn Rede und Gegenrede, Argument und Gegenargument scharf gegeneinander gestellt werden. Doch kann der Dialog im Drama auch ruhig und freundlich dahinfließen.
In der erzählenden Literatur werden die Menschen nicht nur durch die Beschreibung ihrer Taten, sondern vielfach auch im Dialog vorgestellt. Entscheidende ↗Szenen wirken oft lebendiger, wenn die Personen selbst zu Wort kommen, so dass sie der Leser auch bei geheimen Gesprächen sozusagen belauschen kann. Ein Meister des Dialogs im ↗Roman war Theodor ↗Fontane. Er verwendete, wie ↗Goethe und ↗Schiller, den Dialog auch in seinen ↗Balladen zur Steigerung der Spannung.
Losgelöst von der dramatischen und erzählenden Dichtung ist der Dialog auch eine eigenständige literarische Kunstform. Sie geht auf den griechischen Philosophen Platon (428/27–347 v. Chr.) zurück. In seinen Dialogen verwickelt der weise Sokrates die Leute in Athen in lehrreiche Gespräche. Die Griechen kannten auch den satirischen Dialog mit respektlosen Äußerungen über Götter und Menschen. Im späten Mittelalter nimmt der Dialog vielfach die Form des religiösen Streitgesprächs an, so bei Johannes von Tepl (um 1400), wo der *Ackermann aus Böhmen* den Tod anklagt, weil er ihm die Frau genommen hat (↗Renaissance). In neuerer Zeit hat B. ↗Brecht den literarischen Dialog in seinen *Flüchtlingsgesprächen* wieder belebt.

Dichter. Der Begriff »dichten« hängt mit dem Fremdwort »diktieren« zusammen, meint also zunächst einmal »sich etwas ausdenken und einem anderen vorsagen«. Wer das konnte, den nannte man einen Dichter! Im Grunde sind in dieser Umschreibung des Begriffes schon die zwei wichtigsten Erkennungszeichen des Dichters enthalten: die Fähigkeit etwas zu ersinnen und die Gabe es in passende Worte zu fassen. Die erste ist die eigentlich schöpferische Fähigkeit, die zweite die mehr handwerkliche. Man fragt sich natürlich, woher manche Menschen diese schöpferische Gabe (die »Kreativität«) haben. Eine der frühesten Antworten darauf weist dem Dichter göttliche Eingebung als Quelle seiner Schaffenskraft zu. Orpheus, der Sänger (ein anderes Wort für Dichter) der griechischen Mythologie, dichtete so eindrucksvoll, dass selbst die Götter ihm seine Bitten nicht abschlagen konnten. Der blinde Dichter Homer ist der älteste überlieferte europäische Dichter. Von ihm sagt man, dass bloß sein menschliches Auge ihn von der göttlichen Kraftquelle abgelenkt habe (↗Antike)! Seit der Zeit ↗Goethes bis in unser Jahrhundert hat man diese schöpferische Kraft des Dichters mit seinem »Genie« gleichgesetzt. Ausdrücken wie »begnadetes Genie« und »eine geniale Idee« haftet immer noch etwas Besonderes, fast Übermenschliches an. So verwundert es nicht, dass Dichter häufig einen herausragenden Weitblick, ja, eine fast göttliche Sehergabe für sich beanspruchten. Heute freilich verstehen sich die »Schöpfer von Sprachkunstwerken« wieder viel mehr als »Handwerker«: Sie produzieren und »montieren« Texte (»Texter«) oder stellen Theaterstücke her (»Stückeschreiber«). Meist bezeichnen sich die als Schriftsteller oder Autoren, die von ihrer Berufung (Beruf) leben müssen oder können. Nicht wenige Autoren sind heute in Berufsverbänden (PEN) oder gewerkschaftlich (IG Medien) organisiert. So wird der Begriff »Dichter« zusammen mit dem ihm eigenen hohen Anspruch fast nur noch auf Autoren vergangener Zeiten, z. B. auf die ↗Klassiker, angewendet.

Drama/Dramatik. »Drama« – das Wort kommt aus dem Griechischen; es bedeutet zunächst nichts anderes als »Handlung«. Die Handlung im Drama ist aufregend und spannungsreich, ihr Ausgang ungewiss. Das gilt auch für andere, allerdings weniger gefährliche dramatische Situationen. »Ein Spiel von höchster Dramatik!«, jubelt gelegentlich ein Rundfunk- oder Fernsehreporter. Er meint damit einen Wettkampf voller Tempo, voller aufregender Szenen und Höhepunkte, bei dem die Entscheidung vielleicht erst in letzter Minute fällt.

Im ↗Theater lässt sich schnell erkennen, dass mit dem Wort Drama Handlung auf der Bühne gemeint ist. Doch nicht jedes Drama, das im Theater gespielt wird, ist so dramatisch, das heißt so spannend, wie eine Kriminalgeschichte oder ein gutes Fußballspiel. Aber auch die Dramatik des Bühnengeschehens kann in ihren Bann ziehen. Man ist gespannt und nimmt Anteil an den Schicksalen und Ereignissen. Der Zuschauer teilt die Freude und die Schrecken mit den Helden auf der Bühne. Auch ein ↗Dialog oder ein ↗Monolog, der das innere Ringen der Bühnengestalten widerspiegelt, kann sich dramatisch zuspitzen und eine entscheidende Wendung herbeiführen. In der Literatur ist das Drama neben der ↗Epik und der ↗Lyrik eine der drei Grundformen der Dichtung. Doch anders als Epik und Lyrik verlangt das Drama in erster Linie nicht den Leser, sondern den Zuschauer und Zuhörer. Menschen und ihre Schicksale, Kämpfe und Katastrophen, aber auch Freude

und Glück werden von Schauspielern handelnd dargestellt und vom Zuschauer unmittelbar miterlebt.
Man unterscheidet beim Drama drei Gattungen, je nach dem Ablauf und dem Ende der Handlung. Das Trauerspiel (die Tragödie) endet mit dem Tod des Helden, der oft auch andere Gestalten mit in den Untergang reißt. Das ↗Lustspiel (die Komödie) ist heiter, übermütig und gelegentlich derb, was sich auch in der Sprache widerspiegeln kann. Zwischen diesen Gattungen steht das Schauspiel. Seine ernste Handlung steuert auf ein ruhiges, ausgeglichenes Ende zu. Dramatik in der Dichtung gibt es nicht nur im Drama. Die ↗Balladen ↗Goethes, ↗Schillers und ↗Fontanes oder die ↗Novellen ↗Kleists und ↗Meyers enthalten ebenfalls dramatische Elemente.
Entstanden ist das europäische Drama in der ↗Antike. In Griechenland hatte es im 5. Jahrhundert v. Chr. seinen ersten Höhepunkt. Von den Griechen stammen auch viele Regeln, die zum Teil bis in die neueste Zeit ihre Gültigkeit haben: der strenge Aufbau (Einheit der Zeit, des Ortes, der Handlung); die Gliederung, aus der später die Einteilung in Akte und ↗Szenen wurde; die Darbietung der Sprache in Versen. Die Stoffe stammten fast ausschließlich aus den griechischen Götter- und Heldengeschichten. Blütezeiten erlebte das europäische Drama im 16. und 17. Jahrhundert vor allem in ↗Spanien, ↗Frankreich und ↗England. Die Tragödien und Komödien des Engländers William Shakespeare (1564–1616), der sich als einer der Ersten von der strengen Gliederung des antiken Dramas löste, und die Komödien des Franzosen Jean-Baptiste Molière (1622–1673) stehen auch bei uns bis heute auf den Spielplänen der Theater.
Die Blütezeit der deutschen Dramendichtung begann erst im 18. Jahrhundert mit ↗Lessing und den Dichtern des ↗Sturm und Drang, zu denen auch der junge ↗Goethe und der junge ↗Schiller zu rechnen sind. Goethe, Schiller und ihr jüngerer Zeitgenosse Heinrich von ↗Kleist führten dann das deutsche Drama in der deutschen ↗Klassik auf eine bis dahin nicht gekannte Höhe. Im 19. Jahrhundert wandten sich Georg ↗Büchner und Gerhart ↗Hauptmann endgültig vom klassischen Vorbild ab und fanden neue Stoffe und zum Teil auch neue Formen. In unserem Jahrhundert revolutionierte B. ↗Brecht die Form des Dramas durch sein »episches Theater«, in dem er den Zuschauer zu einem rational, nicht gefühlsmäßig handelnden und so in politisches Geschehen eingreifenden Menschen erziehen möchte. Brecht gehört mittlerweile zu den Klassikern des modernen Theaters. Zu den neueren Entwicklungen des modernen Theaters gehören das absurde Theater (↗Frankreich) und das dokumentarische Theater (Rolf Hochhuth).

Epik. Alle erzählende Dichtung fasst man unter dem Begriff »Epik« zusammen und stellt das Erzählen dem persönlicheren Sprechen in der subjektiven ↗Lyrik und dem unpersönlichen (objektiven) ↗Drama gegenüber.

↗Goethe hat Epik, Lyrik und Dramatik die »drei Naturformen der Poesie« genannt und diese Einteilung ist bis heute weithin anerkannt. Der epische Dichter, in schriftlosen Zeiten oftmals ein »fahrender« Sänger, der seinen Stoff im Gedächtnis behalten musste, war deshalb bemüht der Reihe nach vorzutragen um den »Faden« nicht zu verlieren. Dieses stoffliche Gerüst ermöglichte es ihm, es je nach Publikum auszuschmücken und in »epischer Breite« darzubieten. Die Wesensmerkmale der mündlich vorgetragenen Erzählung haben noch weit in die Zeiten schriftlicher Überlieferung hinein fortgewirkt. So unterscheidet man bis heute grundsätzlich die Vers- und die Prosaerzählung. Auch gilt nach wie vor meist die Regel, dass im so genannten »epischen Präteritum«, d. h. in der Zeitstufe der Vergangenheit, erzählt wird. Zu vielen Formen der erzählenden Literatur gehört eine gewisse epische Breite. Die wichtigsten epischen Gattungen sind: ↗Roman, ↗Fabel, Erzählung, Skizze, ↗Novelle, ↗Kurzgeschichte, Parabel (↗Gleichnis), ↗Märchen, ↗Anekdote und Epos. Ähnlich wie bei den Griechen unterscheidet man heute zwischen den epischen Langformen (Epos und Roman) und den Kurzformen. Die Langformen sind umfangreicher, haben andere Strukturmerkmale und sind vielfach auch anders erzählt: ausmalende Schilderungen und bis ins Kleinste gehende Beschreibungen können den Leser fesseln und manchmal sogar vom eigentlichen Gang der Geschichte ganz ablenken. Umgekehrt herrscht bei den Kurzformen stärker der bloß informierende Bericht vor; der Leser wird nicht so sehr in das Geschehen hineingezogen. Die verschiedenen Erzählweisen vom knappen Bericht bis zur breiten Schilderung oder zur Diskussion eines Problems stehen dem epischen Autor natürlich grundsätzlich immer zur Verfügung. Er wird sie je nach seiner Erzählabsicht in verschiedenem Maße verwenden. Sie erlauben ihm genau festgelegte Schwerpunkte innerhalb seiner Geschichte zu setzen. Da jedes Geschehen innerhalb eines zeitlichen Rahmens abläuft, hat der Dichter oder Autor die Möglichkeit manche Abschnitte wie in Zeitlupe ausführlich darzustellen (Zeitdehnung), das Geschehen zusammenzudrängen (Zeitraffung) oder Zeiträume gänzlich zu überspringen (»Zwanzig Jahre sind seitdem vergangen und …«). Er kann sogar den tatsächlichen zeitlichen Ablauf auf den Kopf stellen und mit dem Späteren zuerst anfangen; was sich vorher ereignete, wird dann in der »Rückblende« nachgeholt. Von der Festlegung des zeitlichen Rahmens hängt die ↗Erzählperspektive ab. Die eigenständige Handhabung der erzählten Zeit praktizierte schon Homer, der älteste europäische Dichter, in seinen Versepen *Ilias* und *Odyssee* (↗Antike). Die Zeit dieser Versepen reicht bis ins späte Mittelalter (bekanntestes mittelalterliches Heldenepos ist das *Nibelungenlied*). Ihr lange gar nicht zur Dichtung gerechneter Nachfolger ist der Prosaroman, heute wohl die bekannteste Form erzählender Literatur überhaupt. Während das Epos meist vorgetragen wurde, ist der Leser bei der Romanlektüre mit dem Buch allein. Da heutzutage fast jeder lesen und sich ein Buch kaufen kann, ist die Zeit der alten Epen wohl ein für allemal vorbei. Die Epik dagegen, die mittlere der drei natürlichen Gattungen Lyrik, Epik, Dramatik, hat sich zur vielseitigsten entwickelt.

Erzählperspektive. Es gibt z. B. Geschichten, in denen der Autor eine Erzählerfigur erfindet, hinter der er sich gewissermaßen versteckt. Dieser »fiktive« Erzähler kann z. B. ein Mensch sein, der bereits vor mehreren Jahrhunderten gelebt hat. Wenn dieser dann die Geschichte erzählt, tut er das aus einer anderen »Perspektive« als der Schreiber des Romans. So kann z. B. ein im Mittelalter »angesiedelter« Erzähler schildern, welche Angst er vor der Pest hat. Diese Angst teilt der heute schreibende Autor sicher nicht mehr! Auch macht es ohne Zweifel einen großen Unterschied, ob eine Begebenheit in der Ich-Form erzählt wird oder aus größerem Abstand in der dritten Person. Das Erste nennt man die Ich-Erzählsituation: das Ich erlebt und berichtet die Geschichte »hautnah«; das Zweite ist die Er-Erzählsituation. Jede der beiden Möglichkeiten hat eine andere Wirkung. Zum Vergleich die Anfangssätze von zwei längeren Erzähltexten: »Wie froh bin ich, dass ich weg bin.« – »An den Ufern der Havel lebte, um die Mitte des sechzehnten Jahrhunderts, ein Rosshändler, namens Michael Kohlhaas...« Während der erste Satz den Leser geradezu in das Geschehen hineinzieht, hält der zweite ihn auf Distanz. Man nennt diese Er-Erzählsituation auch die auktoriale. Bei ihr steht der Erzähler neben und über der Handlung; er kennt »seine« Geschichte von Anfang bis Ende und hält »allwissend« sämtliche Fäden in der Hand. Der Ich-Erzähler dagegen berichtet nur, was er weiß. Sein Horizont ist beschränkt. Neben diesen beiden gibt es noch eine »gemischte«, dritte Erzählsituation. Ein Beispiel: »Als Gregor Samsa eines Morgens aus unruhigen Träumen erwachte, fand er sich in seinem Bett zu einem ungeheueren Ungeziefer verwandelt.« Äußerlich in der Er-Perspektive geschrieben zieht diese Erzählweise den Leser dennoch unmerklich in die Geschichte hinein. Indem er alles aus der Sicht einer bestimmten Figur erlebt (»fand er sich«), fühlt und denkt er wie diese Person. Wir nennen dies die personale Erzählsituation. Die modernen Autoren bevorzugen diese Mischform und entwickeln spezifische Techniken (z. B. den »inneren« ↗Monolog) um die Seelenregungen ihrer Gestalten sichtbar zu machen.

Essay. Die Bezeichnung Essay geht zurück auf die 1580 erschienenen Texte des französischen Schriftstellers und Philosophen Michel de Montaigne. Das Wort bedeutet so viel wie »Versuch«. Damit soll zum Ausdruck gebracht werden, dass der vorliegende kurze Prosatext keinerlei Anspruch auf Vollständigkeit oder Allgemeingültigkeit erhebt. Ein Essay spiegelt die persönliche Sicht seines Autors zu einem geistigen, kulturellen oder sozialen Problem, einer Schilderung oder Beschreibung wider. Neben diesen Inhalten behandelt der biografische Essay den Lebensabriss einer Person. Der Essay besticht meist durch eine anspruchsvolle, geschliffene und geistreiche Betrachtungsweise, die aber zugleich leicht verständlich sein soll. Wie der ↗Brief oder die ↗Glosse zählt er zu den offenen literarischen Formen. Seinen künstlerischen Höhepunkt erlebte der Essay um 1900. Hugo von Hofmannsthal, die Brüder Heinrich und Thomas ↗Mann, Stefan ↗Zweig und Joseph ↗Roth benutzten auch essayistische Elemente als Darstellungsmittel in ihren Romanen.

Fabel. Zwei charakteristische Merkmale weisen jene kleinen Erzählungen auf, die nach dem lateinischen Wort »fabula« (= Geschichte) benannt sind. Zum einen stehen im Mittelpunkt der Handlung meistens Tiere, denen die Menschen von vornherein bestimmte Eigenschaften zuschreiben. So gilt der Fuchs als listig, der Esel als dumm oder der Hase als ängstlich. Diese Tiere werden aber nicht in ihrer natürlichen Umgebung geschildert, sondern handeln, sprechen und denken wie Menschen. Zum anderen will die Fabel unterhalten, zugleich aber auch eine allgemein gültige Lehre erteilen. Diese soll der Leser selbst erkennen; in manchen Fabeln wird sie jedoch am Schluss eigens hervorgehoben. Fabeln begegnen uns in Form von Geschichten oder Gedichten. Sie gehören zu den ältesten Dichtungen der Menschheit, doch im Gegensatz zu ↗Märchen oder ↗Sage kennen wir meistens ihre Verfasser. So wird eine der ältesten antiken Fabelsammlungen dem Sklaven Äsop zugeschrieben, der um 500 v. Chr. an der kleinasiatischen Küste lebte. Diese Fabeln dienten in ihrer witzigen und kritischen Art später manchem Dichter, wie z. B. Martin ↗Luther, als Vorbild. Eine neue Blüte erlebte die Fabel in der Zeit der ↗Aufklärung. In ↗Frankreich schuf damals La Fontaine kluge und zugleich sehr volkstümliche Fabeln. In Deutschland waren die Fabeln Christian Fürchtegott Gellerts nicht weniger beliebt. Auch heute lebt diese Gattung noch fort und wird aktiv gepflegt.

Fantasy. Hinter dem englischen Begriff stecken jene fantastischen Geschichten, die es schon immer in den Literaturen der Völker gegeben hat. Im Gegensatz zu den meisten zwar frei gestalteten, aber durchaus noch auf der Wirklichkeit aufbauenden Dichtungen steht bei ihnen das Unwirkliche und Fantastische im Vordergrund. Natürlich gibt es auch Mischformen, können Erzählungen und Romane aus der Wirklichkeit in die Fantasie hineinwachsen und umgekehrt; es bleibt letztlich dem Dichter überlassen, zwischen beiden seine Grenzen zu ziehen oder sie ineinander übergehen zu lassen.
Zu den ältesten und bekanntesten fantastischen Erzählungen gehören die ↗Märchen, die meistens in einer recht abenteuerlichen Gegenwelt spielen und Spannung, Unheimliches und

manchmal auch Humor in sich vereinen. Sie wurden seit der ↗Romantik zu Vorbildern zahlreicher fantastischer Geschichten. Einer ihrer Väter war der Dichter E. T. A. ↗Hoffmann mit seinen Kunstmärchen wie *Nußknacker und Mäusekönig* und seinen Geistergeschichten. Wie kaum ein anderer beeinflusste er auch die fantastische Literatur in ↗England, ↗Frankreich und den ↗USA. Von dort kam Edgar Allan Poe, der in seinen fantastischen Erzählungen das Unheimliche besonders stark betonte. In England schuf Charles Dickens mit den *Weihnachtsgeschichten* ein ebenso schönes wie berühmtes Beispiel dieser Erzählgattung und Lewis Caroll begründete mit *Alice im Wunderland* (1865) die fantastische Erzählung für Kinder. Solche Geschichten konnten aber auch in fernen Ländern spielen, wie etwa die ungemein spannenden Romane des Engländers Henry Rider Haggard *(König Salomos Schatzkammer)* oder Karl Mays *Ardistan und Dschinnistan.*

Die moderne Fantasy-Geschichte führt häufig zurück in die historische Vergangenheit, vor allem in sagenhafte mittelalterliche Reiche. Mit besonderer Vorliebe werden dabei altirische Sagen und Feenmärchen als Vorbilder für die Gestalten und die oft fremdartig anmutenden Namen gewählt. Vorbild für diese Art von Erzählungen wurde der Engländer John R. R. Tolkien (1892–1973) mit seinem *Herrn der Ringe*. Charakteristisch für die meisten Fantasy-Erzählungen ist die Verbindung von moderner Erzählweise und Nachgestaltung alter Mythen und ↗Sagen. Neben der irischen Sagenwelt wird von manchen Autoren auch der Sagenkreis um König Artus von England bevorzugt. Eine eigenwillige Verbindung von frei gestalteten Mythen-Motiven mit Elementen der ↗Sciencefiction-Erzählung, also gleichsam Vergangenheit und Zukunft einend, gelang Michael Ende mit der *Unendlichen Geschichte*. Tolkien und Ende fanden nicht nur zahlreiche Nachahmer, ihre Geschichten wurden auch aufwendig verfilmt.

Feuilleton. Dieses aus dem Französischen entlehnte Wort steht nun seit 150 Jahren als Leiste über dem Kultur- und Unterhaltungsteil der ↗Zeitungen im deutschsprachigen Raum. In Frankreich tauchte es um 1800 auf und bezeichnete zunächst ein loses »Blättchen« mit Theaterkritiken und Bemerkungen zum kulturellen Leben. Bald wurde es fester Bestandteil der Zeitung, in die man es zunächst nur eingeschoben hatte: Sein Text wurde lediglich durch einen dicken Strich vom anderen Zeitungstext abgehoben. »Feuilleton« war jetzt das, was »unterm Strich« stand. Mit der Zeit kam dort allerlei zusammen: Neben Kritiken und Aufsätzen zur Literatur, Kunst und Wissenschaft, die für ein vielschichtiges Publikum in verständlicher Form abgefasst waren, fand man gesellschaftskritische Betrachtungen, Buchbesprechungen, Reiseberichte, »schöngeistige« Beiträge (Gedichte, Erzählungen, Fortsetzungsromane) und anspruchslosere Unterhaltung. Die »Feuilletonisten« entwickelten einen eigenen Stil: Sie unterhielten sich sozusagen mit dem Leser in einem geistreichen, witzigen Plauderton. Wenn dieser selbstgefällig oder oberflächlich wurde, sprach man abwertend von »Feuilletonismus«. Obwohl man nur für den Tagesbedarf schrieb, gehören die meisterhaften Beiträge bedeutender Mitarbeiter doch zum Literaturschatz ihrer Zeit. Unter den großen Feuilletonisten finden wir Honoré de Balzac in ↗Frankreich, Mark Twain und Ernest Hemingway in den ↗USA; in Deutschland stand Heinrich ↗Heine am Anfang, später belebten Egon Friedell in Wien, Egon Erwin Kisch in Prag, Maximilian Harden und Kurt ↗Tucholsky neben vielen anderen das Presseleben. Mit dem wachsenden Informationsbedürfnis unserer schnelllebigen Zeit steigen auch die Ansprüche an das Feuilleton. Erstrangige Fachleute aller Wissenschaftszweige erläutern die Entwicklung auf ihrem Gebiet und zeigen mögliche Auswirkungen auf das gesellschaftliche Leben auf. ↗Glossen kommentieren menschliche Schwächen und veranschaulichen, manchmal mit bitterem Humor, Missstände im öffentlichen Leben. Besprechungen von Aufführungen, Ausstellungen und Kunstmärkten in aller Welt machen den Blick frei über die Grenzen des eigenen Landes. Misstrauisch wird der große Konkurrent Fernsehen beobachtet. Einige Bereiche des Feuilletons haben sich selbständig gemacht und erscheinen in gesonderten Beilagen (»Reise«, »Naturwissenschaften«, »Literatur«, »Mode« u. a.). Aus dem »Blättchen« ist mit der feuilletonistisch aufgemachten »Sonntagsbeilage« ein eigenes »Blatt« geworden.

Gleichnis. Wenn wir etwas anschaulich und für einen Zuhörer besonders wirkungsvoll darstellen wollen, dann versuchen wir ihn durch eine bildhafte Darstellung zu beeindrucken. So ist ein junger Mann »stark wie ein Bär« oder ein alter »so alt wie Methusalem«. Diese Vergleiche und die so entstandenen Bilder sollen unsere Vorstellungskraft anregen, vorausgesetzt natürlich, dass die beiden verglichenen Objekte in einem wesentlichen Punkte übereinstimmen. Von einem jungen Mann würde niemand sagen, dass er so alt wie Methusalem sei.
Wenn in Gedichten oder Erzählungen solche Vergleiche nur durch ganz bestimmte Worte ausgedrückt werden, entsteht eine ↗Metapher. Wird der Vergleich aber nicht nur auf eine kurze Aussage beschränkt, sondern breiter ausgemalt und dargestellt, entsteht ein Gleichnis. Die Grenzen sind fließend und eine ganz klare Begriffsbestimmung ist nicht möglich. Dichter verwenden Gleichnisse um etwas Besonders eindrucksvoll darzustellen. Das Zusammenströmen der griechischen Völker vor Troja zur Heeresversammlung schildert Homer (↗Antike), »als wenn Schwärme von Bienen im dichten Gewimmel sich nähern. Immer neue strömen hervor aus der Höhlung des Felsens. Hier jetzt schwärmt ein Volk und ein anderes schwärmt dort drüben.« Auch das Alte und das Neue Testament verwenden Gleichnisse um

Wahrheiten zu verdeutlichen und Lehren einprägsam zu veranschaulichen. Wenn Christus davon spricht, dass seine Lehre nicht angenommen wird, dann wählt er das Gleichnis vom Samenkorn, das zwischen die Dornen fällt, oder das Gleichnis vom guten Hirten.

Wird das Gleichnis zu einer kleinen Geschichte ausgeweitet, die einen ganz besonderen Fall erzählt, spricht man von einer Parabel. Dieses aus dem Griechischen stammende Wort bedeutet ebenfalls »Vergleich« und deshalb sind auch hier die Grenzen zum Gleichnis nicht klar zu ziehen. Weil solche Parabeln in sich abgeschlossen sind, können sie auch ohne den in ihnen liegenden Vergleich erzählt und aufgeschrieben werden, richtig verstanden werden sie aber erst dann, wenn man diesen erkennt.

Glosse. Wir erwarten von unserer ↗Zeitung in erster Linie ↗Nachrichten, Informationen in Wort und Bild über Ereignisse aus nah und fern. Es gibt aber kaum eine Zeitung, die nur die nackten Tatsachen zusammenträgt und ihre Leser damit allein lässt. Zu den Aufgaben der Zeitungsmacher, der Journalisten, gehört es auch, dass sie zu wichtigen Nachrichten Stellung nehmen, indem sie dem Leser die Ereignisse erläutern und ihre Meinung dazu äußern. Das geschieht in den so genannten Meinungsartikeln, zu denen vor allem der ↗Kommentar gehört. Eine besondere Form des Kommentars ist die Glosse.

In der Regel beschäftigt sich die Glosse nicht mit den großen Ereignissen der Politik, mit den Ergebnissen von Konferenzen und dem Ausgang von Wahlen. Das alles bleibt dem Kommentar überlassen. Die Glosse greift dagegen die scheinbar unwichtigen Ereignisse am Rande des Geschehens heraus und rückt das Nebensächliche kritisch ins Licht. Doch die Kritik ist meist nicht allzu streng.

Man kann über alles mögliche Glossen schreiben, so zum Beispiel über das ungeschickte Auftreten eines Politikers in der Öffentlichkeit, über Modetorheiten, über die Unarten eines Sportlers oder Schauspielers oder über sprachliche Angewohnheiten und Dummheiten. In manchen Zeitungen finden sich sogar regelmäßig Sprachglossen. Die Wochenendausgaben der Tageszeitungen glossieren auf der Lokalseite die Missstände ihrer Stadt. »Lokalspitze« nennt man eine solche Glosse auch, weil sie häufig ganz oben auf der Seite steht.

Bei der Glosse kommt es ganz besonders auf die Sprache an. Nicht die sachliche Sprache der Nachricht und nicht die strenge Sprache des Kommentars sind hier gefragt. Die Sprache der Glosse ist locker und spritzig, vielfach auch witzig und spöttisch; sie kann elegant sein und darf auch saloppe Ausdrucksformen der ↗Umgangssprache verwenden. Besonders beliebt sind Wortspiele mit komischer Wirkung. In jedem Fall kommt es auf den besonderen Ausdruck und die originelle Sicht des geschilderten Vorgangs an. Sie kann damit ein kleines sprachliches Kunstwerk werden. Dann wird sie dem Leser auch Spaß machen, wird ihn zum Lachen und vielleicht zum Nachdenken bringen, wenn es einmal um ernstere Dinge geht.

Hörspiel. An einem Abend des Jahres 1938 brach in einigen Städten der amerikanischen Ostküste Panik aus. Tausende verließen fluchtartig ihre Wohnungen, versuchten mit Autos, mit der Untergrundbahn oder zu Fuß die Städte zu verlassen, es gab verstopfte Straßen, es kam zu Unfällen. Die Polizei war machtlos. Dies alles war die Folge eines Hörspiels. Eine Rundfunkstation hatte das Stück *Krieg der Welten* von Orson Welles (1915–1985) gesendet. Es beschreibt den vermeintlichen Angriff von Marsmenschen. Das Hörspiel war in den üblichen Sendeablauf eingebaut und die ersten Meldungen von der Invasion waren so realistisch, dass viele Hörer an einen wirklichen Angriff glauben mussten. Auch der im Anschluss an das Hörspiel gesendete Hinweis, es handle sich hierbei nur um Fiktion, beruhigte die Hörer zunächst nicht. Wenn dies auch ein Ausnahmefall war, so zeigt er doch, welche Wirkung diese damals verhältnismäßig neue Literaturgattung besaß. Zwar wollten die Sender gleich zu Beginn des Rundfunks ihren Hörern dramatische Werke bieten, es stellte sich aber bald heraus, dass Bühnenstücke sich nur sehr bedingt für Rundfunksendungen eigneten. Sie waren ja für Zuschauer, vielleicht auch noch für Leser geschrieben, die durch Regieanweisungen, das Bühnenbild, Gestik, Mimik usw. wichtige Informationen zum Verständnis des Stückes erhielten, die im Rundfunk nicht zu vermitteln waren. Deshalb entstanden bald Hörspiele im eigentlichen Sinne, d. h. in sich abgeschlossene Werke, in denen alles durch Worte – oder durch Geräusche – ausgedrückt wurde, was das Sehen also überflüssig machte. Dieser Verzicht hatte sogar den Vorteil, dass das gesprochene Wort so viel nachdrücklicher wirkte und eine größere Bedeutung bekam. Außerdem eröffnete die Technik Möglichkeiten, z. B. die Stimme zu verändern oder durch Geräusche eine bestimmte Atmosphäre hervorzurufen, die auf der Bühne so nicht möglich waren. Deshalb verwundert es nicht, dass bedeutende Autoren der damaligen Zeit, z. B. ↗ Brecht und Alfred Döblin, sich auch theoretisch mit dem Hörspiel auseinander setzten. In Deutschland wuchs in den Jahren nach dem Zweiten Weltkrieg die Vorliebe für das Hörspiel noch, da es für viele Menschen die einzige Art Unterhaltung war – Bücher und Filme konnten in diesen Jahren nicht so einfach und billig hergestellt werden. Bald entwickelten sich bestimmte Hörspielgattungen, z. B. das Kriminalhörspiel, die ihren festen Platz im Sendeplan bekamen. Doch auch sie wurden durch das aufkommende Fernsehen immer mehr verdrängt. Dafür entwickelte das Hörspiel anspruchsvollere Formen, wie z. B. die Spiele von Günter Eich, Ilse Aichinger, Ingeborg ↗ Bachmann oder Max ↗ Frisch zeigen. Neue Impulse erhielt das Hörspiel durch technische Weiterentwicklungen. So wurden die

Tonbandgeräte in ganz kurzer Zeit wesentlich verbessert. Man konnte nun Aufnahmen im Multiplay-Verfahren machen, d. h. auf ein schon bespieltes Band etwas aufnehmen ohne die erste Aufnahme dabei zu löschen, und das mehrmals. Die leichte Handhabung der Bänder erlaubte Montagen, Schnitte, das Einsetzen oder Herausnehmen von Pausen, wodurch sich der Charakter einer Aufnahme völlig verändern ließ. Auch die Mischpulte wurden besser und einfacher; mit ihrer Hilfe konnte man Stimmen oder Geräusche einblenden, hervorheben, ausblenden, übereinander legen. Auch die Mikrofone wurden leistungsfähiger und zusammen mit Halleinrichtungen waren ganz neue Effekte zu erzielen. Besonders wichtig war die Einführung der Stereo-Technik auch bei Rundfunksendungen, denn nun konnte man den Stimmen nicht nur einen bestimmten Klang verleihen, sondern ihnen auch noch einen eigenen Raum zuweisen. Das vorläufige Ende dieser Entwicklung ist die Kunstkopfstereophonie, die das räumliche Hören, also auch von oben, unten, schräg vorn usw. fast perfekt nachahmt. Mit dieser Technik kann eine Unmittelbarkeit, Eindringlichkeit und Klarheit erreicht werden, die früher unvorstellbar war. Sie ermöglicht es, für den Hörer sofort verständlich, mehrere Zeitebenen darzustellen. Auch innere ↗Monologe, verschiedene Bewusstseinsstufen, z. B. Traum und Wirklichkeit, Erinnerung und Gegenwart, sind durch akustische Mittel für den Hörer leichter erkennbar und unterscheidbar, als dies im Film möglich wäre. Natürlich kann und will das Hörspiel das Fernsehen oder den Film nicht ersetzen. Es ist eine andere Aussageform, die ihre eigenen Gesetze hat. Deshalb wird das Hörspiel wohl seine Faszination behalten, weil es trotz aller technischer Genauigkeit der Fantasie des Hörers mehr Freiheit lässt als viele andere Medien. Nicht ohne Grund wird deshalb einer der wichtigsten deutschen Literaturpreise, der Preis der Kriegsblinden, für das beste Hörspiel vergeben.

Interview. Das Wort »Interview« kommt aus dem Englischen. Auf Deutsch heißt es »Gespräch« und »Befragung«. Im Sprachgebrauch der Journalisten kommt es in beiden Bedeutungen vor. Mitarbeiter von Presse, Rundfunk und Fernsehen suchen das Gespräch mit einer Persönlichkeit des öffentlichen Lebens um sich Material, d. h. Informationen, für ihre eigene Arbeit zu beschaffen. Sie wenden sich, je nach ihrem Aufgabengebiet, an Politiker und Künstler, an Wissenschaftler und Sportler. Der Informationswert eines Interviews ist dann besonders hoch, wenn die Journalisten selbst gründliche Kenntnisse besitzen und geschickt zu fragen verstehen.
Politiker nehmen ein Interview gelegentlich zum Anlass der Öffentlichkeit ihre Meinungen und weiter reichenden Absichten mitzuteilen. Was etwa der amerikanische Präsident zu sagen hat, kann auch für die Weltöffentlichkeit von Bedeutung sein. So gibt es in der Geschichte Beispiele dafür, dass von einem solchen Presse-

gespräch große politische Wirkungen ausgegangen sind. Wenn Journalisten besonders neugierig und bohrend fragen und auch unangenehme Fragen stellen, kann es passieren, dass der Befragte nervös wird und mehr sagt, als er der Öffentlichkeit preisgeben wollte, meist zum eigenen Schaden. Ein Sonderfall des Interviews ist die Talkshow. In ihr werden eine oder mehrere bekannte oder unbekannte Personen von einem Moderator in ein Gespräch eingebunden. Das Publikum hat in dessen oft kontroversen Verlauf die Möglichkeit die verschiedenen Ansichten zu einem Thema kennen zu lernen.

Es gibt noch eine ganz andere Form des Interviews, die jedem einmal begegnen kann, nicht nur Prominenten. Das ist die Befragung eines bestimmten Personenkreises. Zwar geht es auch hier um Informationen, aber in diesem Fall ist der Einzelne nur Teil einer Statistik. Durch Meinungsumfragen möchte eine Partei die Wählerstimmung noch vor den Wahlen erkunden und auswerten. Die Hersteller von Waren informieren sich durch Meinungsumfragen über Verbrauchergewohnheiten und -wünsche. Diese Umfragen sind auch heute aus dem politischen und wirtschaftlichen Leben nicht mehr wegzudenken.

Kalender/Kalendergeschichte. Ein Kalender ist für uns heute meist nur ein Terminplaner, ein Abreißkalender oder auch ein aufwendiger Wandkalender mit schönen Kunstbildern. Möglicherweise besitzt der eine oder andere einen der bekannten Jungen- oder Mädchenkalender, der außer dem eigentlichen Kalendarium noch viele praktische Ratschläge für das ganze Jahr enthält und deshalb ein beliebter Begleiter ist. Diese Bedeutung hatte früher der Kalender. Er war ein richtiges Hausbuch und präsentierte sich als »Hinkender Bote« oder als »Hausfreund« der ganzen Familie, sein Erscheinen wurde stets sehnsüchtig erwartet. Er war neben der Bibel in vielen bäuerlichen und kleinbürgerlichen Familien der einzige Lesestoff, und weil er sich an alle wandte, musste er auch allen, den Alten wie den Jungen, etwas bieten.

Seit der Erfindung des Buchdrucks (erster gedruckter Kalender 1455) wurde das eigentliche Kalendarium mit astronomischen und astrologischen Hinweisen, durch Wetterregeln, Angaben zum Kirchenjahr und genauen Daten der regelmäßigen Märkte im Erscheinungsbereich des Kalenders ergänzt. Weiterhin gab es praktische Ratschläge für die Gesunden und Kranken, vielfach auch Rezepte. Die Leser erfuhren Neues aus der Welt, manches aus der Geschichte und von berühmten Persönlichkeiten. Seit dem 18. Jahrhundert wollten die Kalender mehr und mehr unterhalten und so begann allmählich eine gewisse »Literarisierung«, d. h. es erschienen dort auch kleine, meist lehrhaft-volkstümliche Erzählungen, die den Beinamen »Kalendergeschichten« erhielten. Zu ihnen gehörten die Kürzestgeschichten (Apophthegma), die nur ein bis drei Sätze lang waren (vergleichbar etwa den Witzen), aber auch ↗Anekdoten und ↗Legenden, spannende Räuber- und Gespenstergeschichten, historische Erzählungen und vor allem Geschichten von Freude und Leid aus dem bäuerlichen Alltag. Ein Meister dieser kurzen Erzählform war J. P. ↗ Hebel, dem wir zahlreiche spannende und lustige Kalendergeschichten zu verdanken haben. Jeremias ↗Gotthelf oder Peter Rosegger schrieben ebenfalls für das einfache Volk. Auch moderne Schriftsteller, wie z. B. B. ↗Brecht, verfassten solche Geschichten, in denen sie versuchten auf einfache, volkstümliche Art zu erzählen.

Kinder- und Jugendliteratur. Ausschließlich für Kinder und Jugendliche geschriebene Bücher gab es vereinzelt schon seit dem Ende des Mittelalters. Doch erst mit der ↗Aufklärung, Mitte des 18. Jahrhunderts, traten sie vermehrt auf und wurden gebräuchlicher. Zunächst wandten sie sich überwiegend an ältere Jugendliche. Nur langsam wurden auch die jüngeren Leser mit einbezogen. Etwa seit der Mitte des 19. Jahrhunderts wurden Bilderbücher für die Jüngsten geschaffen. Bis auf wenige Ausnahmen waren diese Bücher aber so teuer, dass sich die ärmeren Bevölkerungsschichten diese nicht leisten konnten. Erst seit dem letzten Drittel des vorigen Jahrhunderts gewannen Bücher für Kinder und Jugendliche auch an (wirtschaftlicher) Bedeutung. Sie passten sich deshalb immer besser den Gewohnheiten und Bedürfnissen ihrer Leser an.
Heute ist das Angebot sehr umfangreich und teilweise ganz vorzüglich. Für die Qualitätssteigerung sorgten in den letzten Jahrzehnten verschiedene Preise wie der Deutsche Jugendliteraturpreis, der Große Preis der Volkacher Akademie oder der Buxtehuder Bulle. Man unterscheidet nach der Gestaltung Bilderbücher, ↗Sachbücher und die große Gruppe der Erzählungen. Zu diesen gehören ↗Märchen ebenso wie Geschichten aus dem Alltagsleben der Kinder oder Abenteuererzählungen. Schon seit den 20er Jahren dieses Jahrhunderts gibt es eigene Kinder- und Jugendromane, die es in ihrer literarischen Qualität durchaus mit Romanen für erwachsene Leser aufnehmen können. Junge Leser finden darin Antworten auf viele sie bewegende Fragen, aber auch historische oder zeitgeschichtliche Themen werden in ihnen aufgegriffen.
Während sich Bilderbücher überwiegend an Kinder im Vorschulalter wenden, setzt man die Obergrenze für Kinderbücher etwa bei zehn Jahren an, danach spricht man von Jugendbüchern. Zu den bekanntesten Kinder- und Jugendbuchautoren unserer Zeit gehören Michael Ende, Erich ↗Kästner, Judith ↗Kerr, Klaus Kordon, Astrid Lindgren, Paul Maar, Christine ↗Nöstlinger, Otfried ↗Preußler u. a.

Kommentar. Wenn Journalisten aktuelle Ereignisse und Entwicklungen, ihre Ursachen und Hintergründe, Wirkungen und Folgen durchleuchten und sich dazu eigene Gedanken machen und veröffentlichen, liegt ein Kommentar vor. Es macht also das Wesen dieser publizistischen Form aus, dass ein sachkundiger Verfasser aktuelles Geschehen bewertet (»interpretiert«) und seinen Lesern, Hörern oder Zuschauern dadurch den Blick für ihnen sonst vielleicht verborgene Zusammenhänge und Entwicklungen schärft. Trotz subjektiver Stellungnahme darf aber ein Kommentar nicht darauf abzielen, seine »Adressaten« zu manipulieren; vielmehr muss er seine Urteile mit »objektivem« Tatsachenmaterial belegen und mit Argumenten begründen. Ziel des Kommentators ist es, zum Nachdenken über einen Sachverhalt anzuregen und von der Richtigkeit der vorgebrachten Gesichtspunkte zu überzeugen. Der Kommentar ist somit ein wesentliches Element innerhalb des »Meinungsteils« einer ↗Zeitung. In unserer von der jeweiligen Regierung unabhängigen Presse ist dieser »Meinungsteil« meist deutlich vom »Nachrichtenteil« getrennt. So sind Kommentare in unseren Zeitungen durchweg als solche gekennzeichnet. Sie befinden sich immer an der gleichen Stelle und sind in einen sie umrahmenden »Kasten« gesetzt. Der volle Name des Verfassers ist am Schluss abgedruckt; er bürgt damit für die Richtigkeit der im Text enthaltenen Aussagen und ist dafür verantwortlich. Das Gleiche gilt auch für die Medien Rundfunk und Fernsehen. Hier haben die Kommentare, z. B. als »Kommentar vom Tage« oder als »Wochenkommentar« ihre feste Zeit innerhalb der Programmfolge. Den ausführlichsten »Kommentar« zu einem aktuellen Geschehen lieferte übrigens vor über 2000 Jahren Gaius Julius Cäsar mit seinen *Commentarii de bello Gallico*. Damals bedeutete das Wort »commentarius« allerdings nicht mehr als Notizbuch, tagebuchartige Niederschrift. Doch schon Cäsar machte es zu einem Mittel seine politischen Zielvorstellungen dem römischen Leserpublikum überzeugend nahe zu bringen (↗Antike).

Kriminalroman. Kriminal- und Detektivgeschichten gehören heute zu den beliebtesten Lesestoffen, gleichgültig ob sie sich an Kinder, Jugendliche oder Erwachsene wenden. Der Vorrat an aufzuklärenden Verbrechen aller Art, an kleinen und großen Gaunern und vor allem an klugen Detektiven scheint unerschöpflich zu sein. Jeden Monat erscheinen Dutzende neuer Titel, heute vorwiegend als Taschenbuchausgaben, während sie früher häufig als preisgünstige Groschenhefte veröffentlicht wurden. Inzwischen beschäftigen sich auch Literaturwissenschaftler und Volkskundler mit dieser Erzählgattung. Sie versuchen die Kriminalromane zu systematisieren und spüren der Frage nach, warum die Menschen sich so gern mit Verbrechen und deren Aufklärung beschäftigen. Auf diese Frage lässt sich allerdings keine eindeutige Antwort geben. Die einen suchen Nervenkitzel und vordergründige Unterhaltung, die anderen lockt das Abenteuerliche und wieder andere sehen im Kriminalroman eine mehr oder minder schwierige Denksportaufgabe.

Grundsätzlich müssen wir zwischen Kriminalerzählungen und Detektivgeschichten unterscheiden. In Kriminalerzählungen geht es nur um ein Verbrechen und die Darstellung des Irr- und Leidensweges des Täters, ohne dass dabei die Aufklärung eines Falles dargestellt wird. Solche Kriminalerzählungen entstanden schon im 19. Jahrhundert mit dem *Verbrecher aus verlorener Ehre* von ↗Schiller, dem *Fräulein von Scuderi* von E. T. A. ↗Hoffmann oder der *Judenbuche* von A. von ↗Droste-Hülshoff. Seit 1840 verlagerte sich das Interesse vom Täter auf tatsächlich begangene Verbrechen, wie bei Werner Bergengruens *Der Großtyrann und das Gericht*. In den Detektivgeschichten übernimmt eine einzelne Person die Aufklärung eines Falles, wobei der Leser bis zuletzt über die Lösung im Unklaren gelassen wird. Nicht der Täter oder das Verbrechen stehen im Vordergrund des Geschehens, sondern der Detektiv. Man unterscheidet zwischen den »klassischen« Detektivgeschichten, wie sie vor allem die englische Literatur mit Arthur Conan Doyle (*Sherlock Holmes*), Edgar Wallace, Agatha Christie (*Hercule Poirot*) oder Dorothy L. Sayers (*Lord Peter Wimsey*) hervorgebracht hat, und die wegen ihrer realitätsnahen Schilderungen so genannten »harten« Detektivromane, die in den ↗USA entstanden sind. Ihre Hauptvertreter dort sind Patricia Highsmith, Raymond Chandler, in ↗Frankreich George Simenon und in der ↗Schweiz Friedrich ↗Dürrenmatt. Inzwischen hat der »Krimi« einen Konkurrenten im »Thriller« (Reißer) gefunden, der sich mit Spionage- und Geheimdienstfällen beschäftigt.

Kurzgeschichte / Shortstory. Die Kurzgeschichte, wie wir sie heute kennen, entwickelte sich in der deutschen Literatur vor allem nach dem Zweiten Weltkrieg. Für etwa 25 Jahre war sie eine der wichtigsten Literaturformen, eine Zwischenform von ↗Novelle, ↗Witz und ↗Anekdote, die von fast allen Autoren dieser Zeit (↗Böll, ↗Borchert, ↗Lenz, Schnurre, ↗Walser) verwendet wurde, da verschiedene Aussagen wie Anklage, Protest und Erläuterung von Umständen in ihr möglich sind. Sie zeichnet sich dadurch aus, dass sie kaum länger als 20 Seiten ist, keine Einleitung hat und sich zielstrebig auf eine Lösung zubewegt. Sie spielt fast immer in der unmittelbaren Gegenwart und schildert eine Begebenheit, die vielleicht nur wenige Minuten dauert, der aber stets eine größere Bedeutung zukommt, als man im ersten Augenblick vermuten konnte. Sie berichtet ohne zu kommentieren und zeigt das Geschehen häufig nur aus der Sicht eines einzigen Beteiligten. Der Autor will dabei meist den Leser bewusst auf etwas aufmerksam machen. Deshalb spielen Kurzgeschichten vielfach in der gewohnten Umgebung ihrer Leser und in der Vergangenheit nur dann, wenn diese Zeit mit ihren Folgen bis in die Gegenwart reicht. So z. B. in Elisabeth Langgässers Kurzgeschichte *Saisonbeginn*: Am Rande eines Bergdorfes soll ein Schild aufgestellt werden. Schließlich

findet man den besten Platz – neben einem Kruzifix. Auf dem Schild steht: »In diesem Kurort sind Juden unerwünscht.«
Der Leser soll sich und seine Umwelt erkennen lernen um zu verstehen, dass auch ihn die Probleme der Geschichte etwas angehen. Wichtig dabei ist, dass der Leser selbst mitarbeitet. Er muss die Geschichte ganz lesen und dabei von Anfang an mitdenken, da schon der erste Satz Teil der eigentlichen Handlung ist. Auch der weitgehende Verzicht auf Erklärungen durch den Autor hat hier seinen Grund; der Leser soll selbst Zusammenhänge erkennen und sich sein Urteil bilden. Aufgrund dieses Urteils steht es ihm frei zu überlegen, wie es in der Erzählung weitergehen und was er eventuell daran ändern könnte. Man unterscheidet dabei zwischen einem »äußeren« und einem »inneren« Schluss oder Ende. In der erwähnten Kurzgeschichte von E. Langgässer gibt es ein Ende der Handlung (äußerer Schluss) – die Männer haben ihre Arbeit vollendet –, das eigentliche Problem, das entsetzliche Geschehen beginnt aber erst jetzt, nach dem Ende der Geschichte (innerer Schluss). Natürlich kann der Leser nur dann das eigentliche Problem erkennen, wenn die Kurzgeschichte die Begebenheit so darstellt, dass hinter dem Vordergrund eine andere, tiefere Wahrheit deutlich wird. Dazu gehört einmal die Wahl des Ereignisses selbst: Es soll alltäglich sein, aber auch typisch für eine bestimmte Zeit oder ein bestimmtes Verhalten. Die Darstellung selbst lenkt die Aufmerksamkeit des Lesers in die Richtung, die der Autor wünscht. Dies geschieht durch Verzicht auf Nebensächliches oder dadurch, dass das Geschehen unter einem bestimmten Blickwinkel erzählt wird. In der Kurzgeschichte *Saisonbeginn* könnte man sich vorstellen, dass ein etwas gelangweilter Kurgast aus einiger Entfernung die Männer bei der Arbeit beobachtet. Wegen dieser unbeteiligten Haltung kommt der Schluss-Satz der Geschichte um so unmittelbarer und trifft den Leser viel stärker. Die Besonderheiten der Kurzgeschichte erklären auch, warum gerade diese Literaturform in den Jahren kurz nach dem Zweiten Weltkrieg eine solche Bedeutung erlangte. Nach den Erfahrungen der Vergangenheit verzichteten die Autoren auf wortreiche Erklärungen und die Leser suchten Literatur, die ihrer Welt, ihren eigenen Erfahrungen entsprach und ihnen etwas über sich selbst sagte. Natürlich hatte es schon früher in der deutschen Literatur kürzere Prosaformen gegeben, die der Kurzgeschichte nahe kamen, z. B. bei E. T. A. ↗Hoffmann oder F. ↗Kafka. Den Durchbruch erlebten sie aber erst jetzt.
Eine bedeutende Rolle spielte dabei die Literatur des Auslandes, die nun in Deutschland verstärkt bekannt wurde, besonders die amerikanische Literatur. Aus dem Englischen stammt auch der Name der Kurzgeschichte, es ist eine Übersetzung von »short story«. Die Tradition der Shortstory reicht weit ins 19. Jahrhundert zurück, wobei sie auch Werke einschließt, die wir als ↗Novelle oder einfach als Erzählung be-

zeichnen würden. Entstanden war die Shortstory als Beitrag für die vielen literarischen Zeitschriften, die es im letzten Jahrhundert in den USA gab und die keine auf mehrere Hefte verteilten Beiträge drucken wollten. Bedeutende Autoren waren hier Edgar Allan Poe, Mark Twain, Herman Melville und Ambrose Bierce, in unserem Jahrhundert William Faulkner und Ernest Hemingway (↗USA), um nur einige Namen zu nennen. Von der Shortstory übernahmen die deutschen Autoren vor allem das Streben nach gedrängter Darstellung eines kürzeren Zeitausschnittes. Die anderen Merkmale entwickelten sich erst durch die Experimentierfreude der Autoren.

Lautmalerei. In seinem Gedicht *auf dem lande* parodiert Ernst Jandl mit großem Sprachwitz die Stimmen der Tiere, die einen Bauernhof bevölkern: Da brüllen die Rinder, grunzen die Schweine, schnattern die Gänse, meckern die Ziegen und draußen summen die Bienen und zirpen die Grillen. Es ist gleichsam eine Vorstellung aus der Sprachwerkstatt der frühen Menschheit, als Tierstimmen Muster für Wortbildungen wurden. Jandls Zoo könnte man mit vielen »lautmalenden« Wortschöpfungen ergänzen, z. B. dem Tschilpen des Sperlings und Tirilieren der Lerche. Lautmalend sind manche Vogelnamen wie Kuckuck, Uhu, Krähe von ihrem typischen Vogelruf abgeleitet. Auch Geräusche klingen in »Schallwörtern« nach, wie der Schuss in »piff! paff!«, der Glockenschlag in »bimbam!«, das »Tick-tack!« der Uhr. Eine Erweiterung ist das lärmende »Holterdiepolter«. Die Sprache hat eine ganze Skala fein abgestimmter Geräusche in Verben und Substantiven anzubieten: gurgeln, schlürfen, schnarchen, klimpern, knattern, tuten oder Pfiff, Knall, Gerassel, Gerumpel. Selbstverständlich nutzen vor allem Dichter die Möglichkeit durch Lautmalerei ihre Ausdruckskraft zu verstärken und besondere Wirkungen zu erzielen. Die Sprache fängt selbst zu klingen an und verrät feinste seelische Bewegungen. Unheimlich ist die Stimmung in Gottfried August Bürgers ↗Ballade *Lenore*, atemlos der Geisterritt: »Und weiter, weiter, hopp, hopp, hopp! / Ging's fort in sausendem Galopp, / dass Ross und Reiter schnoben / und Kies und Funken stoben.« Oder das Traumbild in ↗Goethes *Hochzeitlied*: »Da pfeift es und geigt es und klinget und klirrt, / da ringelt's und schleift es und rauschet und wirrt, / da pispert's und knistert's und flüstert's und schwirrt…«. Selbst die Stille beginnt zu klingen, wie in C. ↗Brentanos *Wiegenlied*: »Singet leise, leise, leise, singt ein flüsternd Wiegenlied… wie die Quellen auf den Kieseln, wie die Bienen um die Linde summen, murmeln, flüstern, rieseln.« Ganz Musik ist die Sprache bei Georg Trakl in *Die schöne Stadt* geworden: »Zitternd flattern Glockenklänge, / Marschtakt hallt und Wacherufen. / Fremde lauschen auf den Stufen. / Hoch im Blau sind Orgelklänge…« Eine Weiterentwicklung der Lautmalerei ist die Lautdichtung, in der nur Silben oder einzelne von der Sprache abgelöste

Laute und Buchstaben verwendet werden. Bekannt geworden sind vor allem Christian Morgensterns *Fisches Nachtgesang* und Hugo Balls *Karavane*: »jolifanto bambla o falli bambla / grossiga m'fa habla horem / egiga goramen / ...«

Legende. Die Legende ist mit der ↗Sage verwandt, hat aber auch manches in Aufbau, Gestaltung und Inhalt mit dem ↗Märchen gemeinsam und gehört in die große Gruppe der so genannten Kurzprosa. Die kleinen Geschichten erzählen von biblischen Gestalten und vom irdischen Leben und Wirken der Heiligen. Sie schildern wunderbare, eigentlich nur aus dem Glauben erklärbare Begebenheiten, nicht nur aus dem christlichen, sondern auch aus dem jüdischen und islamischen Lebensbereich. Doch beschränken sie sich nicht ausschließlich auf den religiösen Bereich, sondern können auch historisches Geschehen und Schilderungen des Alltags mit in die Erzählung einbeziehen.
Wie die Sagen so wurden diese frommen Geschichten zuerst einmal mündlich überliefert, später dann aber auch aufgezeichnet. Auf diese Weise entstanden schon im frühen Mittelalter die ersten größeren Sammlungen, aus denen in den Klöstern und Kirchen bei verschiedenen Gelegenheiten vorgelesen wurde. So erklärt sich auch der Name für diese Erzählungen: Das lateinische Wort »legenda« heißt so viel wie »das zu Lesende«. Legenden waren in einer Zeit, in der es gar keinen oder nur sehr wenig Lesestoff gab, beim Volk und vor allem bei der Jugend sehr beliebt. Die bekannteste Legendensammlung des Mittelalters war die von dem Italiener Jacobus a Voragine in Latein verfasste und erstmals 1350 ins Deutsche übertragene *Legenda aurea* (vor 1264). Auch das 1478 erschienene Erbauungsbuch *Der Seelen Trost* erfreute sich in Deutschland vor allem bei der Jugend großer Beliebtheit. Die umfangreichste Legendensammlung erschien dann im 17. Jahrhundert und enthielt in siebzig Bänden gleich 25 000 solcher Geschichten!
Für die Geistlichen boten die Legenden reizvolle Themen, die sie gern in ihren Predigten zur Veranschaulichung verwendeten, und die Maler des Mittelalters wählten sie als Vorbilder für die großen Wandgemälde in den Kirchen. Im 16. und 17. Jahrhundert wurden nach Legenden beliebte Theaterstücke (Jesuitendramen) vor allem für Schulaufführungen geschrieben. ↗Herder und ↗Goethe verfassten Lieder und ↗Balladen nach Legenden-Motiven (z. B. Goethes *Legende vom Hufeisen*).

Lied. Das Wort »Lied« leitet sich vom mittelhochdeutschen »liet« ab und bezeichnet zunächst nur eine Strophe. Deshalb waren die Lieder dieser Zeit, christlich-lateinische Hymnen oder Marienlyrik, auch einstrophig. Lieder sind die einfachste Form der Lyrik, der unmittelbarste Ausdruck des Verhältnisses von Mensch und Natur. Da sie in Rhythmus und Melodie große Nähe zur Musik aufweisen, wurden sie schon im Mittelalter gesungen oder vertont. Zu diesen Liedformen konnte auch getanzt werden. Mit den Minneliedern (12./14./15. Jahrhundert, ↗ritterliche Dichtung), die in Liederhandschriften aufgeschrieben und gesammelt wurden, entstanden erstmals mehrstrophige Formen, die, wie die Lieder von ↗Walther und ↗Wolfram, eigene Erlebnisse schildern. Daneben gibt es weiterhin geistliche, kirchliche Lieder. Martin ↗Luther wird im 16. Jahrhundert der bekannteste Lieddichter im religiösen Bereich. Zeitgleich pflegt Hans ↗Sachs den regeltreuen Meistersang als weltliche Form. Nach den so genannten Gesellschaftsliedern (17. Jahrhundert) und der Gedankendichtung der ↗Aufklärung und ↗Klassik beginnt mit der ↗Romantik die eigentliche Epoche des deutschen Kunstliedes. Geprägt von Novalis, Joseph Freiherr von ↗Eichendorff und Clemens ↗Brentano, vertont von Schubert und Schumann, huldigt es dem Verhältnis von Natur und Mensch in tief persönlich empfundener, gefühlvoller Schwärmerei. Deshalb suchten die Dichter dieser Kunstlieder (Kunstlied deshalb, weil sie von Dichtern als Kunstwerk geschaffen worden sind) auch die Nähe zum ↗Volkslied. Ausdruck dieser Annäherung ist die Sammlung *Des Knaben Wunderhorn,* herausgegeben von Achim von Arnim und Clemens von ↗Brentano. Am bekanntesten und selbst zum Volkslied aber wurde Matthias ↗Claudius' *Abendlied*: »Der Mond ist aufgegangen...« Heinrich ↗Heines Form der politischen Lieder nimmt heute Wolf Biermann wieder auf, der ebenso wie sein Vorbild den kritisierten Staat (DDR) verlassen musste. Das zu allen Zeiten gedichtete Kinderlied (Günter ↗Grass) gibt es, auch für »große Kinder«, immer noch, so Franz Josef Degenhardts Lied *Spiel nicht mit den Schmuddelkindern, sing nicht ihre Lieder.* Die moderne, populäre Form des Liedes haben dagegen Liedermacher wie Reinhard Mey, Schlager-, Pop- und Rocksänger übernommen.

Lustspiel. Zusammen mit dem ↗Trauerspiel und dem ernsten Schauspiel gehört das Lustspiel zu den Grundformen der Bühnendichtung. Im Sprachgebrauch setzt man es vielfach mit der Komödie gleich. Lustspiel und Komödie – die beiden Bezeichnungen deuten schon an, dass es dabei auf der Bühne lustig oder komisch zugehen soll und dass die Zuschauer lachen dürfen. Humor ist die Grundstimmung des Lustspiels; sonderbare Typen oder komische Situationen beherrschen die Handlung. Konflikte werden nicht zu ernst genommen; sie werden vor allem nicht gewaltsam gelöst. Sie führen vielmehr zu heiteren Ereignissen und Verwicklungen, die ein glückliches Ende beschließt. Häufen sich komische oder gar unwahrscheinliche Situationen, spricht man von einem »Schwank«.

Werden menschliche Schwächen oder allgemeine Missstände angeprangert, ändert sich auch das Lachen der Zuschauer. Es wird höhnisch und scha-

denfroh. Das Lustspiel wird dann zur ↗Satire.
Komische Bühnenstücke, Fastnachts- und Hanswurstspiele gibt es in der deutschen Literatur seit dem Mittelalter. Der Nürnberger Schuster Hans ↗Sachs (1494–1576) wurde als Dichter von zahllosen Fastnachtsstücken bekannt (↗Renaissance). Viel reicher und bedeutender war allerdings die Lustspieldichtung in ↗Spanien, ↗England und ↗Frankreich.
Das erste deutsche Lustspiel, das bis heute seinen festen Platz auf den Bühnen behalten hat, ist ↗Lessings *Minna von Barnhelm*, ein lebensnahes Stück, in dem die Spannungen der Zeit durch die Liebe überwunden werden. In ↗Kleists Lustspiel *Der zerbrochene Krug* wird der Dorfrichter nach und nach als der eigentliche Übeltäter entlarvt. Dem Lustspiel eng verwandt sind die Volksstücke aus Wien, die vor allem durch die Dichter ↗Raimund und ↗Nestroy eine Blütezeit erlebten. Sie wirken nicht nur durch komische Situationen und Typen, sondern vor allem auch durch den Witz der Sprache. Der jüngere Zeitgenosse der beiden Wiener, Georg ↗Büchner, hinterließ das Märchenlustspiel *Leonce und Lena*, das auch einen starken zeitkritischen Bezug hat. In unserem Jahrhundert hat besonders Carl ↗Zuckmayer mit seinen Stücken *Der fröhliche Weinberg* und *Der Hauptmann von Köpenick* das Lustspiel neu erweckt.
Als eine besondere Form des Lustspiels sei noch das musikalische Lustspiel, die Operette, genannt.

Lyrik. Lyrik ist die subjektivste der drei Grundformen der Dichtung (↗Epik, ↗Drama). Ein lyrisches Gedicht ist die persönlichste Aussage eines Autors. Dieser subjektive Zug der Lyrik ist in ihren verschiedenen Erscheinungsformen greifbar, ob der Dichter nun seine Gefühle und Empfindungen kundgibt oder seine Auffassung zu einer privaten oder gesellschaftlichen Frage äußert. So unterscheidet man z. B. »Erlebnislyrik« und »politische Lyrik«. Ihre Bandbreite reicht vom einfachen Lied über die Gedankenlyrik bis hin zum großen Hymnus.
Der Begriff Lyrik leitet sich von den Griechen ab, die vor gut 2500 Jahren Lieder von der Lyra, einem Musikinstrument, begleitet vortrugen. Und viele Gedichte kann man sich tatsächlich sehr gut gesungen vorstellen. Sehr viele sind auch vertont worden, wie z. B. *Sah ein Knab' ein Röslein stehn*. Auch Liedermacher, die Folk-, Protest-, Blues-, Rock- oder Popsänger schreiben ihre Gedichte, ihre »lyrics«, ganz wie die »Sänger« früherer Tage, selber und tragen sie, oft begleitet mit einer Gitarre, vor.
Schon beim bloßen Lesen erkennt man Lyrik auf den ersten Blick: Die einzelnen Zeilen sind durchweg kürzer als die gegebene Zeilenlänge einer Buchseite. Die Länge einer Gedichtzeile legt der Dichter mit bestimmten Stilmitteln (Thema, ↗Reim, ↗Rhythmus, ↗Form) fest. So lässt ↗Goethe z. B. ein bekanntes Gedicht mit diesen Zeilen beginnen: »Über allen Gipfeln / Ist Ruh, / – «. Schon von seinem Erschei-

nungsbild her unterscheidet es sich von einem in einer Zeile stehenden Satz. Hinzu kommt, dass man beim Lesen am Zeilenende nach »Gipfeln« unwillkürlich eine kleine Pause macht. Dadurch bekommen beide Zeilen ein anderes Gewicht. Üblicher ist allerdings die Zeile mittlerer Länge, denn im Regelfall besteht sie aus einem geordneten Wechsel von betonten und unbetonten Silben, man nennt sie »Vers«. Die kleinste Einheit eines Verses ist der Takt; er enthält mindestens zwei Silben. Das einheitliche ↗Metrum verbindet die eine Verszeile mit der anderen. Dies leistet oft auch der ↗Reim. Häufig geht es aber auch ohne ihn: Der Reim ist keineswegs ein unverzichtbarer Bestandteil eines Gedichts. Viel wichtiger ist der Rhythmus, die innere Bewegung in einem Gedicht: Wenn man die erste Zeile des Goethe-Gedichts laut liest, hebt man unbewusst die Stimme. Die zweite Zeile dagegen wirkt beruhigend, entspannend. Natürlich kommt der Eindruck von Auf und Ab hier noch durch den Klang der Worte zu Stande, denn auch die Klanggestalt ist wichtig für die Wirkung der Lyrik. Damit sind nur einige Elemente der Lyrik umrissen, die sich grundsätzlich in jeder Gedichtart finden lassen.

In der Zeit des Mittelalters und des ↗Barocks waren Gedichte festen Formen und inhaltlichen Vorgaben unterworfen. Sie ließen sich für den jeweiligen Zweck wie ein Puzzle zusammenfügen: etwa geistliche Gedichte für die christliche Gemeinde oder Liebesgedichte. Es war z. B. vom Leser oder Hörer erwarteter Bestandteil eines Minnegedichts (↗Ritterliche Dichtung), dass die im Gedicht angebetete Frau den Sänger nicht erhörte. Das Gegenteil wäre als anstößig empfunden worden und das Gedicht als misslungen. Natürlich fügte man solche vorgegebenen Inhalte dementsprechend auch in Verse mit vorgeschriebener Silbenzahl und in feste ↗Strophenformen.

Für die Lyrik unserer Zeit hat all dies keine Gültigkeit mehr. In einem Punkt aber greift sie manchmal wieder auf die damalige Auffassung vom Dichten zurück: Einige Autoren »montieren« vielfach wie Handwerker ihre Gedichte aus allen möglichen »alten« Bestandteilen zusammen, so dass sie dem Leser zunächst »fremd« erscheinen. Auf diese Weise erhalten abgegriffene Wendungen und Wörter neue Bedeutungen. So wird aus dem Anfang eines bekannten Liedes bei Erich ↗Kästner: *Weihnachtslied, chemisch gereinigt*: »Morgen, Kinder, wird's nichts geben! / Nur wer hat, kriegt noch geschenkt.« Doch die heutige Lyrik hat viele neue Formen entwickelt: vom einfachen, der Prosa nahen Gedicht ↗Brechts: »Ich sitze am Straßenrand. Der Fahrer wechselt das Rad«, bis zu der »hermetischen« (d. h. unzugänglichen) Lyrik Paul ↗Celans: »An den langen Tischen der Zeit / Zechen die Krüge Gottes.« Diese beiden Pole können die Spannweite heutiger Lyrik natürlich nur andeuten.

Märchen. Mit den Worten »In den alten Zeiten, wo das Wünschen noch geholfen hat...« beginnt der *Froschkönig*, das erste Märchen in der berühmten Sammlung der *Kinder- und Hausmärchen* der Brüder ↗Grimm. Dieser Satz sagt eigentlich schon sehr viel über das Wesen des Märchens aus. Irgendwann in vergangener Zeit spielt irgendwo eine Geschichte. Weder Raum noch Zeit ist festgelegt. Es ist eine wunderbare, unwirkliche, eben märchenhafte Welt, in der das Gute belohnt und das Böse bestraft wird, eine Welt voller seltsamer Wesen wie Riesen und Zwerge, mit verwunschenen Menschen, mit Königen und schönen Prinzessinnen, aber auch mit armen Leuten, die oft hungern müssen, mit tückischen Stiefmüttern und bösen Hexen. Es ist aber auch eine Welt, in der manchmal ein armer, scheinbar dummer Kerl sein Glück machen kann. Er heiratet eine Prinzessin und gewinnt ein Königreich. Im Märchen sind die Naturgesetze weitgehend aufgehoben, die Fantasie herrscht vor und bestimmt das Geschehen, aber auch das Abenteuer spielt eine wichtige Rolle, und viele Märchen lassen sich durchaus mit modernen Abenteuergeschichten, ganz besonders mit den ↗Fantasy-Erzählungen, vergleichen.

Märchen gehören zu den ältesten Dichtungen der Menschheit überhaupt. Sie begegnen uns schon bei den Ägyptern, bei den Indern, in der Bibel, bei den Griechen und bei anderen alten Völkern. Ursprünglich waren sie gar nicht für Kinder, sondern für Erwachsene gedacht, spiegeln sie doch die Sehnsucht nach Glück, unerfüllbare Wünsche, aber auch Ängste und Sorgen wider. Längst haben die Forscher erkannt, dass den Märchen auch eine soziale Funktion zukommt und dass manche von ihnen im Gewand des scheinbar Unwirklichen und Fantastischen durchaus reale Kritik an früher einmal herrschenden sozialen Zuständen üben wollten.

Märchen wurden ursprünglich mündlich überliefert. In Europa wurden sie durch viele Jahrhunderte an den langen Winterabenden in den Spinnstuben, aber auch in den Lagern der Soldaten oder auf den Schiffen erzählt. Im ↗Orient, wo es sogar den höchst angesehenen Beruf des Märchenerzählers gab, ging man verhältnismäßig früh daran, Märchen aufzuzeichnen. Auf solche Weise ist schon seit dem 9. Jahrhundert allmählich die heute noch berühmte und beliebte Sammlung von *1001 Nacht* entstanden. In Deutschland fingen erst die Brüder Grimm Anfang des 19. Jahrhunderts mit dem sorgfältigen Sammeln und Aufzeichnen an. Aus dieser Arbeit entstand die Sammlung der *Kinder- und Hausmärchen*. Der Titel zeigt, dass sich hier eine Wandlung vollzogen hat und die Märchen nicht mehr für den erwachsenen Zuhörer oder Leser bestimmt waren, sondern zum Lesegut der Kinder wurden. Ihrem Vorbild folgten andere Sammler in allen Ländern der Erde, so dass man heute große Märchensammlungen aller Völker besitzt. Zugleich begann auch die gründliche wissenschaftliche Erschließung. Dabei stellte man fest, dass zwischen den Märchen der verschiedenen Zeiten und Völker viele Querverbindungen bestehen, Motive von Land

zu Land wanderten und sich über Jahrtausende hinweg erhalten haben.
Die im Volk mündlich überlieferten und deshalb auch so benannten Volksmärchen dienten seit der ↗Romantik als Vorbilder für Dichter, die ihrerseits so genannte Kunstmärchen schrieben, in denen sie ihrer Fantasie freien Lauf ließen. Viele dieser Kunstmärchen waren bewusst für erwachsene Leser gedacht, einige aber wie etwa *Gockel, Hinkel und Gackeleia* von C. ↗Brentano und vor allem die Märchen Wilhelm ↗Hauffs wie *Die Geschichte vom Kalifen Storch, Das Gespensterschiff* oder *Zwerg Nase* sprachen auch Kinder an und werden heute noch gern gelesen.
Die schönsten Kunstmärchen schuf wohl der dänische Dichter Hans Christian Andersen (1805–1875, ↗Skandinavien), dessen *Standhafter Zinnsoldat, Das kleine Mädchen mit den Schwefelhölzern* oder *Des Kaisers neue Kleider* heute weltweit bekannt und bei jungen und alten Lesern gleichermaßen beliebt sind. Auch heute noch werden Kunstmärchen geschrieben. Otfried ↗Preußlers *Kleine Hexe* gehört ebenso dazu wie Michael Endes *Momo* oder Astrid Lindgrens *Karlsson vom Dach*, Erich ↗Kästners *Das Märchen vom Glück*, Günter Kunerts *Neues Märchen vom alten Flaschengeist* und Peter Hacks' *Geschichten von Henriette und Onkel Titus*. Viele Fantasy-Erzählungen sind nichts anderes als moderne Märchen und Filme wie *Krieg der Sterne* haben in ihrer Mischung aus Abenteuer und Fantasie sehr viel mit Märchen gemeinsam.

Metapher. Das Wort »Metapher« kommt von griechisch »metaphora«, »Übertragung«. Die Menschen haben schon immer in ihrer Sprache danach gestrebt, auch nicht sichtbare Dinge in Bildern darzustellen oder leblosen Gegenständen Eigenschaften von Lebewesen beizumessen. Wir nennen ein hornförmiges Gebäck ein Hörnchen; der Mensch hat einen Brustkorb, der Hahn einen Kamm, die Blume einen Kelch, die Tür einen Flügel. Besonders alle geistigen und seelischen Erlebnisse lassen sich besser im Bilde benennen: den Kopf hängen lassen, die Zähne zeigen (für: Widerstand leisten), frostig sein (für: sich ablehnend verhalten).
Man nennt die bei solchen Bildern vorgenommene Übertragung von einem Bereich in einen anderen, anschaulicheren eine Metapher. Der Mensch hat ja gar keinen eigentlichen Korb in der Brust, sondern die Sprache sagt, »es ist etwas Ähnliches wie ein Korb«. So überträgt sie also ein Wort vom unbelebten Dingbereich in die menschliche Natur. Dabei kürzt sie den Vorgang ab und sagt: »Brustkorb«. Deshalb nennt man eine Metapher auch einen abgekürzten Vergleich. Statt zu sagen »er kämpfte wie ein Löwe in der Schlacht«, sagt man nur noch »er war ein Löwe in der Schlacht«. Umgekehrt überträgt man auch Bilder vom menschlichen Bereich ins Unbelebte: So hat der Tisch einen Fuß, der Berg eine Nase, der Fluss ein Knie usw. Allerdings vergisst man oft, dass man in Metaphern spricht, etwa wenn man von »Redefluss« spricht, von »Ein-

druck«, von »heißblütig« oder von »heißem Draht«. Man sagt deshalb auch, die Sprache bestehe weithin aus verblassten Metaphern. Übrigens lässt sich an den bevorzugten Vergleichsfeldern einer Sprache auf das Wesen des sie sprechenden Volkes schließen. So herrschen z. B. im Latein Bilder aus dem ländlichen Bereich vor.
Die Metapher spielt immer dort eine große Rolle, wo es bildhafter und gefühlvoller Sprache bedarf, z. B. in der ↗Lyrik, im ↗Barock (»Meer des Lebens«) und in der ↗Romantik (»im Herzensgrund bleibt das tiefe Wellenschlagen«). Die moderne ↗Lyrik gebraucht Metaphern, die oft nicht mehr zu entschlüsseln sind (»schwarze Milch« bei ↗Celan für Tod). Im Grunde ist die Metapher seit den Anfängen der Dichtung bis heute eines der wichtigsten Mittel der Sprache und Dichtung überhaupt.

Metrik/Versmaß. Was bei einer sprachlichen Äußerung, z. B. einer Mitteilung oder einer Frage, betont wird, hängt zunächst vom Sinn ab. Oft legt man jedoch auch in der Prosa, vor allem in der ↗Werbesprache, großen Wert auf einen bestimmten Rhythmus, d. h. auf einen regelmäßigen Wechsel zwischen betonten und unbetonten Silben. Von ganz überragender Bedeutung ist der Rhythmus aber in Gedichten, da durch eine gewisse Regelmäßigkeit der Betonung der Eindruck eines Gedichts verstärkt werden kann. Die Lehre von der Abfolge betonter und unbetonter Silben nennt man Metrik. Dieses Wort stammt, wie die meisten der folgenden Fachausdrücke, aus der ↗Antike, die die Metrik als Wissenschaft entwickelte und lehrte. Die kleinste rhythmische Einheit des Verses (Wortreihe) nennt man Metrum, in der Mehrzahl Metren oder Metra, zu Deutsch Versfuß. Die gebräuchlichsten Versfüße sind der Jambus v -́, der Trochäus -́ v, der Daktylus -́ vv und der Anapäst vv -́ (v = unbetonte Silbe/Senkung, -́ = betonte Silbe/Hebung). Meist besteht eine Gedichtzeile, ein Vers, aus einer bestimmten Anzahl solcher Metra, man spricht dann z. B. von jambischen oder trochäischen Versen. Ein Beispiel für einen jambischen Vers: »Gĕlássĕn stíeg dĭe Nácht ăns Lánd« (↗Mörike, *Um Mitternacht*) oder für einen trochäischen: »Ráuscht dĭe Eŕdĕ wíe ĭn Trä́umĕn« (↗Eichendorff, *Der Abend*). Die Zahl der Versfüße je Zeile steht natürlich im Belieben des Dichters, einige häufig verwendete Arten haben jedoch eigene Namen. So heißt der sechshebige jambische Vers, besonders im ↗Barock beliebt, Alexandriner: »Dŭ síehst, wŏhín dŭ síehst, nŭr Éitĕlkéit auf Eŕdĕn« (Andreas Gryphius, *Es ist alles eitel*). Die deutsche ↗Klassik verwendete im ↗Drama einen fünfhebigen jambischen Vers (Blankvers): »Dĭe Áxt ĭm Háus ĕrspárt dĕn Zímmĕrmánn« (↗Schiller, *Wilhelm Tell*). Bekannt ist auch der Hexameter, der aus sechs (griechisch »hex«) Daktylen besteht: »Pfíngstĕn, dăs líeblĭchĕ Fést, wăr gĕkómmĕn, ĕs grǘntĕn und blǘhtĕn …« (↗Goethe, *Reineke Fuchs*). Häufig findet man das Distichon, d. h. einen Hexameter zusammen mit einem Pentameter (griechisch »pente«: fünf), so genannt, weil der dritte und sechste Daktylus verkürzt sind, insgesamt also ein Metrum fehlt: »Állĕ Gĕstáltĕn sĭnd áhnlĭch, ŭnd kéinĕ gléichĕt dĕr ándĕrn; / Ŭnd sŏ déutĕt dĕr Chór, aúf eĭn gĕheímĕs Gĕsétz« (Goethe). Natürlich zeigt nicht jedes Gedicht einen solch strengen Aufbau. In ↗Volksliedern und Gedichten, die ihnen nachempfunden sind, finden wir die so genannte freie Füllung der Senkungen, d. h. die Zahl der unbetonten Silben zwischen zwei Hebungen kann schwanken: »Ích wéiß nĭcht, wăs sóll ĕs bĕdeútĕn, / dăß ích sŏ traúrĭg bín« (↗Heine, *Lorelei*). Auch das Versende wird frei behandelt, so »fehlt« im folgenden Beispiel für einen vollständigen trochäischen Vers die letzte Senkung: »Schwéigt dĕr Ménschĕn laútĕ Lúst« (↗Eichendorff, *Der Abend*). Auch gibt es Verse, bei denen auf feste Regeln ganz verzichtet wird. Dazu gehört der Knittelvers, bei dem Jamben, Trochäen und Daktylen willkürlich wechseln können. Auch in den meisten modernen Gedichten ist die einzelne Zeile rhythmisch frei gestaltet, sie hat kein regelmäßiges metrisches Schema. Ein wichtiges Mittel zur Rhythmisierung, vor allem längerer Verse, ist die Pause, die sich scheinbar willkürlich ergibt, die aber vom Dichter bewusst an eine bestimmte Stelle gesetzt wird: »Wăs díesĕr héutĕ báut, / rĕißt jénĕr mórgĕn éin« (Andreas Gryphius, *Es ist alles eitel*). Wenn diese Pause mit einem Metrumende zusammenfällt, nennt man sie Diärese, wenn sie ein Metrum teilt, Zäsur. Wie an dem Beispiel von Andreas Gryphius deutlich wird, hebt die Zäsur das Wort »reißt« stark hervor. Damit ist eine sehr wichtige Aufgabe der Metrik und all ihrer Regeln erkennbar. Mit ihrer Hilfe will der Dichter seine Aussage gestalten, betonen. Nun verlangt andererseits der Sinn, der Inhalt einer Zeile oft eine ganz andere Betonung als das metrische Schema. Daraus ergeben sich Verschiebungen, »Störungen«, die dem Gedicht erst seinen Reiz verleihen und gleichzeitig die Aussage verdeutlichen. Ein Beispiel soll dies zeigen: In dem Gedicht *Der römische Brunnen* von C. F. ↗Meyer heißt die vorletzte Zeile: »ŭnd jédĕ nímmt und gíbt zŭgleích«, es ist also ein rein jambischer Vers. Etwas vorher lautet eine Zeile: »ĭn einĕr zwéitĕn Schálĕ Grúnd«. Zwar sind auch das Jamben, der Sinn lässt es aber nicht zu, das Wort »einer« wirklich zu betonen, die erste »richtige« Betonung liegt auf dem Wort »zweiten«. Durch diese Verlagerung – man spricht von schwebender Betonung – wird der Vers fließender, was zum Fließen des Wassers, das hier geschildert werden soll, genau passt. Verstärkt wird der Eindruck der Bewegung noch dadurch, dass die eigentliche Aussage in der Zeile vorher beginnt (»die, sich verschleiernd, überfließt«). Eine solche Verklammerung heißt Zeilensprung (Enjambement).

Monolog. Das Wort »Monolog« kommt aus dem Griechischen. Man versteht in der Literatur darunter das

»Selbstgespräch« und zwar vor allem das Selbstgespräch im ↗Drama. Im Allgemeinen ist für das Drama der ↗Dialog kennzeichnend, d. h. das Gespräch zwischen zwei oder mehreren Personen. Im Drama aber gibt es Situationen, in denen der Monolog berechtigt und notwendig ist. Dem Zuschauer werden auf diese Weise Ereignisse mitgeteilt, die aus verschiedenen Gründen auf der Bühne schwierig darzustellen sind: z. B. die Vorgeschichte, die für das Verständnis der Handlung auf der Bühne notwendig ist, oder auch Vorgänge, die aus technischen oder anderen Gründen nicht auf der Bühne dargestellt werden können. So findet die Enthauptung der Königin Maria in ↗Schillers Trauerspiel *Maria Stuart* nicht sichtbar auf der Bühne statt; vielmehr erfahren wir von dem Geschehen durch den Monolog eines Ohrenzeugen. Nicht als Handlung darstellbar sind auch innere Vorgänge, d. h. die geheimsten Gedanken der Bühnenhelden. Was der Zuschauer davon erfahren soll, kann im Monolog ausgesprochen werden. Dort kann der Held, indem er mit sich selbst spricht, seinen Gefühlen freien Lauf lassen, wie Franz Moor in ↗Schillers *Die Räuber* seinem Hass auf seinen Bruder und Gott und die Welt; wie Gretchen in ↗Goethes *Faust* ihrer Liebe. Wenn ein Bühnenheld vor einer schwierigen Entscheidung steht, wenn er Gründe und Gegengründe abwägt, dann geschieht das oft im Monolog. So gibt der Titelheld in Schillers *Wilhelm Tell* sich selbst und damit den Zuschauern Rechenschaft über seine Lage und über seine Beweggründe, ehe er den Gegenspieler tötet.
Nach antiken Vorbildern spielte der Monolog in der dramatischen Dichtung der Neuzeit seit dem 16. Jahrhundert eine wichtige Rolle. Hervorragende Beispiele gibt es in den Literaturen ↗Englands, ↗Frankreichs und Deutschlands. Manche Dichter bauten die Monologe nach allen Regeln der Kunst zu prunkvollen Reden aus, die zum Verständnis der Handlung nicht immer nötig waren und unserer seit dem ausgehenden 19. Jahrhundert von ↗Realismus und ↗Naturalismus geprägten Auffassung von Handlungsabläufen widersprechen. Sie werden daher bei modernen Aufführungen nicht selten kräftig gekürzt oder ganz gestrichen.

Moritat. Versucht man sich einmal in eine Zeit ohne Zeitung, Rundfunk und Fernsehen, Einrichtungen, die uns heute mit Informationen und Unterhaltung versorgen, zurückzuversetzen, stellt sich die Frage, wie man auf andere Art Neuigkeiten erfahren oder sich unterhalten könnte. Da noch vor zwei Jahrhunderten die Zahl der Analphabeten in Deutschland beträchtlich war, musste es andere Mittel geben, sich Informationen zu verschaffen. Diese Rolle übernahmen die Bänkelsänger (↗Ballade). Das waren »fahrende« Leute, die auf Jahrmärkten und Kirchweihfesten auftraten und auf einer Bank stehend Geschichten meist unbekannter Verfasser, mehr oder weniger gekonnt gereimt, singend zum Besten gaben. Dazu spielte die Drehorgel eine volkstümliche Melodie. Zugleich zeigte der Bänkelsänger mit einem Stab auf einer Bildtafel im Hintergrund die wichtigsten Phasen des dargestellten Ereignisses. Diese einfachen, mit grellen Effekten arbeitenden Bilder ergänzten den gesungenen Text. Für die des Lesens Kundigen gab es auch noch Textblätter mit Erläuterungen zum Vortrag. Aus den Themen, Sensationsberichten aus aller Welt, Schauergeschichten und Mordtaten, leitete sich der Name dieser Gattung ab: Moritat – eine Verballhornung von Mordtat. Daneben wurden bloße Klatschgeschichten vorgetragen, die der Unterhaltung dienten. Manche der Geschichten hatten aber auch eine politische Aussage: »Weltgeschichte von unten« hat man sie später genannt. Vor allem verkündeten sie eine »Moral«, d. h. sie zeigten, wie das Böse unterliegt und das Gute siegt. Anfangs- und Schlusszeilen einer solchen »Schaurigen Mordtat« aus dem 18. Jahrhundert lauteten z. B.: »Nun hört, ihr Christenleute, / Was sich jetzt wieder regt, / Wie sich auf böse Seite / So mancher Bube legt / ... Der Ausgang war, wie's pfleget / Bei solcher bösen Tat: / Es ward Gericht geheget, / Ihr Urteil ist das Rad. / Wohl dem, den dies kann leiten, / Vom Bösen abzuschreiten!« – Der Begriff »Bänkellied« ist heute ebenso wie »Moritat« aus unserer Sprache fast verschwunden. Dennoch lebt beides weiter: In den Fußgängerzonen unserer Großstädte mag man auch heute noch einem Nachfahren der Bänkelsänger begegnen; moderne Liedformen wie Protest- und Folksong führen die alte Tradition weiter. In der Literatur nutzten Autoren wie Bertolt ↗Brecht oder Erich ↗Kästner die alte Form um in ihr volkstümlich eigene Absichten auszudrücken.

Motiv. Am häufigsten begegnet man diesem Begriff in Kriminalfilmen und ↗Kriminalromanen: Bei der Aufklärung von Straftaten sucht der Kommissar bei den Verdächtigen nach Tatmotiven, d. h. nach Beweggründen, die zu einer Straftat führen. Auch ein dichterisches Werk lässt sich auf einen »Beweggrund« zurückführen. Nur übernimmt hier der Leser die Rolle des Kommissars um durch die Hülle der äußeren Handlung die Ursache zu erkennen, durch die alles in Bewegung gesetzt wird: Nur dann wird er den Text auch in seiner tieferen Bedeutung verstehen. Der Dichter verwendet als Motive Urerlebnisse der Menschen, also Grundthemen, die abgelöst sind von Raum und Zeit wie z. B. das Motiv »Heimkehr«. In Homers (↗Antike) *Odyssee* erreicht der Held nach endlosen Irrfahrten, auf denen er glücklich allen lebensbedrohenden Gefahren entronnen ist, seine Heimat um noch viele Jahre glücklich über sein Volk zu herrschen. In Wolfgang ↗Borcherts Stück *Draußen vor der Tür* schleppt sich der im Krieg zum Krüppel geschossene Heimkehrer Beckmann nach Hause zurück, findet aber kein »Daheim« mehr und verzweifelt darüber. Jahrtausende trennen die Geschehen, die Handlung spielt an verschiedenen Orten, die Figuren stammen aus verschiedenen gesellschaftlichen Schichten. Es sind grundverschiedene Typen, doch das Motiv ist gleich: Heimkehr. Die Sehnsucht danach erfüllt sich oder nicht. Doch die Handlung wird nicht vom »Leitmotiv« allein bestimmt. »Nebenmotive« verkomplizieren das »Handlungsgefüge«. In ↗Schillers Drama *Don Carlos* überlagern sich Motive wie Gesteinsschichten und es bleibt bei der Aufführung dem Regisseur überlassen, eines davon als Zentralmotiv herauszuarbeiten: unerfüllte Liebe, Einsamkeit der Mächtigen, Kampf für Menschenwürde und Freiheit oder Freundschaft. Liebe in allen ihren Möglichkeiten ist ein häufig verwendetes Zentralmotiv, nicht nur in der eher gefühlsbetonten ↗Lyrik. Die tragische »Liebe zweier Kinder aus verfeindeten Familien« bearbeitete William Shakespeare in seinem ↗Drama *Romeo und Julia*, das ↗Keller in seiner ↗Novelle *Romeo und Julia auf dem Dorfe* abgewandelt hat. In modernen Werken begegnet man oft Motiven wie Verzweiflung, Verweigerung, Verdinglichung des Menschen, aber auch Brüderlichkeit, Hoffnung und Frieden. Die Wahl der Motive erlaubt auch immer Einblicke in die Befindlichkeit der jeweiligen Zeit. Einfacher sind ↗Märchen angelegt. In ihnen herrscht ein Motiv vor und überstrahlt die anderen: der siegreiche Kampf gegen ein Ungeheuer, die Lösung unlösbar erscheinender Aufgaben, die Heirat eines Mannes aus einfachen Verhältnissen mit einer Prinzessin (Thomas ↗Mann verwendet dieses Motiv z. B. in seinem Roman *Königliche Hoheit*). Der Begriff Motiv umfasst aber nicht nur die strukturelle Verwendung (Leitmotiv, Nebenmotiv etc.) und den Beweggrund der handelnden Personen, sondern auch den des Autors. Mit welcher Absicht hat er eben dieses Motiv gewählt? Doch die Antwort auf diese Frage erschließt sich leider meist erst dann, wenn man Autor und Werk gut kennt. Dann können sich allerdings auch Einblicke in völlig neue Sichtweisen ergeben.

Nachricht. Das Wort »Nachricht« ist, zumindest in seiner Pluralform, heute weithin geläufig. Rundfunk- und Fernsehnachrichten werden viele Male am Tag, oft sogar stündlich, gesendet und Nachrichten bilden den Hauptteil einer ↗Zeitung. Ursprünglich bedeutet es: »eine Mitteilung um sich danach zu richten«. Gelegentlich verwendet man es tatsächlich noch so: »Wenn du kommst, gib mir bitte Nachricht«, gib mir Bescheid, damit ich mich entsprechend verhalten kann. Auch die Nachrichten, die uns über die Massenmedien erreichen, haben für uns durchaus diese Bedeutung. Sie können unser Verhalten, unsere Einstellungen und unsere Urteile beeinflussen. Die Zeitungswissenschaft nennt deshalb eine kurz gefasste, für den Empfänger neue und relevante Wiedergabe einer Information eine Nachricht. Benachrichtigt, informiert, weiß er mehr als vorher. Die wichtigsten Nachrichtensammler und -übermittler sind heute die Journalisten. Sie müssen sich stets um die neuesten Informationen bemühen, diese sortieren und ihrem Nachrichtenwert entsprechend gewichten. Die wichtigeren heißen in der Fachsprache »harte« Nachrichten (»hard news«), die zweitrangigen nennt man »weiche« (»soft news«). Harte Nachrichten entstammen meist dem Bereich der Politik; sie werden nach genau festgelegten Regeln knapp und sachlich gemeldet. Bei der Formulierung der weichen Nachrichten hat die Nachrichtenredaktion mehr Spielraum; hierher gehören z. B. Katastrophenmeldungen, Verbrechen, Berichte über das Privatleben von prominenten Zeitgenossen wie etwa Königsfamilien, Filmschauspielern und Popstars. Nachrichten dieses Typs können auch in die Form des Korrespondentenberichts, der ↗Reportage u. Ä. gekleidet werden. Da es für viele Zeitungen und Radiosender unmöglich ist, in allen Erdteilen eigene Korrespondenten zu unterhalten, sie aber dennoch möglichst umfassende Informationen bieten möchten, bedienen sich die Massenmedien der so genannten Nachrichtenagenturen (die bekannteste bei uns ist die »Deutsche Presse-Agentur«, abgekürzt dpa). Diese Agenturen sammeln mit Hilfe zahlreicher Mitarbeiter die Nachrichten und geben sie per Fernschreiber an ihre Kunden weiter. Da es viele nationale und internationale Nachrichtenagenturen gibt (z. B. TASS, UPI, KNA), erhalten die Massenmedien und damit auch ihre Leser, Zuschauer und Hörer ein ziemlich lückenloses Bild des Weltgeschehens »vom Tage«. Aus diesen Informationsquellen wählen die Nachrichtenredaktionen dann das aus, was ihnen »objektiv« am wichtigsten erscheint.

Novelle. Das lateinische Wort »novella« bedeutet »Neuerung in einem Gesetz«. Daraus leitet sich italienisch »novella« ab, das eine Erzählung als Neuheit bezeichnet. In der Tat wird in einer Novelle eine, nach ↗Goethe, »sich ereignete, unerhörte Begebenheit« dargestellt. Meist geht es darum, wie das Schicksal eines Menschen in einer schwierigen Lage, in einer inneren oder äußeren Krise eine Änderung erfährt und plötzlich eine neue Wende nimmt.

Oft bezieht sich dabei die Handlung auf einen Gegenstand, an dem sich der Einfluss des Schicksals besonders deutlich zeigt und spiegelt. Diesen Gegenstand nennt man auch den »Falken« einer Novelle, weil in einer Novelle des Boccaccio die Liebesgeschichte eines Mannes durch einen Falken eine glückliche Wendung nimmt. In der bekannten *Judenbuche* von Annette von ↗Droste-Hülshoff spielt die Rolle des »Falken«, also des Gegenstandes, in dem sich das Schicksal sozusagen »verdichtet«, die im Titel genannte Buche.

Die Form der Novelle soll knapp und straff sein und auf den Höhepunkt der Erzählung, den Wendepunkt, hinzielen. Insofern ist sie mit der ↗Anekdote verwandt, hat aber auch Ähnlichkeit mit dem ↗Drama, das ja ebenfalls straff zum Höhepunkt der Handlung hinstrebt und kurz ausklingt. Es ist deshalb kein Zufall, dass William

Shakespeare (↗England) manchmal Novellen als Grundlage für seine Dramen verwendet hat. Novellen sind seit der Antike bekannt, aber erst mit der ↗Renaissance wurden sie zu einem festen literarischen Begriff. Den ersten Höhepunkt erlebte die Novelle in der Sammlung von Erzählungen, die der italienische Dichter Giovanni Boccaccio zwischen 1348 und 1353 unter dem Titel *Decamerone* herausgab (↗Italien). Hier erzählt sich eine Gruppe von Menschen, die vor der Pest aus Florenz geflohen ist, an zehn Tagen reihum interessante Geschichten um sich die Zeit zu vertreiben. Die Unterhaltungen der Leute bilden dabei den »Rahmen«, in den die Novellen eingebettet sind.

In der ↗Romantik wurden die Novellen Boccaccios wegen ihrer Behandlung des »Unerhörten« und ihrer stofflichen Vielseitigkeit wieder entdeckt. Als Erster nahm ↗Goethe in den *Unterhaltungen deutscher Ausgewanderten* (1795) das Thema (Flucht) und den Aufbau (Geschichten in einer Rahmenhandlung) des *Decamerone* auf. Zwar gebrauchte er darin den Begriff »Novelle« noch nicht, schuf aber doch typische Novellen »sittlich-beispielhafter« Art. Später schrieb er (1827) ein Musterstück dieser Gattung in seiner *Novelle*, in der die Zähmung eines wilden Tieres durch »frommen Sinn und Melodie« geschildert wird.

Schicksals- und Entscheidungsnovellen schrieb Heinrich von ↗Kleist, so in der *Verlobung von San Domingo* und im *Michael Kohlhaas*. Bekannt sind auch die oft das Wunderbare und Unheimliche streifenden Novellen von E. T. A. ↗Hoffmann, z. B. *Das Fräulein von Scuderi, Das Majorat, Die Bergwerke von Falun* oder die zu einer der Vorlagen zu Richard Wagners *Meistersinger* gewordene Novelle *Meister Martin der Küfner*.

Weitere wichtige Novellendichter sind: Jeremias ↗Gotthelf (*Die schwarze Spinne*), Eduard ↗Mörike (*Mozart auf der Reise nach Prag*), C. F. ↗Meyer (*Der Heilige, Plautus im Nonnenkloster, Der Schuss von der Kanzel*). Ebenso bedeutend als Novellendichter ist Gottfried ↗Keller, von dem so bekannte Novellen wie *Romeo und Julia auf dem Dorfe* oder *Das Fähnlein der sieben Aufrechten* oder *Kleider machen Leute* stammen.

In unserem Jahrhundert tritt die Novelle etwas zurück, doch finden sich auch hier hervorragende Beispiele wie der *Tod in Venedig* und *Mario und der Zauberer* von Thomas ↗Mann oder *Bahnwärter Thiel* von Gerhart ↗Hauptmann. Auch Werner Bergengruen, Stefan Andres und Gertrud von Le Fort sind als bedeutende Novellendichter hervorgetreten.

Parodie. Jeder hat manchmal Spaß daran, sich über das Verhalten und das Reden anderer zu amüsieren. Besonders gerne macht man sich auch über das lustig, was anderen lieb und teuer ist. Wer kennt nicht die verballhornten Weihnachtslieder: »Es ist ein Ross entsprungen aus einem Pferdestall« oder »O Tannenbaum, o Tannenbaum, wie grinsen deine Blätter«? Gerade das besonders Feierliche, Ernste und Ansprucbsvolle reizt, es ins Lächerliche zu ziehen. Geht man dabei so vor, dass einzelne Wörter, Satzteile oder ganze Sätze eines Originals durch Begriffe oder Wendungen aus einem ganz anderen Bereich ersetzt werden, dann entsteht eine Parodie. Da meistens Rhythmus und viele Satzteile erhalten bleiben, kann der Leser oder Hörer durch die Parodie hindurch die Vorlage noch erkennen. Dieser unwillkürliche Vergleich mit dem Parodierten wirkt belustigend. Dies macht ihren Reiz aus. Besonders wirkungsvoll ist die literarische Parodie. Sie verändert bekannte, meist »klassische« Texte in der beschriebenen Weise. So gibt es viele bekannte Parodien auf den Anfang von ↗Goethes Ballade *Erlkönig* »Wer reitet so spät durch Nacht und Wind…« – ein Beispiel nur: »Wer reitet so spät bei Nacht sich wund? Es ist der Vater mit seinem Hund!« Oft leben so die »Klassiker« in ihren vom »Volksmund« immer neu variierten Parodien intensiver weiter als im Originaltext.

Wörtlich übersetzt bedeutet Parodie »Gegengesang«. Das kann man durchaus wörtlich nehmen, da die Parodie ihre Vorlage in ein anderes, kritisches Licht stellen will, über den bloßen Spaß hinaus! Erich ↗Kästner wollte nicht bloß zum Lachen reizen, als er Goethes Lied der Italien-Sehnsucht »Kennst du das Land, wo die Zitronen blühn…?« parodierte. Er stellte damit gleichzeitig eine kritische Gegenfrage zur Situation in Deutschland im Jahre 1928: »Kennst du das Land, wo die Kanonen blühn?«

In der Geschichte der Literatur kommt die Parodie zu allen Zeiten vor. Sie ist das Mittel, mit dem sich die Alten gegen den Stil der Jungen verteidigen und die Jungen den der Alten angreifen. Der Erfinder der Parodie ist der griechische Dichter Hegemon, der sie, wie später Aristophanes, im komischen Epos oder in der ↗Komödie verwendete. Platon benutzte erstmals Parodien um sich über einzelne Dichter oder die mythologischen Stoffe lustig zu machen. Auch in der römischen ↗Antike wird die Parodie hauptsächlich in der Komödie zur Verspottung der übertriebenen, gekünstelten Leidenschaft der ↗Tragödie angewandt. Im Mittelalter ist sie zunächst in Frankreich und Spanien verbreitet. Am bekanntesten ist Cervantes' Parodie auf die Ritterromane (*Don Quijote*) geworden. Im deutschen Mittelalter finden sich Parodien der ↗ritterlichen Dichtung ebenso wie die der Bauern. Deren vermeintliche Tölpelhaftigkeit wird im ↗Humanismus und der Reformation häufig in der so genannten Narrendichtung bloßgestellt. In der ↗Romantik dient die Parodie der Auseinandersetzung mit »alten« Literaturepochen: Ludwig Tieck karikiert mit dem *Gestiefelten Kater* die ↗Aufklärung; andere Romantiker erfinden »Gegengesänge« auf ↗Goethe (*Werther, Faust*) und ↗Schiller (*Lied von der Glocke*), nicht nur weil diese bekannt waren, sondern wohl auch weil sich die beiden »Dichterfürsten« ausdrücklich gegen das Mittel der Parodie ausgesprochen haben. Im 20. Jahrhundert werden Parodien über alle Anlässe des literarischen und kulturellen Lebens geschrieben. Zur Aufführung gelangten sie meistens in Kabaretts (= Kleinkunstbühnen), in denen Personen des öffentlichen Lebens in Stimme, Gesang, Redeweise oder Körpersprache nachgeahmt und bloßgestellt wurden und heute immer noch werden.

Plagiat. Verweist die Parodie immer auf eine ihr zu Grunde liegende Vorlage, so ist beim Plagiat, dem »geistigen Diebstahl«, genau das Gegenteil der Fall. Hier bedient sich ein Schreiber der Gedanken und Formulierungen eines anderen, ohne dass der Leser bzw. Hörer das merken soll. Er gibt sie vielmehr als seine eigenen aus um damit zu glänzen. Richtig wäre es dagegen, die Quelle, die man benutzt, zu nennen oder die von einem anderen übernommene Textstelle in Anführungszeichen zu setzen, d. h. zu zitieren.

Pseudonym. Wer hat schon etwas von Capitain Ramon Diaz de la Escosura, von Karl Hohental, Prinz Muhamed Latreaumont, Ernst von Linden, P. van der Löwen oder von Fritz Perner gelesen? Wahrscheinlich niemand – und vielleicht doch; denn hinter all diesen klangvollen Autorennamen verbirgt sich kein anderer als Karl May. Als junger, noch wenig bekannter Autor musste er für seinen Verleger (↗Buch) einen ↗Roman nach dem anderen schreiben, und damit dem Publikum diese Vielschreiberei nicht auffiel, verwendete er neben seinem eigenen auch andere, erfundene Namen. Er schrieb unter einem Decknamen, einem Pseudonym, wie es in der Fachsprache heißt.
Manchmal sind die richtigen Namen längst in Vergessenheit geraten. Das Pseudonym aber, unter dem der Autor bekannt wurde und das er wie eine literarische Maske verwendet, kennt man noch heute. Pseudonyme werden von Autoren aus den verschiedensten Gründen verwendet. Massenhafte Literaturproduktion bei Unterhaltungsschriftstellern ist häufig der Grund für einen Decknamen. Verschiedentlich meinten Autoren auch, dass ihr Name zu wenig klangvoll sei oder zu häufig vorkäme. Johann Paul Friedrich Richter wählte deshalb nur seine Vornamen und wurde als Jean Paul ein bekannter Dichter. Weil seine Jugendwerke als »Häringssalat« verspottet wurden, nannte sich Willibald Häring später Willibald Alexis. Da die Kirchenbehörden es nicht gern sahen, dass der Herr Pfarrer Albert Bitzius Romane schrieb, veröffentlichte er sie unter dem Namen seines ersten Romanhelden und wird heute noch als Jeremias ↗Gotthelf gern gelesen. Gustav Meyer war zwar ein erfolgreicher Bankier in Prag, doch weltberühmt wurde er als Gustav Meyrink mit seinem Roman *Der Golem.* Alfred Henschke klingt als Autorenname auch nicht sehr bedeutend, eher solide und bürgerlich; weil sich der Dichter aber als eine Mischung aus Klabautermann und Vagabund fühlte, schrieb er seine Werke als Klabund. Auch der Urheber der Geschichten von Tom Sawyer und Huckleberry Finn,

der amerikanische Schriftsteller Mark Twain (↗USA), hieß eigentlich Samuel Langhorne Clemens. Da er als junger Mann jahrelang Lotse auf dem Mississippi gewesen war und die Lotsen beim Einholen des Fadenlots den Ruf »Mark one – mark twain (two)« verwendeten, wählte er später diesen eingängigen Ruf als Pseudonym.

Reim. Die älteste Form des Reims im Deutschen ist der Stabreim, auch Alliteration genannt, bei dem in einer Gedichtzeile zwei Wörter mit demselben Laut beginnen. In Redewendungen wie »Feuer und Flamme« oder »Kind und Kegel« ist uns der Stabreim heute noch geläufig. Verdrängt wurde er durch die Verwendung des Endreims, bei dem Vokale und Konsonanten am Ende der Wörter übereinstimmen. Dabei unterscheidet man verschiedene Fälle: klagen:sagen bezeichnet man als reinen Reim, Leiden:Freuden als unreinen, da hier die Übereinstimmung nicht vollständig ist. Wenn nur die Vokale zusammenpassen, spricht man von Assonanz, z. B. kam:gab. Natürlich können auch mehr Silben reimen: schleichenden:weichenden nennt man einen reichen Reim. Häufiger ist aber der zweisilbige Reim, klingend oder weiblich genannt: z. B. sagen:klagen, und der einsilbige, stumpf oder männlich genannt: z. B. Hauch:Rauch. Der Reim hebt im Gedicht den Klang hervor und betont eine bestimmte Stelle, zumeist das Ende einer Zeile. Durch den Reim lässt sich ein Wort herausheben und gleichzeitig das Gedicht gliedern, da man beim Lesen oder Hören unwillkürlich auf das entsprechende Reimwort wartet und so die Zusammengehörigkeit deutlicher empfindet. Auch zur Gliederung eines Gedichtes in ↗Strophen dient der Reim. Wenn man das Reimschema eines Gedichtes erarbeitet, bezeichnet man die erste Zeile mit **a,** die nächste mit **b** und so weiter. Die Zeile, die sich auf die Zeile **a** reimt, bekommt wieder den Buchstaben **a.** So heißt z. B. das Reimschema der ersten Strophe von dem *Abendlied* (M. ↗Claudius) **aabccb.**

Der Mond ist aufgegangen, **a**
Die goldnen Sternlein prangen **a**
Am Himmel hell und klar. **b**
Der Wald steht schwarz und schweiget, **c**
Und aus den Wiesen steiget **c**
Der weiße Nebel wunderbar. **b**

Auch die Reihenfolge der Reime hat ihren Namen. So spricht man bei der Folge **aabbcc** usw. von Reimpaaren, **abab** heißt Kreuzreim, **abba** umarmender Reim. Das Reimschema muss aber nicht immer gleichmäßig sein, auch **abcba** kommt vor. Den einfach vorkommenden Vers »c« bezeichnet man als Waise. Doch damit sind längst nicht alle Möglichkeiten genannt. Der Reim lockte und lockt auch zum Experimentieren, zum Spielen. So schrieb z. B. Christian Morgenstern »das raffinier:te Tier«. Aber oft wurde der Reim auch als lästiger Zwang empfunden, besonders zur Zeit des ↗Sturm und Drang. Die modernen Schriftsteller gehen mit dem Reim sehr sparsam um, um dem Anschein von Glätte oder Harmonie entgegenzuwirken, der durch den Reim hervorgerufen wird und zumeist nicht ihrer Absicht entspricht.

Dem Spiel mit dem Reim schließen sich auch die Laien gern an. Bekannt ist der Schüttelreim, dessen Regeln leicht zu durchschauen sind: »Menschen mögen Möwen leiden, während sie die Löwen meiden« oder: »Es klapperten die Klapperschlangen, bis ihre Klappern schlapper klangen«. Allerdings nützen sich diese Reime leicht ab, man kann sie auf einmal nicht mehr hören. Geradezu berüchtigt ist deshalb die so genannte Herz-Schmerz-Lyrik.

Reportage. Wenn sich irgendwo in der Welt, im Großen oder im Kleinen, etwas ereignet, was das Interesse der Öffentlichkeit wecken könnte, dann sind auch die Journalisten zur Stelle. Sie arbeiten für ↗Zeitungen und Zeitschriften, für Rundfunk und Fernsehen und versorgen die Öffentlichkeit mit ↗Nachrichten. Eine besondere Form der journalistischen Berichterstattung ist die Reportage. Sie ist vor allem ein aktueller Bericht. Ihre Themen müssen interessant sein oder interessant gemacht werden. Den Verfasser einer Reportage nennt man »Reporter«.

Zeitungsreporter können von Kriegsschauplätzen irgendwo in der Welt berichten oder von Sensationsprozessen und Fürstenhochzeiten. Wer sportliche Ereignisse am Radio oder am Fernsehapparat verfolgt, der weiß, dass der Arbeitsplatz des Reporters auch die Pressetribüne am Rand eines Sportfeldes sein kann. Im Fernsehen allerdings braucht der Reporter die Vorgänge nicht ausführlich zu beschreiben, sondern kann sich auf die Kommentierung der Bilder beschränken.

Im Unterschied zur einfachen ↗Nachricht ist die Reportage nicht so streng und sachlich. Ihre Sprache ist zwangloser und lebhafter, die Darstellung erzählfreudiger und oft spannender. Vor allem lässt die Reportage auch etwas vom Temperament des Verfassers und seinen persönlichen Eindrücken und Erlebnissen spüren, da er als Augen- oder Ohrenzeuge unmittelbar vom Ort des Geschehens berichtet. So kann man die Reportage als eine Art Erlebnisbericht bezeichnen, den der Reporter durch Befragen anderer Augenzeugen und durch ↗Interviews noch erweitern und bereichern kann. Deshalb ist die Reportage in der Regel auch umfangreicher als die Nachricht. Das gilt besonders für die Bereiche Presse, Rundfunk und Fernsehen.

Von berufsmäßiger Neugier getrieben versucht der Reporter hinter die Kulissen zu blicken, verborgene Zusammenhänge aufzuzeigen, den Dingen auf den Grund zu gehen. Dabei kann es passieren, dass ein besonders neugieriger oder gar aufdringlicher Reporter Entdeckungen macht, die in der Öffentlichkeit Aufsehen erregen, bei den Betroffenen jedoch großen Ärger verursachen.

So waren es zwei Reporter der Tageszeitung ›Washington Post‹, die 1974 den Watergate-Skandal um den amerikanischen Präsidenten Richard Nixon aufdeckten. Nixon musste daraufhin von seinem Amt zurücktreten. Obwohl sich dieser Fall im Gedächtnis bewahrt hat, werden Reportagen, wie viele journalistische Arbeiten, bald vergessen. Wenige nur überdauern ihre tagespolitische Aktualität und bleiben so interessant wie z. B. die Reportagen des »rasenden Reporters« Egon Erwin Kisch.

Rezension. Auf dem Buchmarkt wird es zweimal im Jahr besonders lebendig: einmal wenn der Handel seine Regale frei macht für die Frühjahrsproduktion der Verlage (↗Buch) und vor allem im Herbst, wenn die Internationale Buchmesse in Frankfurt a. M. ihre Tore öffnet. Ratlos stehen die Besucher vor dem verwirrenden Angebot der Neuerscheinungen. Ähnlich ergeht es ihnen in den Buchhandlungen daheim, denn selbst Fachleute sind ob dieser Bücherflut oft überfordert einen gezielten Rat zu geben. Hilfe bieten da die ausführlichen Rezensionen – kritische Besprechungen neuer Bücher – in den Literaturbeilagen der großen Tages- und Wochenzeitungen und in den Fachzeitschriften an. Ein stattliches Aufgebot von »Rezensenten« kommt hier zu Wort um die neuen Werke bekannter Autoren und die »Erstlinge« der »Anfänger« vorzustellen. Knappe Rezensionen als Kurzinformation bieten »Literatur-Reports«. In jedem Fall dienen die Rezensionen als Brücke vom Autor zum Leser und versuchen mit ihren Angaben die schwierige Auswahl zu erleichtern. Sie machen mit dem Inhalt bekannt, erläutern, um welche Fragen es geht, welche Einstellung der Verfasser hat, wie er schreibt, wie er die Aufgabe, die er sich gestellt hat, löst und manches mehr. Eine gute Rezension beschränkt sich immer nur darauf, die Eigenart des Buches zu beleuchten; eine ausführliche Inhaltsangabe gehört nicht zu ihren Aufgaben. Sie soll nichts vorwegnehmen, sondern nur raten oder warnen. Immer aber erwartet der Leser einen klaren Standpunkt des Rezensenten. Rezension ist keine Zensur, sie ist eine Form der Meinungsbildung; das gleiche Buch kann von mehreren Rezensenten unterschiedlicher parteipolitischer und weltanschaulicher Auffassung verschieden besprochen werden. Doch auch ein völliger »Verriss«, eine ganz und gar negative Rezension, bedeutet für einen Schriftsteller nicht das Ende seiner Laufbahn. Unangenehm, da öffentlich, ist sie allemal. Letztendlich muss sich der Leser, durch eine Rezension zum eigenen Lesen angeregt, selbst seine Meinung bilden. Diese kritische Meinungsbildung ist zumeist nur in demokratischen Staaten möglich. In autoritären oder totalitären Herrschaftssystemen geben die Rezensionen häufig nur die staatlichen Vorgaben weiter.

Rhetorik. Etwas vereinfachend kann man den aus dem Griechischen stammenden Begriff als »Redekunst« oder »Redetechnik« übersetzen. Schon diese Übertragung besagt, dass die Rhetorik Vorschriften, Regeln, Mittel und Figuren des Aufbaus und der Durchführung einer Rede lehrt (Redetechnik). Diese Regeln können auch rein schmückende Funktion haben (Redekunst). Angewandt wurde die Rhetorik vor allem seit Aristoteles um bei Gerichtsverhandlungen (zur Sammlung der Beweise), öffentlichen Reden (Volksversammlung, Wahlveranstaltung) oder besonderen Anlässen (Fest- oder Totenreden) seine Gedanken und Erkenntnisse möglichst wirkungsvoll und als neu darzustellen. Immer wieder benutzte, in »Schulen« ent- und weiterentwickelte Mittel (so genannte rhetorische Figuren) sind u. a. Alliteration (*w*eiße *W*äsche), Bild, Vergleich, ↗Metapher, ↗Symbol, ↗Allegorie und Ironie. Am bekanntesten ist jedoch die rhetorische Frage. Sie will ihre Aussage durch die Frageform eindringlicher gestalten. Entgegen der normalen Frage erwartet sie deshalb eigentlich auch keine Antwort. Nicht nur in der Antike fand die Rhetorik starke Verbreitung. Der höfische Roman (↗Ritterliche Dichtung) und die Literatur des ↗Humanismus und ↗Barock ist ohne die sogar an mittelalterlichen Universitäten gelehrte Rhetorik nicht denkbar. Erst mit der ↗Aufklärung verlor sie an literarischer Bedeutung. Für Predigten blieb sie aber immer noch wichtig. Heute findet sie im Rahmen der Redepädagogik (Sprecherziehung) in veränderter Form wieder Verwendung.

Roman. Die geläufige Wendung »Erzähl mir doch keine Romane« spielt auf ein Merkmal an, das für den Roman als literarische Form gilt: Er ist die Darstellung eines erfundenen Geschehens, mögen auch viele Ereignisse oder Figuren reale Bezüge haben. Ein Roman ist also ein verhältnismäßig langer Prosatext, der ein insgesamt erfundenes (»fiktives«) Geschehen wiedergibt. Mit dieser vorläufigen Bestimmung von »Roman« gaben sich die Romantheoretiker allerdings nicht zufrieden. Sie haben verschiedentlich versucht seine vielen Erscheinungsformen nach dem Inhalt oder Stoff, wie Kriminal-, Abenteuer- oder historischer Roman, nach der Eigenart der Aussage (z. B. ↗satirisch, humoristisch, realistisch) oder nach der Darstellungsform zu ordnen. Letztere gliedert man in die subjektiveren Ich-Romane, wie Briefromane, und die objektiveren, meist in der 3. Person geschriebenen Formen des psychologischen, sozialen oder Entwicklungsromans (↗Erzählperspektive). Darüber hinaus können die Romane noch nach ihrem künstlerischen Rang gegliedert werden. Die Skala reicht hier vom Trivialroman über die Zwischenstufe des Unterhaltungsromans (↗Belletristik) bis hin zum künstlerisch hoch stehenden Roman. Keiner dieser Ordnungsversuche hat sich aber allgemein durchgesetzt. Über eines besteht heute in der Wissenschaft immerhin Einigkeit: Von einem Roman redet man immer dann, wenn umfassende Zusammenhänge aus dem Leben einer einzelnen Person, einer Gruppe oder einer Epoche in Prosa wiedergegeben werden. Dies geschieht oft in »epischer Breite« im Präteritum, d. h. in der Vergangenheitsform. Natürlich war der Zweck dieser Ausführlichkeit und Anschaulichkeit zunächst den Leser zu unterhalten. So ist auch der Name »Roman« zu erklären. Seit dem 12. Jahrhundert gab es nämlich in Frankreich in der romanischen Volkssprache geschriebene, für jedermann verständliche Prosaschriften, die man ursprünglich »romanz« nannte. Damit war der Roman von Anfang an als eine etwas minderwertige Gattung charakterisiert; etwas für Leute, die kein Latein verstanden. Noch bis ins 19. Jahrhundert hinein galt das Lesen von Romanen als nicht besonders bildend, ja bei manchen Leuten fast als unmoralisch. Neben die Unterhaltung trat allerdings bei den anspruchsvolleren Romanen schon früh die Absicht den Leser zu belehren. In dem berühmten Roman *Simplicius Simplicissimus* (↗Grimmelshausen) aus dem 17. Jahrhundert vermischt sich beispielsweise beides: amüsante Unterhaltung und »moralischer Nachhilfeunterricht«. Heute wird niemand bezweifeln, dass man einen guten Roman mit Gewinn für sich selbst lesen kann. Die erzieherische Tendenz ist beim Entwicklungs- und Bildungsroman besonders ausgeprägt, der nach dem Vorbild von ↗Goethes *Wilhelm Meisters Lehrjahre* (1795/96) in Deutschland entstand, so z. B. ↗Kellers *Der grüne Heinrich*, ↗Stifters *Nachsommer* und ↗Novalis' *Heinrich von Ofterdingen*. Heute gibt es diese »pädagogische« Form des Romans kaum noch. Eine Ausnahme stellt ↗Hesses *Glasperlenspiel* dar. Da in den Vorstellungen heutiger Erzieher große Unterschiede bestehen, was die Erziehungsmethoden angeht, wollen sich auch die Dichter nicht anmaßen, allgemein gültige Regeln hierfür aufzustellen. Auch der rein unterhaltende Roman tritt in unserem Jahrhundert mindestens in der anspruchsvollen Literatur zurück. Die modernen Autoren beschränken sich vielfach darauf, mit Hilfe der Sprache die Vielschichtigkeit unserer heutigen Wirklichkeit darzustellen. Sie haben dazu zahlreiche neue Formen der Darstellung entwickelt. So machen z. B. Erzähltechniken wie die »erlebte Rede« oder der »innere ↗Monolog« das Seelenleben der Romanfiguren durchschaubar. Auch wird häufig »assoziativ« erzählt, das bedeutet, dass zeitlich und räumlich weit auseinander liegende Geschehnisse übergangslos miteinander verbunden werden. Durch die Verwendung dieser Mittel zerfällt der Roman, der früher schlicht »nacheinander« erzählt wurde, immer stärker in seine einzelnen Teile; die Handlung löst sich auf in ein Nebeneinander »montierter« Elemente. »Wenn ein Roman nicht wie ein Regenwurm in zehn Stücke geschnitten werden kann und jeder Teil bewegt sich selbst, dann taugt er nicht«, schrieb der Autor des berühmten Romans *Berlin Alexanderplatz*, Alfred Döblin, einmal. So hat es der Leser moderner Romane oft nicht leicht, den »roten Faden« zu erkennen. Wie sehr diese Gattung jedoch dazu geeignet ist, die aktuellen Probleme unserer Tage widerzuspiegeln, zeigen stellvertretend für andere die Werke von ↗Böll, ↗Grass und ↗Lenz.

Sachbuch. Neben den drei Hauptgattungen der Dichtung (↗Epik, ↗Lyrik, ↗Drama), die man unter dem Begriff Fiction (Erfindung) zusammenfasst, gibt es noch eine andere Art von Büchern, die schon im Schulunterricht und für die Hausaufgaben oder für Hobbys wie Computer oder Aquarium benötigt werden: die Fachbücher. Dazu gehören Nachschlagewerke wie z.B. ein Lexikon, ein Wörterbuch und wissenschaftliche Werke.

Weiterhin gibt es Bücher, die zwar Sachwissen vermitteln, informieren und belehren, zugleich aber auch unterhalten wollen. Dazu gehören die so genannten Sachbücher (Non-Fiction). In jedem Fall wollen sie Wissen nicht in trockener, sondern in möglichst verständlicher und zugleich auch interessanter Form vermitteln. Sie wenden sich an Leser aller Altersstufen, die eine ihrem Wissensstand und ihren Interessen angemessene Information suchen.

Ein guter Sachbuchautor sollte deshalb gleich drei Berufe in sich vereinen. Er sollte Wissenschaftler sein und über solide Fachkenntnisse verfügen, wie ein Lehrer wissen, was er seinen Lesern zumuten kann, d.h. er muss sein Fachwissen aufbereiten können, und schließlich sollte er lebendig wie ein guter Journalist schreiben können. Allerdings hängt es auch ein wenig vom Stoff ab, ob dies möglich ist. So gibt es auch hin und wieder etwas trockenere Sachbücher.

Wenn es geht, sollten Illustrationen, Fotografien, Zeichnungen und Karten den Text ergänzen und dadurch zur stärkeren Veranschaulichung beitragen. Manche Sachbuchautoren verpacken die Tatsachen und den Wissensstoff in eine unterhaltende Handlung. Dann spricht man von einem »gestalteten Sachbuch«. Zu Sachbüchern im weiteren Sinn können auch Biografien (↗Autobiografie) gezählt werden.

Sage. Manche Sagen ähneln ein wenig den ↗Märchen und nicht selten sind die Grenzen zwischen diesen beiden Formen der Kurzprosa verschwimmend. Wie die Volksmärchen wurden auch die Volkssagen mündlich im Volk überliefert. Aber sie sind wesentlich kürzer als die meisten Märchen und umfassen oft nur wenige Sätze. Die kürzeste Sage in der Sammlung der Brüder ↗Grimm ist beispielsweise nur drei Zeilen lang. Aber gerade in der Kürze liegt eine meist sehr genaue Aussage. Sagen sind häufig an ganz bestimmte Orte gebunden und oft auch zeitlich genau fixiert. Während im Märchen der Schluss unbestimmt offen bleibt (»...und wenn sie nicht gestorben sind...«), gibt die Sage dagegen eine bestimmte abschließende Auskunft (»...und nach drei Tagen ist er gestorben«). Mit solchen Angaben erhob die Sage Anspruch darauf, ernst genommen zu werden. Es gab Sagen, die ihre Zuhörer einfach nur unterhalten wollten und deshalb auch etwas breiter ausgestaltet waren (die moderne Wissenschaft nennt sie Fabulat-Sagen), andere dagegen beschränkten sich auf den knappen Bericht über ein ganz bestimmtes Ereignis, etwa die Begegnung mit einem Toten auf dem Friedhof oder einem Gespenst, vor

dem gewarnt wird. Sie werden als Glaubens- oder Erlebnissagen (Memorat-Sagen) bezeichnet.
Da man die uns bekannten Sagen verhältnismäßig leicht inhaltlichen Gruppen zuordnen kann, wurden weitere Untergruppen festgelegt. Auf der einen Seite gibt es die dämonischen Sagen, die sich mit Gespenstern, Riesen, Zwergen, mit Drachen und Werwölfen, lebenden Toten, Hexen und Wassermännern beschäftigen. Eine weitere Gruppe bilden die historischen oder Wissens-Sagen. Sie berichten sehr genau von tatsächlichen oder angeblichen geschichtlichen Ereignissen, von Schlachten, Kriegen, Hungersnöten oder Seuchen. Die bekannte Sage von den Weibern von Weinsberg gehört hierher, aber auch die vielen Sagen um historische Persönlichkeiten, um Kaiser und Könige (z. B. die Sage von Kaiser Barbarossa im Kyffhäuser), um Raubritter und andere Räuber (z. B. Eppelein von Gailingen). Wenn es sich bei den Personen um Heilige oder besonders fromme Menschen handelt, wie etwa in der Geschichte von der Feuerprobe der Kaiserin Kunigunde oder dem Rosenwunder der Elisabeth, dann ordnen wir diese Geschichten den ↗Legenden zu. Die dritte wichtige Gruppe bilden die ätiologischen (Ätiologie = Kenntnis der Ursache) oder Erklärungssagen, die überall dort entstanden, wo man eine unerklärliche Erscheinung in der Natur, bei Menschen oder Tieren zu erklären versuchte. (So deutete man die Überreste des römischen Limes als eine vom Teufel geschaffene Mauer.)

Im Gegensatz zu den Volkssagen, von denen es allein im deutschen Sprachraum mehrere Tausend gibt, berichten die so genannten Göttersagen oder Mythen aus der Frühzeit der Völker vom Ursprung der Welt und von den Göttern. Deshalb ordnen wir solche Sagen auch dem großen Bereich der »Mythologie« zu. Unter diesem Begriff verstand man ursprünglich den Vortrag von überlieferten heiligen Berichten. Heute dagegen gilt er für alle aufgezeichneten Aussagen über die Götterwelt und die Religionen der Völker. Aus solchen Mythen erwuchsen verschiedentlich auch die »Heldensagen«, da der Vorstellung nach Helden wie die Griechen Herakles und Perseus von den Göttern abstammten. Im deutschen Sprachraum gehen die meisten Heldensagen wie etwa die Sage von Siegfried auf Sagen und Überlieferungen der Völkerwanderungszeit zurück. Im Gegensatz zu den Volkssagen wurden die Heldensagen von Dichtern in den Heldenepen nachgestaltet. Dazu gehören das *Nibelungenlied* oder das *Gudrunlied* (↗Ritterliche Dichtung) und in ↗Skandinavien die *Edda*. Aus dem Französischen kommen die Sagen um den Gral und um König Artus, die heute sehr beliebte Vorbilder für ↗Fantasy-Geschichten geworden sind.

Satire. Erich ↗Kästner hat die Einstellung, die jeder Satire zu Grunde liegt, treffend beschrieben: »Dem Satiriker ist es verhasst, erwachsenen Menschen Zucker in die Augen und auf die Windeln zu streuen. Dann schon lieber Pfeffer! Es ist ihm ein Herzensbedürfnis, an den Fehlern, Schwächen und Lastern der Menschen und ihrer eingetragenen Vereine ... Kritik zu üben.« Diese Kritik an Missständen, Personen, aber auch an Werken der Literatur (Literatursatire) soll also mehr sein als einfacher Spott, sie will an den Pranger stellen und auf Besserung abzielen. Dennoch arbeitet der Satiriker mit dem Mittel der Verspottung: Die negativen Befunde werden übertrieben und der Lächerlichkeit preisgegeben. Er darf den Mund voll nehmen. Der Satiriker ist nicht kleinlich in der Wahl seiner Worte (auch aus der ↗Umgangssprache), Bilder und Gedankenverknüpfungen, denn er dient mit seiner Satire einem guten Zweck: der erhofften Besserung des kritisierten Missstandes.

Satire kann in vielerlei Gestalt erscheinen: Gedicht, ↗Fabel, ↗Schwank, ↗Komödie, ↗Kurzgeschichte oder ↗Roman – jede Gattung ist einsetzbar. Vielleicht hängt mit dieser Vielseitigkeit auch die ursprüngliche Bedeutung des Wortes zusammen: Es leitet sich von lat. »satura (lanx)« her, was so viel heißt wie »Schale mit verschiedenen Früchten« oder, allgemeiner wiedergegeben, »bunte Mischung«. Die Satire zeichnet sich aber nicht nur durch ihre formale Vielfalt, sondern auch durch die Breite ihrer inhaltlichen Verwendungsfähigkeit aus. Schon in der ↗Antike umfasst die Palette der Themen Menschlich-Allzumenschliches ebenso wie Politik und Kultur.

Obwohl Satire zu allen Zeiten existiert hat, tritt sie verstärkt in Umbruchepochen auf; so etwa im Zeitalter der ↗Reformation, in dem auch religiöse Auseinandersetzungen satirisch (z. B. in Flugschriften und ↗Briefen) ausgetragen wurden. Eine andere Epoche, die viele Satiren hervorbrachte, war das Zeitalter der ↗Aufklärung. Berühmt ist *Candide oder Der Optimismus* (1759) von Voltaire (↗Frankreich). Auch Heinrich ↗Heine schrieb eine der bekanntesten Verssatiren: *Deutschland. Ein Wintermärchen* (1844). In unserem Jahrhundert blüht die satirische Schreibart ebenfalls. Neben Heinrich ↗Manns Roman *Der Untertan* (1916), einer schonungslosen Bloßstellung des Wilhelminischen Zeitalters, sei an das Werk von Kurt ↗Tucholsky und Erich ↗Kästner erinnert. Aus jüngster Zeit sind H. ↗Bölls Kurzgeschichten und F. ↗Dürrenmatts Komödien bekannt.

Schlager. Der Begriff tauchte vor 100 Jahren in Wien auf und bezeichnete damals beliebte Stellen aus Opern und Operetten, die beim großstädtischen Publikum so ein-»schlugen« und zündeten, dass man die Melodien auf dem Nachhauseweg und daheim pfiff oder nachsummte. Diese ersten »Schlager« wurden auch, losgelöst aus ihrem bisherigen Rahmen, von Musikkapellen zur Unterhaltung gespielt. Eingängige Melodien hat man schon nachgesungen, bevor es den Begriff Schlager gab, wie z. B. die Nachtbummler im Mittelalter ihre »Gassenhauer«. In unserem Jahrhundert wurden erstmals Schlager eigens zur Unterhaltung einer breiten Masse komponiert und mit zugkräftigen Texten unterlegt. Eine entscheidende Wende trat mit dem

Aufkommen der Massenmedien ein, denn sie ermöglichten eine rasche Verbreitung der Schlager rund um die Erde. Schallplatte, Rundfunk und Tonfilm, besonders der Musikfilm, der von einem Schlager als Zugpferd lebte, machten den Anfang, Fernsehen, Musikbox, Kassettenrekorder und CD-Player folgten. Es entwickelte sich eine eigene Industrie mit Textern, Komponisten, Sängern, Kapellen, Notenverlagen, Notengeschäften und den alle Vorgänge koordinierenden Produzenten. Dieser Industriezweig wird von mächtigen Firmen gelenkt, die mit ihren Marketing- und Reklamesystemen den Artikel Schlager von der Marktanalyse über die Produktion bis zum Verkauf begleiten. Bei der Herstellung des Textes kalkuliert der Texter die Sehnsüchte der Menschen mit ein. Meist ist von Liebe die Rede, von fernen, exotischen Traumländern, von dem Glück im trauten Heim. Gegen die verlogene heile Welt der »Schnulzen«, die nach wie vor im gesamten Schlagerrepertoire ihre Stellung behaupten, rebellierte, von den USA ausgehend, der »Rock 'n' Roll« in den fünfziger Jahren. Ihren Protest gegen die einschmeichelnde oder »schmissige« Musik der Schlager und Country-Songs in den USA drückten Sänger wie Elvis Presley, Bill Haley und Little Richard in bisher nie gehörter Weise aus. Diese von der Elterngeneration abfällig negierte Musik entsprach einem weltweit verbreiteten Lebensgefühl der Jugendlichen dieser Zeit. Die 60er Jahre waren durch die Beatles und die Rolling Stones bestimmt. Rockmusik war jetzt nicht mehr reiner Protest, sie war salonfähig geworden; nicht zuletzt, weil sie auch kommerziell erfolgreich war und immer breitere Publikumsschichten ansprach. Dies zeigte sich in der Verbindung »Rock meets Klassik«. Heute findet man einen Markt vor, der jede Interessengruppe bedienen kann, von den unvergessenen alten Schlagern, den »Evergreens«, über besinnlich-belehrende Lieder, sozialkritische Aufrufe bis zu Schnulzen, Punk, Grunge und Hip-Hop, um nur einiges zu nennen.

Schwank. Der Begriff ist von dem mittelhochdeutschen (↗Geschichte der deutschen Sprache) »swanc« abgeleitet und bezeichnet übertragen so viel wie Hieb oder lustiger Streich. Damit ist eigentlich schon klar, um was es im Schwank geht: jemandem mit Humor einen Hieb versetzen, ihn verspotten oder einen Streich spielen. Meist macht sich darin ein Kluger über einen Dummen lustig, häufig werden auch Standesgegensätze dargestellt (dummer Bauer – kluger Adeliger). Die Sprache ist derb und drastisch, manchmal obszön, nicht selten auch zur Unterstützung der komischen Wirkung in Mundart. Immer wird jedoch das kurz und knapp gehaltene Geschehen übertrieben dargestellt. Man unterscheidet den dramatischen Schwank, eine ↗Komödienform, die der Posse nahe steht, und den epischen, weit verbreiteten Schwank. Ist dieser sehr kurz und auf die Pointe hin zugespitzt, ähnelt er der ↗Anekdote, wird die Ge-

schichte breiter ausgeschmückt, kann er ↗Novellenform haben.
Schwänke sind schon seit dem frühen Mittelalter bekannt, so der *Pfaffe Amis* oder einige Geschichten aus Boccaccios *Decamerone*. Seine Hochzeit erlebte er aber erst mit der Verbreitung im Druck im 15. Jahrhundert, zunächst noch in Reimen (Hans ↗Sachs) und Prosa, später nur noch in Prosa. Zu dieser Zeit entstanden auch die heute noch beliebten Schwanksammlungen des *Eulenspiegels* (1515) und der *Schildbürger* (das so genannte Lalebuch, ↗Renaissance). Diesen Schwänken und den später entstandenen Lügendichtungen des *Münchhausen* von Gottfried August Bürger (1786) ist gemeinsam, dass sie sich um eine zentrale Figur drehen. Waren die Schwänke im 18. Jahrhundert (Bürger, Christian Fürchtegott Gellert: *Die Lügenbrücke*, Johann Peter ↗Hebel, Schwankmotive in Grimms *Märchen*) und Anfang des 19. Jahrhunderts noch weit verbreitet, geriet diese Gattung in der Folge lange Zeit in Vergessenheit. Erst Jaroslav Haseks *Soldat Schweijk* (↗Tschechien), Isaac B. Singer (↗USA), Otfried ↗Preußler und Erich ↗Kästner griffen den Schwank, auch als Erzählstoff für Kinder und Jugendliche, wieder auf.

Sciencefiction. Die »Zukunftserzählungen« haben manches mit den ↗Fantasy-Geschichten gemeinsam; denn auch sie fußen auf der Fantasie, verknüpfen diese aber mit der möglichen Wirklichkeit technischer Erfindungen oder naturwissenschaftlichen Problemen im weitesten Sinne.
Als Begründer dieser Erzählgattung gilt der Franzose Jules Verne (1828–1905), der in seinen Romanen moderne technische Erfindungen vorwegnahm und seine Helden so schon auf den Mond oder in die Tiefen der Weltmeere reisen ließ. Seinem Vorbild folgten mit ähnlichen technischen Zukunftsvisionen in England H. G. Wells und in Deutschland Paul Scheerbart, Kurd Laßwitz und später Hans Dominik. In den USA wurde für solche Geschichten die Bezeichnung »Science Fiction« (Wissenschaftsdichtung) geprägt. Der Bogen der Darstellung reicht heute von den anspruchsvollen Erzählungen des ↗Polen Stanislaw Lem bis zu Abenteuerromanen. Längst haben sich auch der Spielfilm (*Krieg der Sterne*) und die ↗Comics solcher Themen bemächtigt.

Sketch. Ein Sketch ist eine kurze, witzige, spritzige ↗Szene, die uns zum Lachen und zum Nachdenken bringen soll. Ohne ↗Witz ist er wie eine Suppe ohne Salz und bleibt billiger Klamauk. Bezeichnenderweise haben wir für diese Form des Theaterspiels im Deutschen keinen eigenen Namen gefunden und uns einfach das englische Wort angeeignet. Die Engländer haben ihrerseits den Begriff von den Italienern übernommen. Das italienische »schizzo« sagt eigentlich alles: »Spritzer«, »Skizze«, »Entwurf«. Ein Sketch ist keine große Sache, er will lediglich mit einigen Spritzern auf etwas hinweisen, etwas deutlich machen, ob nun menschliche Schwächen im Einzelnen oder in der Gesellschaft. Kaum jemand konnte das großartiger und überzeugender als Karl Valentin, der unter dem Mantel der Einfältigkeit so viel Lebensweisheit verbarg. Seine über 400 Sketche zeigen auch, worauf es bei dieser Form ankommt. Die Kürze ergibt sich von selbst; wenn man eine Sache zerredet, wird sie langweilig. Außerdem soll die Szene witzig sein und am Schluss soll das Publikum über die Pointe lachen können, d. h. über eine »Spitze«, die den Kern der Sache trifft. Der Erfolg ist vollständig, wenn man sich betroffen fühlt und dennoch darüber lachen kann. Eigentlich ist der Sketch ein Stegreifspiel, das keiner langen Vorbereitung, aber einer genauen Verständigung unter den Spielern bedarf. Das Ganze muss »sitzen«, die Sprache muss genau treffen. Besonders unterhaltend ist dabei das Spiel mit der Sprache, absichtliches Missverstehen u. Ä. Beliebt ist der Sketch als Einschiebsel ins vielfältige Programm des Kabaretts (= Kleinkunstbühne). Nur wenige andeutende Requisiten (Tisch, Stuhl, Telefon) sind nötig; einige charakteristische Kleidungsstücke (Schal, Hut, Mütze) unterstreichen die Personentypen. Auch das Fernsehen bringt Sketche im zeitkritischen Kabarett. Daneben werden sie auch als Einschub in Unterhaltungssendungen oder als Ratespiele verwendet. Darüber hinaus können sie auch die Form der ↗ Parodie historischer oder literarischer Persönlichkeiten und Ereignisse annehmen. Andererseits werden Sketche im Straßentheater zur Verdeutlichung politischer und sozialer Probleme als Protestaktionen aufgeführt, wobei das Gebärdenspiel betont wird. Schließlich eignet sich die Form des Sketches vorzüglich für das Schultheater und hat auch schon im Unterricht Eingang gefunden.

Strophe. Während man heutzutage ein Gedicht manchmal kaum von einem Prosatext unterscheiden kann, legte man früher viel Wert auf einen kunstvollen Aufbau. Wesentliches Bauelement eines solchen Kunstwerks, gleichgültig ob Gedicht oder ↗ Epos, ist die Strophe, die einzelne Zeilen zu einer Einheit verbindet. Eine Folge von Strophen, die sich meist in der Form gleichen (gleiche Zeilenlänge, gleiches ↗ Versmaß, gleicher ↗ Reim), ermöglicht dem Dichter seine Aussage gedanklich deutlich zu gliedern, dem Hörer oder Leser wiederum sich an den Strophen zu orientieren und wie an Markierungspunkten den Verlauf zu verfolgen. »Strophe« bedeutet »Wendung« und bezeichnete ursprünglich den Wechsel der Bewegungsrichtung beim Tanz im griechischen ↗ Drama, dann die musikalische Einheit des Tanzliedes, an deren ständige Wiederkehr sich der Text anpasste. Die altgermanische Dichtung kennt keine Gliederung durch Strophen. Erst als sich im Mittelalter der Endreim einbürgerte (↗ Geschichte der deutschen Sprache), der die einzelnen Zeilen klanglich zusammenbindet, entstehen strophische Gebilde. Am bekanntesten ist die »Nibelungenstrophe«, benannt nach ihrer Verwendung im *Nibelungenlied.* Auch die »Minnelieder« waren strophisch gegliedert, und zwar in »Aufgesang« mit zwei »Stollen« und einem »Abgesang«. Der Begriff »Strophe« (bisher hatte man die deutsche Bezeichnung »liet« dafür verwendet) kam erst im 17. Jahrhundert auf, als die deutschen Dichter sich auf die alten kunstvollen griechischen Strophenformen besannen. Während die Spruchdichter des Mittelalters einprägsame gereimte Zweizeiler, so genannte »Knittelverse«, verwendeten, die später in Kinderliedern wieder auftauchten (»Ringel, ringel, Reihe«), bediente man sich jetzt des präzisen antiken, aus Hexameter und Pentameter (↗Metrik) zusammengesetzten »Distichons«. Die Anregungen aus der ↗Antike und die Übernahme romanischer Strophenformen führten zu einem unglaublichen Formenreichtum in der deutschen ↗Lyrik. Es entstanden u. a. Terzine, Sonette, Siziliane, Madrigale und Kanzone. Als »Fürstin unter den Strophenformen« ragt die achtzeilige »Stanze« heraus. Die vertrauteste und zugleich schlichteste Strophenform blieb auch die beliebteste: die vier Zeilen umfassende, durch Kreuzreim verbundene deutsche »Volksliedstrophe«, seit ↗Eichendorff und ↗Heine wurde sie allen anderen vorgezogen. Aus der ebenfalls vierzeiligen, etwas strenger wirkenden und aus England übernommenen »Chevy-Chase«-Strophe sind die Balladen aufgebaut. Auch heute nimmt man alte Formen wieder auf und wagt klangliche und rhythmische Experimente.

Symbol. Wir leben in einer Welt, in der wir ohne die Kenntnis der Zeichensprache nicht zurechtkämen. Beherrschten wir z. B. die Verkehrszeichen nicht, gefährdeten wir damit sogar unser Leben und das anderer. Auch in der Dichtung nehmen Zeichen eine bedeutende Stellung ein. Etwas, das wir nicht greifen, sehen, wahrnehmen können, wird sinnbildlich-zeichenhaft durch wahrnehmbare Dinge, manchmal durch einen Vorgang oder eine Handlung zum Ausdruck gebracht. Als bedrohliche »Zeichen« des Verhängnisses, das unausweichlich naht, erscheinen an wichtigen Stellen der ↗Schillerschen ↗Ballade *Die Kraniche des Ibykus* die Kraniche am Himmel, und die gespenstische *Judenbuche* in der gleichnamigen ↗Novelle der ↗Droste-Hülshoff steht für den Fluch, der auf einem Verbrechen lastet. Man nennt diese wahrnehmbaren Zeichen, die eine tiefere Bedeutung besonders eindringlich signalisieren und über einen weit gespannten Bezugsrahmen verfügen, Symbole. So ist das Herz Symbol für Liebe, die leuchtende Scheibe des Mondes Symbol des Trostes, das Kreuz für den Christen Symbol der Erlösung. Das griechische Wort »Symbolon« bedeutet Erkennungszeichen und kann dazu beitragen, den Begriff noch deutlicher zu erklären. Das bekannteste Beispiel: Zwei Freunde versprechen einander zu helfen, falls sie in Not geraten sollten. Sie teilen einen Ring, jeder behält die Hälfte. Wenn einer in Gefahr ist und sich selbst nicht mehr helfen kann, schickt er seinem Freund durch einen

Boten seinen Teil des Ringes. Dieser fügt beide Ringteile zusammen und, wenn sie zueinander passen, weiß er, dass der Hilferuf echt ist. Die Ringhälfte als Erkennungszeichen ersetzt also viele Worte, die täuschen könnten, und vermittelt eine Botschaft, eine untrügliche Aussage. Eben das ist auch wichtig für einen guten Text. Die »Zeichensprache« muss stimmen, das Symbol soll zu dem, was es ausdrücken will, »passen«, sonst verwirrt es nur. Ein gutes Beispiel für eindrucksvolle Symbolik in der modernen Literatur gibt Alfred Döblins *Berlin Alexanderplatz.* In diesem Roman symbolisiert der Alexanderplatz selbst, dieser Hexenkessel der modernen Großstadt, das erbarmungslose Leben, das die kleinen, nach ein wenig Lebensglück bangenden Menschen zerreibt. Ohne diese ausstrahlende Wirkung des Symbols verlöre der Roman einen Großteil seiner Spannung. Aber auch Personen können »für etwas anderes stehen«, werden zu Symbolen für allgemeine Menschenschicksale: Die Gestalt des Odysseus wächst über das einmalige, persönliche Schicksal hinaus, sie wird Symbol für den ausgesetzten, planlos umherirrenden, ausgelieferten Menschen. In neuerer Zeit wurde z. B. Mahatma Gandhi zum Symbol des gewaltfreien Widerstands.

Szene. Als das Theaterspielen vor rund 2500 Jahren in Europa (Griechenland) erfunden wurde, nannte man die eigens aufgebaute Kulisse, vor der man im Freien spielte, die »Skené« (↗Theater). Die Griechen und später die Römer machten aus dieser Kulisse dann ein regelrechtes Bühnenhaus mit mehreren Türen, einer prächtigen Fassade (lat. scena) und Umkleidekabinen für die Schauspieler. Davor wurden die Spielstücke »in Szene gesetzt« oder, wie man heute sagt, »inszeniert«. Allmählich nahm die »Szene« die Bedeutung von »Bühne« an.

Heute bezeichnen wir mit dem Wort »Szene« nicht mehr nur den Aufführungsplatz eines Theaterstücks; die Bedeutung dieses Begriffs hat sich im Lauf der Zeit stark verändert. Wir reden z. B. von einer herrlichen Szene bei einem Fußballspiel oder von turbulenten Szenen bei einer Kundgebung; wir haben es nicht gern, wenn uns jemand »eine Szene macht« oder sich ein Mensch allzu wichtigtuerisch »in Szene setzt«. In den letzten Beispielen wird »Szene« im Sinn von »Aufführung« und »Theater« verwendet; bei den ersten Beispielen denkt man mehr an spannungsgeladene, aufregende Ausschnitte, vielleicht Höhepunkte innerhalb eines Ganzen. Dies rührt von der speziellen Bedeutung her, die unser Begriff in der Dichtung angenommen hat. Theaterstücke werden nämlich üblicherweise in mehrere Akte eingeteilt und diese wiederum gliedern sich in kleinere Bauelemente, die Szenen. Eine Szene in diesem Sinn beginnt meist dann, wenn eine neue Figur auftritt oder abgeht oder auch wenn der Ort der Handlung wechselt. (Diese Einteilung ist vor allem für den Schauspieler eine große Erleichterung und Hilfe.) Daher wird »Szene« in dieser speziellen Bedeutung auch oft mit

dem deutschen Wort »Auftritt« wiedergegeben. Zur Zeit der ↗Klassik bestand ein ↗Drama aus fünf Akten, von denen jeder mehrere verschieden lange Szenen hatte. In der modernen Literatur ist diese strenge Einteilung nicht mehr gebräuchlich. Statt Akten und Szenen bevorzugt man heute die »offenere« Reihung von einzelnen »Bildern«.
Doch nicht nur bei Theaterstücken spricht man von Szenen. Auch in erzählenden Texten, z. B. in ↗Romanen, kommen Abschnitte vor, in denen die geschilderten Personen miteinander einen ↗Dialog führen. Auch dafür ist die Bezeichnung »Szene« üblich; sie markiert dann oft einen Höhepunkt im Geschehen einer Erzählung.

Theater. Das Wort bezeichnet ursprünglich nur den Ort, von dem aus das Publikum künstlerische Aufführungen beobachtet (griechisch »theáomai« = ich schaue an, »théatron« = der Schauplatz), dann aber auch den Spielplatz (= die Bühne) und die Aufführungen (= »Schau«-spiele) selbst. Theaterspiel beruht auf der Fähigkeit des Menschen aus sich herauszugehen und in die Rolle eines anderen zu schlüpfen. Hierfür gibt es viele Spielarten. Im Worttheater (↗Drama) wird ein Text in eine »schaubare« Bühnenhandlung umgesetzt, im Stegreiftheater hingegen ist zwar der Handlungsablauf, nicht aber der Text vorgegeben; er wird vom Darsteller selbst »improvisiert«. Das, was den Menschen bewegt, kann aber auch ohne Worte, durch tänzerische Bewegung im Ballett, durch stummes Gebärdenspiel in der Pantomime oder im Schattenspiel ausgedrückt werden. Im Musiktheater (Oper, Operette, Musical) übernehmen oder überhöhen menschliche Stimmen und Instrumente die sprachliche Aussage. Eine lange Tradition hat das Figurentheater; Puppenspiele sind schon im alten Ägypten bezeugt, das Marionettentheater (= Spiel mit beweglichen Gliederpuppen) war schon früh in Asien und Europa beliebt. Hier bleiben die Schauspieler im Hintergrund. Von dort verleihen sie den Figuren Bewegung und Stimme.
Das Reizvolle am Theater ist, dass viele Künste zur Aufführung beitragen: Literatur, Musik, Tanz, Architektur, Malerei, und dass eine geradezu raffinierte Bühnentechnik hilft die Zuschauer in eine andere Welt zu versetzen. Das Gelingen einer Aufführung hängt deshalb von einer wohl durchdachten Vorbereitung (= Inszenierung) ab, für die der Regisseur (= Spielleiter) verantwortlich ist. Er überprüft zunächst, ob die örtlichen Verhältnisse (Anzahl der Schauspieler, Bühneneinrichtung usw.) die Aufführung eines bestimmten Stückes überhaupt zulassen, und prüft gemeinsam mit dem Dramaturgen (= künstlerischer Beirat) den Text bzw. bei musikalischen Werken oder Ballettaufführungen das so genannte Libretto (= Büchlein) nach Verständlichkeit und Möglichkeiten der Umsetzung. Danach kann er mit der Einstudierung beginnen. Er verteilt die Rollen, leitet die Proben, bespricht mit dem Bühnenbildner die Bühneneinrichtung, mit den einzelnen Spe-

zialisten die Auswahl der Kostüme und Requisiten, den Einsatz der Technik (Beleuchtung, Geräusche, Maschinen), mit Chorleiter und Dirigent die Zusammenarbeit mit der Musik. Der Inspizient (= Spielwart) überwacht hinter den Kulissen die Befolgung der Anweisungen. Der Intendant trägt als künstlerischer und geschäftsführender Theaterleiter die Gesamtverantwortung. Er erstellt auch den Spielplan.

Die Anfänge des europäischen Theaters gehen auf den Dionysoskult in Griechenland (↗Antike) zurück: Auf einem runden Platz vor dem Altar dieses Gottes tanzte und sang ein Chor, umgeben von Zuschauern. Allmählich traten Sprecher auf, trugen Konflikte in Rede und Gegenrede aus und sprachen in Wechselrede mit dem Chor. Das war die Geburtsstunde des ↗Dramas. Die äußere Form des antiken Freilichttheaters war ein Kreisrund als Aufenthalts- und Spielort für den Chor (= Orchestra), das von hölzernen Zuschauertribünen hufeisenförmig umgeben war. Die offene Stelle hinter der Orchestra wurde von der »Skené« (= Bühnenhaus) geschlossen; unmittelbar davor auf dem »Proskenion« traten die Schauspieler auf. Die späteren steinernen Theater erinnern an moderne Sportstadien. Sie fassten Tausende von Zuschauern und verfügten über eine ausgezeichnete Akustik. Meist waren sie in Hänge hineingebaut, von denen der Blick über die Bühne hinweg weit in die Landschaft ging. Die Römer hingegen errichteten eine hohe Bühnenwand und erstellten so eine geschlossene, monumentale Anlage. Im Mittelalter kannte man keine festen Theaterbauten. Erste Spiele mit zunächst christlichen Inhalten fanden als Umrahmung und Erläuterung der Weihnachts- und Osterliturgie in der Kirche statt. Wegen der großen Besucherzahlen wurden sie bald auf den Kirchplatz und die Straßen verlagert, wo das Volk sich um Schaugerüste und Schauwagen drängte oder aus den Fenstern zusah. Erst seit Beginn der Neuzeit wurde Theater in festen Gebäuden gespielt. In ↗England wurde die »Shakespearebühne« konstruiert, die wie ein Bug in den Zuschauerraum hineinragte, so dass sie von drei Seiten eingesehen werden konnte. Danach kam die so genannte Guckkastenbühne auf, deren Grundmuster bis heute erhalten blieb: Die Zuschauer sitzen in einem rechteckigen oder gerundeten Saal und schauen aus der Dunkelheit auf die erleuchtete Bühne wie in einen »Guckkasten«. Rampe und Vorhang markieren die Trennung. Alle drei Formen treffen wir heute an: das Freilichttheater bei Festspielen, das Straßentheater als politisches Agitations- oder volkstümliches Unterhaltungstheater und in den Staats- oder Stadttheatern die Guckkastenbühne im festen Haus, die trotz aller Bemühungen die Schranke zwischen Bühne und Publikum abzubauen Bestand hat.

Tragödie. Die Tragödie ist die älteste Gattung des ↗Dramas. Sie wurde bereits in der ↗Antike gepflegt. Bis in die Neuzeit werden darin religiöse Themen behandelt. Ihre, bis in die Hochrenaissance gültige Form erhielt die

Tragödie durch Aristoteles. Er legte fest, dass sie eine geschlossene Handlung, einen bestimmten Umfang und einen würdigen Inhalt haben soll, der in einer künstlerisch geformten Sprache von den handelnden Personen dargestellt werden muss. Die Aufgabe der Tragödie ist es, durch die Entwicklung von Gefühlen (Trauer, Furcht), den Menschen zur »Katharsis« zu führen, d.h. ihm die Möglichkeit zur Reinigung und Läuterung seiner Seele durch die Furcht vor den Göttern zu geben. Diese Form der Tragödie wurde auch in der römischen Antike beibehalten. Erst im christlichen Mittelalter verlor sie an Bedeutung, da der religiöse Heilsplan Erlösung im Jenseits, nicht im Diesseits der Tragödienaufführung versprach. Zu dieser Zeit und verstärkt im ↗Barock bürgert sich der Begriff Trauerspiel für die Tragödie ein. Er bezeichnet die Darstellung der Befreiung aus irdischer Schuld (Märtyrerdrama). Erst in der ↗Renaissance, vor allem in ↗Spanien (Calderon), ↗England (Shakespeare) und ↗Frankreich (Racine) wurde diese Gattung wieder aufgenommen. Etwas später, im 18. Jahrhundert, setzte auch in Deutschland ein Wandel ein. Gotthold Ephraim ↗Lessing nahm Shakespeares Stücke als Vorbild für sein »bürgerliches Trauerspiel«. Mit dieser Abkehr von der aristotelischen Vorstellung änderte sich auch Form und Inhalt der Tragödie: Bürger statt Adel, Fühlen statt Vernunft und Mitleid statt Furcht wurden die beherrschenden Themen. Diese Auffassung und Lessings beispielhaftes Trauerspiel *Emilia Galotti* begründeten das »Jahrhundert der deutschen Tragödie«, das mit Johann Wolfgang von ↗Goethe, Friedrich von ↗Schiller, Heinrich von ↗Kleist und Franz ↗Grillparzer weitere Höhepunkte erlebte. In unserem Jahrhundert lösten das »absurde« und das »epische Theater« mit seinen veränderten Inhalten (Sinnlosigkeit des Daseins) die bisherigen Formen der Tragödie ab. Nach Friedrich ↗Dürrenmatts Auffassung hat sie in der modernen Welt keinerlei Bedeutung mehr. Durch die modernen Massenmedien werden die Menschen mit Tragödien aus aller Welt konfrontiert; das Beispielhafte entfällt dabei.

Übersetzung. Wenn sich zwei Menschen verschiedener Sprache begegnen und sie jeweils nur die eigene beherrschen, können sie sich zwar durch Gesten verständigen, benötigen aber letztlich einen Übersetzer oder Dolmetscher, der beide Sprachen spricht und ihnen bei der Verständigung hilft. Was für einzelne Menschen gilt, gilt noch mehr für das Zusammenleben verschiedener Völker. So sind Übersetzungen für den Alltag, für Handel und Verkehr, für das politische Leben, aber auch für den kulturellen Austausch zwischen den Völkern notwendig.

Gerade im literarischen Bereich spielen Übersetzungen eine wichtige Rolle; denn ohne sie wäre der geistige Austausch von Dichtungen oder wissenschaftlichen Werken nicht möglich. Übersetzungen wichtiger literarischer Texte hat es schon seit den frühesten Zeiten gegeben. Ein berühmtes Beispiel liefert die so genannte *Septua-*

ginta (»die Siebzig«), eine Übersetzung des Alten Testaments aus dem Hebräischen in das Griechische; so benannt, weil sie angeblich von siebzig Dolmetschern, die unabhängig voneinander arbeiteten, doch im genau gleichen Wortlaut gefertigt wurde: durch göttliche Eingebung. So leicht wie in dieser ↗Legende haben es Übersetzer aber im Allgemeinen nicht. Die Schwierigkeit bei einer guten Übersetzung liegt darin, dass die Sprache des Originals und die der Übertragung verschiedene Denkbilder und Ausdrucksmuster haben. Deshalb ist letztlich auch die voll »abdeckende« Übersetzung eines fremden Textes nicht oder ganz selten möglich; zumeist entstehen nur Annäherungen. ↗Luther gibt in seiner Übersetzung der Bibel ein Beispiel dafür, wie man gut übersetzt. In seinem *Sendbrief vom Dolmetschen* erläutert er die Schwierigkeit seiner Arbeit: »Wenn ich den Eseln soll folgen, die werden mir die Buchstaben vorlegen und so dolmetschen: Aus dem Überfluss des Herzens redet der Mund. Sage mir: Ist das Deutsch geredet? Welcher Deutsche versteht solches? ›Überfluss des Herzens‹ ist kein Deutsch, sondern so redet die Mutter im Haus und der gemeine Mann. ›Wes das Herz voll ist, des gehet der Mund über.‹ Das heißt gutes Deutsch geredet.« (↗Schriftsprache). Die Weltliteratur wäre ohne Übersetzungen nicht denkbar; denn durch sie erhalten die Literaturen der einzelnen Völker Anregungen und können ihrerseits befruchtend auf andere wirken. Deshalb kann die Arbeit eines guten, einfühlenden Übersetzers der selbständigen Leistung eines Schriftstellers gleichgesetzt werden.

Utopie. Im Jahr 1516 erschien ein Buch mit der Beschreibung eines Idealstaates irgendwo auf einer Insel. Sein Verfasser, der Humanist und Politiker Thomas Morus (↗England), gab ihm den Namen *Utopia*. Das aus dem Griechischen abgeleitete Wort bedeutet »Nicht-Ort«. Es ist klar, was diese Namengebung ausdrücken sollte. Hervorgerufen durch ein empfundenes Missfallen an der damaligen politischen Situation entwirft er ein ideales Staatsgebilde, das es in Wirklichkeit so nicht gab. Es war leider nur ein schöner Traum, der aber vielleicht doch einmal in Erfüllung gehen konnte. Aber längst bevor Morus diesem Wunschtraum seinen Namen gab, dachten sich die Menschen schon solche Utopien aus. Bereits 400 Jahre vor Christus schrieb der griechische Philosoph Platon mit seiner *Politeia (Der Staat)* die erste europäische »Staatsutopie« und entwickelte hier seine Vorstellungen von einem idealen Gemeinwesen. Aus christlichem Geist entwarf dann Augustinus um 400 nach Christus seine Utopie des zukünftigen himmlischen *Gottesstaats*. Besonders viele utopische Romane entstanden im 18. Jahrhundert, in der Zeit der ↗Aufklärung. In der *Insel Felsenburg* (1731–43) von J.G. Schnabel bauen zwei auf eine einsame Insel verschlagene Menschen mit ihren Kindern und Enkeln eine bessere neue Welt der Gerechtigkeit und Liebe auf. Dieses

Buch bezieht sich ausdrücklich auf Daniel Defoes *Robinson Crusoe*, der ebenfalls auf eine Insel verschlagen sein Leben von vorne beginnen muss. Der im *Robinson* entwickelte Neubeginn war für viele utopische Romane dieser Zeit nachahmenswertes Vorbild. Von den utopischen Romanen führt ein Weg zu der neuen Gattung der ↗Sciencefiction, der Literatur, die vom technischen und wissenschaftlichen Fortschritt ermöglichte oder erwartete Zukunftswelten beschreibt. Während die Sciencefiction heute vielfach ein positives Bild der Zukunft entwirft, zeigen die modernen Utopien meist keine Idealwelt mehr, sondern skizzieren ein düsteres, pessimistisches Bild der Menschheitsentwicklung. Zwei bekannte Beispiele dafür sind George Orwells *1984* und Aldous Huxleys *Schöne neue Welt*. Da die »Fortschritte« in der Technik und den Naturwissenschaften inzwischen selbst diese pessimistischen Visionen eingeholt haben, erlebt das Misstrauen in die technische Zukunft (negative Utopie) heute eine neue Blüte. Beispielhaft hierfür ist Gudrun Pausewangs Roman *Die letzten Kinder von Schewenborn* (1983), in dem sie das Leben in Deutschland nach einer atomaren Katastrophe schildert. Dieselbe Tendenz ist auch im Film erkennbar, wie z. B. in *The Day After*.

Volkslied. Der Name »Volkslied« erscheint zum ersten Mal in der zweiten Hälfte des 18. Jahrhunderts. Geprägt wurde er von J. G. ↗Herder (1744 bis 1803). Zunächst bezeichnete man damit Lieder und Gedichte, die mündlich überliefert wurden und die der Allgemeinheit, dem Volk, näher standen als die der gelehrten Dichter. Wegen dieser Volksnähe glaubte man, dass in solchen Liedern das eigentliche Wesen eines Volkes am reinsten bewahrt wurde. Herder sammelte Volkslieder in vielen europäischen Sprachen, übersetzte sie und gab sie heraus (*Stimmen der Völker*, 1807). So lenkte er die Aufmerksamkeit seiner Zeitgenossen auf viele bisher unbeachtete Literaturen und auf Völker, wie z. B. die Slawen und ↗Skandinavier. Die ↗Romantiker griffen Herders Gedanken auf; für manche waren Volkslieder sogar die einzige echte Dichtung (Naturpoesie). Es entstanden Volksliedersammlungen, deren heute noch bekannteste, *Des Knaben Wunderhorn* (1805/08), von Achim von Arnim und Clemens ↗Brentano herausgegeben wurde. Romantische Dichter ahmten die Form des Volksliedes nach und einige dieser Gedichte wurden tatsächlich wieder zu Volksliedern, z. B. Joseph von ↗Eichendorffs »Wem Gott will rechte Gunst erweisen« (*Der frohe Wandersmann*). Gegen Ende des 19. Jahrhunderts verloren die Volkslieder an Bedeutung – die Kinder lernten sie zwar in der Schule, in der Literatur spielten sie aber keine Rolle mehr. Mehr und mehr wurden sie durch den populären Schlager ersetzt. Erst in allerjüngster Zeit erleben sie eine Art Comeback; so gibt es Musikgruppen, die sich – mit großem Erfolg – ganz dem Volkslied widmen. Die Forschung allerdings, vor allem die Germanistik und die

Volkskunde, haben sich, seit die ersten Sammlungen erschienen, immer wieder mit den Volksliedern beschäftigt. Zwei Fragen stehen dabei im Mittelpunkt: Was sind überhaupt Volkslieder und wie sind sie entstanden? Die frühesten Aufzeichnungen stammen aus dem späten 15. Jahrhundert. Einige Lieder sind aber sicher älter, denn es gibt deutliche Anklänge an den Minnesang (↗Ritterliche Dichtung). Für einige Forscher war damit die Herkunft geklärt: Sie hielten die Volkslieder für »gesunkenes Kulturgut«, d. h. für ursprüngliche Kunstlieder der Oberschicht, die vereinfacht in das Kulturgut standesniederer Bevölkerungsschichten gelangten. Für einige Lieder trifft diese Annahme wohl zu. Die Frage nach den Verfassern der Volkslieder (z. B. Bänkelsänger) blieb damit aber weiterhin ungeklärt. Verbreitung und Überlieferung erfolgten für lange Zeit nur mündlich, so waren Text und Melodie vielen Wandlungen unterworfen, es gab Einschübe, Umstellungen, Umdichtungen, aber insgesamt blieben die Lieder erstaunlich stabil. Damit sind auch wichtige Merkmale des Volksliedes angesprochen: Lieder mit dieser Entstehungsgeschichte heißen Volkslieder, im Gegensatz z. B. zum Schlager, dessen Herkunft meist genau angegeben werden kann und der auch nur für eine kurze Zeit aktuell ist. In der Form sind Volkslieder sehr unterschiedlich. Oft haben sie ↗Strophen, meist sind sie gereimt und häufig findet man einen Refrain. Manchmal sind die ↗Reime auffallend unrein. Der Grund kann eine gewisse Unbekümmertheit im Umgang mit den Gesetzen des Reims sein, sehr oft weisen solche Reime aber auch auf ein hohes Alter des Liedes hin – im Mittelhochdeutschen (↗Geschichte der deutschen Sprache), zur Zeit der Entstehung, war der Reim grundsätzlich rein – oder auf eine bestimmte ↗Mundart als Ursprungsgebiet. Auch für Rhythmus und ↗Versmaß gibt es in den Volksliedern keine allzu festen Regeln. Auffallend ist die freie Füllung der Senkungen, d. h. die Zahl der unbetonten Silben zwischen zwei betonten schwankt, und der zwanglose Gebrauch der ↗Metrik. Zwar kann man die Strophen nicht einfach vertauschen, oft fehlt aber eine klare, logische Verbindung zwischen ihnen, so dass, z. B. bei erzählenden Liedern, recht große Gedankensprünge zu bemerken sind. Offensichtlich ging es nicht um eine genaue Darstellung in allen Einzelheiten, sondern um das Aussprechen von Gefühlen oder Gedanken, unterstützt von einer ruhigen, getragenen Melodie. Thematisch gibt es für das Volkslied keine Beschränkung: Liebe und Leid, Hochzeit und Tod, Krieg und die Natur, religiöse Gedanken und schreckliche Verbrechen – alles konnte und ist darin behandelt worden. Auch Spottlieder, die sich über ein bestimmtes Verhalten oder gleich einen ganzen Stand oder Beruf, z. B. die Schneider, lustig machten, waren sehr beliebt. Ebenso ist scharfe Kritik, etwa am Hochmut des Adels oder der Heuchelei vieler Menschen, zu finden. So wird in dem Lied *Des Antonius zu Paduas Fischpredigt* (aus: *Des Knaben Wunderhorn*) erzählt, wie Antonius in der Kirche keine Zuhörer findet und deshalb vor Tieren predigt, die ihm ehrerbietig zuhören. Die Schlussstrophe lautet: »Die Krebs gehn zurücke / die Stockfisch bleiben dicke / die Karpfen viel fressen / die Predigt vergessen / die Predigt hat g'fallen / sie bleiben wie alle.« Der Hörer erkennt in den Krebsen, Karpfen, Schildkröten usw. die Kirchgänger, die die gehörte Predigt zwar loben, ihr Verhalten aber nicht ändern. Auch wenn Volkslieder oft Sehnsucht und Unglück zum Thema haben, gibt es doch genügend Beispiele dafür, dass sie die Welt unbefangen und ohne falsches Gefühl sehen.

Werbung/Werbesprache. Wohl noch keine Generation war so sehr der Werbung ausgesetzt wie die heutige. In ↗Zeitungen und Illustrierten, in Rundfunk und Fernsehen, auf Plakaten, Prospekten und Postwurfsendungen und natürlich in den Schaufenstern der Geschäfte: Überall werden mögliche Käufer und Konsumenten werbend angesprochen. In allen Fällen sind bei dieser »Wirtschaftswerbung« Bild und Text miteinander verknüpft. Werbefachleute erstellen zuerst eine Werbestrategie. Dabei überlegen sie, welchem Kundenkreis sie wie und mit welchen Werbemaßnahmen (Plakat, Film, Aktion) das zu bewerbende Produkt mit welchem Namen nahe bringen können um potentielle Kunden zum Kauf zu bewegen. Der Produktname spielt dabei eine wesentliche Rolle. Je eingängiger (kurz, prägnant) und einprägsamer er ist, desto leichter kann er sich gegen das Konkurrenzprodukt absetzen. Darüber hinaus werden über den Eigennamen des Warenartikels, wie z. B. bei Zahncreme, auch Eigenschaften des Produkts (hier: medizinisch, wirksam, gut im Geschmack o. Ä.) unterbewusst vermittelt. Gelegentlich gelingt es einem Produktnamen sogar an die Stelle der alten Gattungsbezeichnung zu treten: Man verlangt im Laden ein Tempo-Taschentuch, wenn man ein Papiertaschentuch meint. Genauso ist es mit dem Markennamen »Knirps«. Neben einer attraktiven Bezeichnung des Produkts gehört in jede Werbung eine wirkungsvolle Formulierung, die zum Kauf anregt. Die Werbepsychologen haben erkannt, dass der umworbene Kunde möglichst glauben soll, sein Kauf beruhe auf seiner freien Entscheidung. Denn wer – so denken wir alle – wird sich schon von der Werbung »manipulieren« lassen? Daher wird die Aufforderung zum Kauf häufig verschlüsselt. So gaukelt man dem Menschen z. B. vor, das Rauchen einer bestimmten Zigarettensorte verschaffe ihm Freiheit (Marlboro – »Der Geschmack von Freiheit und Abenteuer«), erleichtere ihm das Leben (HB – »dann geht alles wie von selbst«) oder gehöre eben einfach zum modernen Menschen (»Genuss im Stil der neuen Zeit« – Lord Extra). Nirgends wird hier direkt zum Rauchen aufgefordert – der »Adressat« darf sich in der Illusion wiegen unbeeinflusst zu sein. Dafür wird sein »Unbewusstes« umso intensiver angesprochen.

Wie erfolgreich diese Werbemethode ist, zeigt sich etwa am Welterfolg der Malboro. Werbesprüche, die einen derartigen Anklang finden, müssen auf tief verwurzelte Wünsche im Menschen zielen; bei der Marlboro-Werbung etwa die Sehnsucht nach einem Aussteigerleben in ungebundener Freiheit. Beliebte Reizwörter der Werbung, die versteckte Wünsche im Menschen aufrufen, sind auch: jung, schön, kraftvoll, modern, gesund, dynamisch u. a. m. Wenn man sich die genannten Slogans der Zigarettenwerbung genauer anschaut, dann fällt auf, dass sie allesamt nicht aus vollständigen Sätzen bestehen. Punkte oder ein Gedankenstrich kennzeichnen eine Lücke, die der Leser nach eigenem Gutdünken ausfüllen kann: Jeder kann sich seinen Teil dazu denken. Dieses nicht ganz Eindeutige ist ein typisches Merkmal der Werbesprache. Wenn etwa mit dem Slogan vom »Duft der großen weiten Welt« geworben wird, liegt der Erfolg auch an den vieldeutigen Wörtern »weite Welt« und »Duft«. Hier lässt sich noch eine andere Eigenart der Werbesprache erkennen: ihre Neigung zu wohlklingenden, rhythmisch ausgeglichenen Sätzen. Das geregelte Auf und Ab der Tonfolge macht z. B. den Satz »Die süßeste Versuchung, seit es Schokolade gibt« für das Ohr angenehm. Dieser Slogan arbeitet außerdem noch mit einem anderen Stilmittel, der Übertreibung. Die Superlative sind für die Werbesprache ganz besonders typisch. Man denke auch an Sätze wie »Gut. Besser. Paulaner« oder an das »strahlendste Weiß meines Lebens«. Die Werbung arbeitet mit allen aus der ↗Rhetorik bekannten Stilmitteln. Häufig wird z. B. die Alliteration verwendet, die Aufeinanderfolge von Wörtern mit gleichem Anfangsbuchstaben: Ein bestimmtes Waschmittel spült z. B. »Wäsche wunderbar weich« und »Milch macht müde Männer munter«. Auch der ↗Reim wird eingesetzt: »Schokolad und Brot macht Wangen rot.« Ganz besonders häufig werden Wortspiele verwendet, so wenn VW einstmals mit »Fangen Sie sich einen Maikäfer« warb oder heute eine Brauerei mit »Bitte ein Bit«. Auch Musikeinspielungen nehmen in der Werbung einen immer größer werdenden Raum ein. Getränkehersteller wie Pepsi oder Coca Cola und Autohersteller wie VW treten als Sponsoren bekannter Musikgruppen auf um über das Interesse an der Musik ihr firmeneigenes Interesse an den Besuchern der Konzerte deutlich zu machen. Ob man nun direkt aufgefordert wird oder scheinbar »in Freiheit« entscheiden kann, alle diese Werbemittel stehen letztlich im Dienst genau festgelegter Ziele: Sie sollen aufmerksam machen, Interesse und Besitzwünsche wecken und schließlich zum Kauf führen.

Witz/Pointe. Der Witz verlangt nach Publikum! Und wenn alle lachen, erst dann ist der Witz-Erzähler am Ziel und zufrieden. Es gibt Leute, die dies meisterhaft beherrschen. Ebenso häufig passiert es aber auch, dass sich jemand beim Erzählen eines Witzes selber um die Wirkung bringt. Oft genügt da schon ein falsches, nicht genau passendes Wort und die »Luft« ist »raus«. Daran erkennt man, dass der Witz vom treffenden Wort, von der präzise »sitzenden« Formulierung lebt. Das gilt vor allem für den Schluss, die Pointe, die immer den Höhepunkt enthält. Die Zuhörer müssen auf diesen Schluss gespannt gemacht werden und dann muss die überraschende Lösung kommen. Nur wenn die Pointe (franz. »Spitze, Drehpunkt«) gelungen ist, dann »zündet« der Witz; aus ihr bezieht er seine komische Wirkung. Je überraschender die Pointe, desto wirkungsvoller der Witz. Auch darf die Pointe nicht allzu lange auf sich warten lassen, denn »in der Kürze liegt die Würze« und wirken soll ja ein Witz allemal. Viele Witze machen sich über andere lustig. Man denke an Schottenwitze, Ostfriesenwitze oder Irrenwitze, an Manta- oder Blondinenwitze. Es lacht sich eben angenehm auf Kosten anderer. Andere Witze dienen als Ventil. Das gilt für den politischen oder den anzüglichen Witz, in dem ausgesprochen werden darf, was man denkt und sich sonst nicht oder nur hinter vorgehaltener Hand zu sagen traut. Die Lust am Spiel mit der Sprache ist ein weiteres Merkmal der Witze: Insbesondere das Wortspiel hat seinen festen Platz in den Sprachwitzen, die oft beträchtliche Anforderungen an die Sprachschulung des Zuhörers stellen. Bei dieser wohl anspruchsvollsten Form des Witzes schimmert noch die ursprüngliche Bedeutung des Wortes »Witz« durch, die dem französischen »Esprit« entspricht. Denn wenn man jemandem ausgeprägten Verstand, gepaart mit geistreicher Schlagfertigkeit, bescheinigen wollte, nannte man ihn früher einen »Mann von Witz«. Ein Witzbold mußte er deshalb nicht unbedingt sein!

Zeitung. Trotz aller modernen Errungenschaften auf dem Gebiet der »Massenmedien« behauptet die Zeitung als Informationsquelle nach wie vor ihren Platz. Zweifellos sind die Konkurrenten Rundfunk und Fernsehen meist aktueller, da sie auf ungewöhnliche Ereignisse schneller reagieren können. Sie können melden, was heute geschehen ist, während die Zeitung berichtet, was gestern geschah. Zudem hat das Fernsehen Möglichkeiten, die der Zeitung nicht zur Verfügung stehen. Und doch möchte man nicht gerne auf die tägliche Zeitung verzichten. Vor allem ist es das vielseitige Angebot an Informationen, das die Zeitung unentbehrlich macht. Sie bietet jedem etwas und jeder kann in Ruhe lesen und noch einmal nachlesen, was ihn besonders interessiert: Politik, Kultur, Wirtschaft, Sport. Auf einer Seite findet man vermischte Nachrichten aus aller Welt, die über Katastrophen oder auch merkwürdige und rührende Geschichten aus dem Alltag berichten. Zudem gibt es häufig eine eigene Seite oder Beilage für junge Leser. Was uns aber besonders an die Tageszeitung bindet, ist der Lokalteil, der über die eigene Stadt, und der Regionalteil, der über die engere und weitere Umgebung, die Region, berichtet. Man spricht daher auch von Heimat- und Regionalzeitungen. Daneben gibt es die großen überregionalen Zeitungen (wie ›Die Süddeutsche‹ oder ›Die Frankfurter Allgemeine Zeitung‹), die ihre Leser in der ganzen Bundesrepublik finden. Von sensationellen Ereignissen lebt die so genannte Regenbogenpresse (Boulevardzeitungen), die vor allem am Kiosk oder an der Straße angeboten wird und mit ihren reißerischen Schlagzeilen die Käufer locken.

Das geistige Zentrum einer Zeitung ist die Redaktion. In ihr gehen auf verschiedenen Wegen ↗Nachrichten ein, z.B. über Fernschreiber oder durch eigene Reporter. Aus dieser Fülle werden diejenigen Nachrichten ausgewählt und bearbeitet (redigiert), die für eine Veröffentlichung in Frage kommen. Anschließend wird entschieden, wie die Seiten aufgeteilt werden, auf welcher Seite eine Meldung erscheint, welche Hauptüberschriften gewählt werden, was in den Unterhaltungsteil gehört und vieles andere mehr. Das alles gehört zu den Aufgaben der Redakteure, die jeweils ein bestimmtes Fachgebiet (Ressort) leiten und gestalten. An der Spitze steht der Chefredakteur, der die Verantwortung für die Gewichtung der Inhalte hat. Während der Nacht, oft bis in den frühen Morgen, laufen dann die Rotationsmaschinen, damit die Zeitungen frisch aus der Druckerpresse (daher die Bezeichnung »die Presse«) zu den Lesern gelangen. Die Geschichte der Presse beginnt bald nach der Erfindung des Drucks mit beweglichen Lettern durch Johannes Gutenberg um 1450. Erste Nachrichtenblätter sind uns aus dem Ende des 16. Jahrhunderts erhalten. Sie erschienen zunächst ganz unregelmäßig. Ihre Zahl nahm immer dann zu, wenn besondere Ereignisse, wie etwa die geistigen Kämpfe der ↗Reformationszeit oder Kriege, die Öffentlichkeit bewegten. Doch schon in der Frühzeit der Zeitungsgeschichte erwarteten die Leser auch unpolitische Nachrichten aus aller Welt, womöglich mit einer verdeutlichenden Illustration. Dazu gehörten Meldungen von unheimlichen Himmelserscheinungen, von Missgeburten oder außergewöhnlichen Verbrechen. Die erste bekannte regelmäßige Zeitung erschien 1650 in Leipzig. Bis zum Ende des 18. Jahrhunderts nahmen Zahl und Umfang der Zeitungen ständig zu. Doch erst in der modernen Großstadt des 19. Jahrhunderts konnte die Massenpresse mit hohen Stückzahlen entstehen, die heutzutage bei manchen Zeitungen in die Hunderttausende und sogar in die Millionen gehen. Diese Entwicklung war durch große Fortschritte auf dem Gebiet der Herstellungstechnik im Lauf des 19. und 20. Jahrhunderts ermöglicht worden. Dazu gehören die Erfindung der Rotationsmaschine und der Setzmaschine, durch die der Druckvorgang in einem bis dahin unvorstellbaren Maß beschleunigt wurde, und die Vervollkommnung der Nachrichtenübermittlung durch Telegraf und Telefon und in der heutigen Zeit durch Fax, Internet und Datenautobahnen. Alle technischen Neuerungen kosteten und kosten natürlich viel Geld. Die Finanzierung einer modernen Zeitung mit ihrem ganzen komplizierten Apparat wäre ohne den immer umfangreicheren, von Firmen finanzierten Anzeigenteil nicht möglich. Allerdings verschärft sich damit der Kampf der Zeitungen ums Überleben. Viele kleine Zeitungen sind in den letzten Jahrzehnten verschwunden oder in größeren aufgegangen, so dass man geradezu von einem Zeitungssterben sprach.

III. Literarische Epochen

Ritterliche Dichtung
Renaissance, Humanismus und Reformation
Barock
Aufklärung und Sturm und Drang
Klassik
Romantik
Junges Deutschland
Realismus
Naturalismus
Impressionismus und Expressionismus
Dichtung unserer Zeit

Ritterliche Dichtung

Im 12. Jahrhundert hatte der Ritterstand, vor allem durch die Kreuzzüge, eine so große Bedeutung erlangt, dass sich aus ihm und für ihn eine eigene Literatur entwickelte. Ihre große Zeit verlief ungefähr parallel mit der Herrschaft der staufischen Kaiser, von etwa 1170 bis 1250. Themen der Ritterdichtung sind die Kreuzzüge, die Minne (Liebe) und die ritterlichen Tugenden – in der Sprache der damaligen Zeit, dem Mittelhochdeutschen, hießen sie mâze, zuht, state und milte, d. h. Selbstzucht, Anstand, Beständigkeit und Freigebigkeit (↗Geschichte der deutschen Spache). Die Kreuzzugslieder, deren bekannteste von Hartmann von der Aue stammen (etwa 1165–1215), zeigen den Rittern den Weg zu ihren ritterlichen Pflichten: für den christlichen Glauben zu kämpfen und die Schwachen und Unterdrückten zu schützen. Hartmann ist der erste große deutsche Ependichter, auch wenn seine Stoffe, wie die der späteren anderen Epiker, aus ↗Frankreich stammten.
Er hat diese Vorlagen aber nicht nur übersetzt, sondern so umgestaltet, dass selbst einfache Geschichten, in denen tapfere Ritter gegen Ungeheuer und Riesen kämpfen, über das vordergründige Abenteuer hinausgehoben werden und den schweren Weg der Ritter zu ihrer Vollendung widerspiegeln. Das gilt besonders für die Helden Erec und Iwein in den gleichnamigen ↗Epen. Beide Männer sind zwar durch Geburt und Erziehung schon hervorragende Ritter, es fehlt ihnen aber zunächst noch die Fähigkeit, persönliche Wünsche und die Ansprüche der Gesellschaft in Einklang zu bringen. Dies lernen sie im Laufe einer langen Abenteuerkette, an derem krönenden Abschluss die Aufnahme in die Tafelrunde von König Artus, dem Idealbild eines Ritters, steht. Darüber hinaus beschäftigte sich Hartmann auch mit religiösen Fragen, so in seinem Epos (↗Epik) *Der arme Heinrich.* Hier erringt ein vom Aussatz befallener Ritter durch Selbstüberwindung die Gnade Gottes und wird wieder gesund. Auch im *Gregorius* geht es um das Problem der Erlösung. Doch ↗Wolfram von Eschenbach (um 1170–1220) zeigt in seinem *Parzival,* dass die perfekte Erfüllung religiöser oder ritterlicher Gebote allein noch keinen idealen Ritter und, was noch wichtiger ist, schon gar nicht einen guten Menschen ausmacht. Parzival wächst, fern von den Menschen, bei seiner Mutter auf, die ihn vom Rittertum fern halten will. Als er dann doch in die Ritterwelt

gerät, übernimmt er die Lehren, die an ihn herangetragen werden, versteht sie aber nicht und wendet sie falsch an. Erst nach einem langen und bitteren Weg der Erkenntnis gelangt Parzival wieder zur Gralsburg, wo er zum neuen Gralskönig erklärt wird.

Gottfried von Straßburgs Epos *Tristan und Isolde,* geschrieben etwa 1200–1210, geht über eine auf den ersten Blick einfache Rittergeschichte hinaus. Gottfried, im Gegensatz zu Hartmann und ↗Wolfram bürgerlicher Herkunft, erzählt nicht von den Bemühungen einzelner Ritter sich zu vollenden, sondern von der grenzenlosen Liebe zwischen Tristan und Isolde. Ihre Liebe kann nach Gottfried niemand verstehen, der nicht ein »edeles herze« hat. Gottfried gelingt mit diesem Epos eine deutliche Absage an die Standesdichtung. Auch das *Nibelungenlied* (um 1200, ↗Sage) hat vordergründig mit den Ritteridealen nichts mehr zu tun, obwohl es auch einem ritterlichen Publikum gefiel. Sein Stoff stammt aus heidnisch-germanischer Zeit und schildert im ersten Teil die Taten und den Tod Siegfrieds, im zweiten Teil den Untergang der Burgunder, die Siegfrieds Tod verschuldet haben. Über all diesen Ereignissen steht ein düsteres Schicksal, das die Beteiligten zwar erkennen, aber nicht abwenden können.

Mit dem Niedergang des Rittertums wandelten sich auch die Rittergeschichten: Sie wurden bearbeitet und erweitert, wobei es vor allem auf den Inhalt, das Abenteuer, ankam. Auch die Form änderte sich. Aus den Versepen mit gereimten Verspaaren wurden Prosafassungen, die in dieser Form über Jahrhunderte hinweg ein immer breiter werdendes, interessiertes Publikum fanden. Auch die Liebeslyrik, Minnesang genannt, erlebte einen raschen Wandel. Die zunächst (1150) Naturleben und persönliche Gefühle betonende Dichtung nach französischen und provenzalischen Vorbildern zeigte zunehmend eine andere Minneauffassung: Der Ritter hatte einer höher gestellten Dame, wie z.B. der Frau seines Lehensherrn, zu dienen, d.h. sie in Gedichten zu preisen, ohne jede Aussicht auf Erhörung. Gerade diese Aussichtslosigkeit sollte den Ritter edeln. Damit wurde das Gedicht – in höchster sprachlicher Vollendung – zu einem Spiel, das mit wirklichen Gefühlen kaum noch etwas zu tun hatte. Dagegen wandte sich ↗Walther von der Vogelweide (um 1170–1230). Ihm ging es um das lebendige Gefühl, die wirkliche Zuneigung, die auch einem einfachen Mädchen gelten konnte.

Renaissance, Humanismus und Reformation

Seit dem 14. Jahrhundert begann man sich – zuerst in ↗Italien, dann allmählich auch in anderen europäischen Ländern – in zunehmendem Maß wieder mit der Kunst der ↗Antike zu beschäftigen, die man im Mittelalter weitgehend vernachlässigt hatte. Sie erlebte nun an den italienischen Fürstenhöfen und in den großen Städten wie Rom oder Florenz eine »Renaissance«, eine Wiedergeburt. Damit standen auch die antiken Schriftsteller, Philosophen und Dichter wieder im Mittelpunkt des Interesses. Lateinische und griechische Werke wurden in ↗Übersetzungen breiteren Kreisen bekannt und mit ihnen auch die freieren Lebensauffassungen der Antike. Das führte schließlich dazu, dass der Einzelne sich von den Autoritäten der Gesellschaft, der Tradition, aber auch von denen des Glaubens allmählich zu lösen begann.
Nördlich der Alpen trafen sich die ersten, Humanisten genannten Vertreter dieser neuen Geistes- und Literaturströmung in Prag am Hof des deutschen Königs Karl IV., der dort die erste deutsche Universität gründete. Aus diesem Kreis stammte auch Johannes von Tepl, der etwa um 1400 in der neu geschaffenen Form des Streitgesprächs (↗Dialog) z. B. *Der Ackermann aus Böhmen* dichtete. Darin lehnt sich ein Bauer verzweifelt gegen den allmächtigen Tod auf, unterliegt ihm dann aber doch.
Die eigentliche Blüte des Humanismus in Deutschland begann etwa in der Mitte des 15. Jahrhunderts. Die Erfindung des Buchdrucks durch Johannes Gutenberg trug viel zur Verbreitung neuer Ideen und Dichtungen bei. 1494 erneuerte Sebastian Brant (1458–1521) in seinem *Narrenschiff* die antike ↗Satire und führte sie in die deutsche Literatur ein. Die auf dem Schiff versammelten Narren sollen durch Humor und Kritik sich selbst erkennen um Heilung zu finden. Der Dominikaner Ulrich Boner holte in seinem *Edelstein* die antiken Fabeln des Äsop mit ihren aufklärerischen und befreienden Tendenzen nach Deutschland.
Führer, ja Fürst des Humanismus war Erasmus von Rotterdam (1469–1536), der erste moderne Europäer und Vertreter einer grundsätzlichen Erneuerung des Abendlandes durch den christlichen Humanismus. Mit seinen *Adagia* (1500), 4000 antiken Sprichwörtern mit ausführlicher Erläuterung, wollte er ebenso als Erzieher wirken wie in seinem *Handbüchlein eines christlichen*

Ritters, in dem er zur inneren Reinigung der Kirche von Missständen aufrief. Die echte Quelle des Glaubens wollte er durch die Herausgabe des griechischen Urtextes des Neuen Testamentes erschließen. Ein literarischer Welterfolg wurde seine Satire *Lob der Torheit* (1511), in dem er alle Narrheiten des Menschenlebens darstellt und milde verspottet. So sehr Erasmus auch die Reformation mit heraufgeführt hatte, so klar grenzte er seine gewaltlose innere Erneuerung der Kirche von Martin ↗Luthers revolutionärer Tat ab.
Ein stürmischer Erneuerer Deutschlands, des Rittertums, des Kaisertums, des Reiches und der Kirche war Ulrich von Hutten (1488–1523), für den es »eine Lust war zu leben, weil die Studien blühten«. Er rief zur Rettung Deutschlands auf und wurde durch sein deutsches *Gesprächsbüchlein* zum echten Volksschriftsteller. C. F. ↗Meyer hat ihm in seinem Versroman *Huttens letzte Tage* ein Denkmal gesetzt. Johannes Reuchlin verhalf dem Studium des Hebräischen und Griechischen zu mehr Anerkennung und verspottete in den *Briefen der Dunkelmänner* (1515) ungebildete Mönche. Martin Luther schließlich schuf die Grundlage der deutschen ↗Schriftsprache durch seine Übersetzung der ganzen Bibel (1522–1534). »Man muss«, sagte er, »die Mutter im Hause und den gemeinen Mann auf dem Markt fragen und ihnen auf das Maul sehen, wie sie reden.« Daneben schuf er auch viele deutsche Streitschriften und Kirchenlieder, die auch heute noch gesungen werden (z. B. *Ein feste Burg ist unser Gott*).
Hans ↗Sachs, »Schuhmacher und Poet dazu«, Meistersinger in Nürnberg, gilt mit seinen zahlreichen Fastnachtsspielen, Schwänken und »Comedie« als Begründer des deutschen ↗Lustspieles (z. B. *Der fahrende Schüler aus dem Paradeis*). Jörg Wickram (um 1505–vor 1560) steht mit seinem *Rollwagenbüchlein* (1555, eine humoristische Schwanksammlung) ganz in der Tradition von *Till Eulenspiegel* (1510/11). Ebenso wie die anonym erschienenen und unter dem Titel *Schildbürgergeschichten* bekannt gewordenen *Wundersamen, seltsamen, unerhörten und bisher unbeschriebenen Geschichten und Taten der Lalen zu Lalenburg* (1597) gehören diese noch heute zum literarischen Allgemeingut. Auch bereitete Wickram den Einzug der ↗Novelle in die deutsche Literatur vor. Johann Fischart übertrug den ↗satirischen Roman *Gargantua* des Franzosen Rabelais mit viel Humor und Sprachlust ins Deutsche. Am Ende der Renaissance steht wirklich ein »neuer Mensch«. Seinen stärksten Ausdruck findet das neue Lebensgefühl im *Volksbuch vom Dr. Faust* (1587), der leidenschaftlich nach Erkenntnis strebt, selbst um den Preis seiner Seligkeit.

Barock

Beim Wort »Barock« denkt man als Erstes an prunkvolle Kirchen und prächtige Schlösser, vor allem im Süden Deutschlands und in Österreich. Die Bezeichnung »Barock« ist zunächst für die bildende Kunst verwendet worden und wurde erst später auf die Dichtung des 17. Jahrhunderts übertragen. Sie bezeichnet ursprünglich etwas Unregelmäßiges, schief Gewundenes, wie es – man denke an das Innere barocker Prachtbauten – für die Kunst dieser Zeit charakteristisch ist. Aber wie passt dieser Begriff zur Dichtung? 1624 hatte Martin Opitz (1597–1639) das *Buch von der Deutschen Poeterey* verfasst, in dem es ein eigenes Kapitel »von Zubereitung und Zier der Wörter« gab. Die Dichter wollten den darin enthaltenen Anweisungen Opitz' nachkommen und durch möglichst kunstvolle Formulierungen den anderen übertreffen. So erklärt sich auch die Wortwahl am Anfang eines typisch barocken Gedichtes: »Freuderfüller, Früchtebringer, vielbeglückter Jahreskoch, / Grünungs-, Blüh- und Zeitungziel, werkbeseeltes Lustverlangen!« Wer hier so merkwürdig auf siebenfach verschiedene Weise angesprochen wird, ist der Herbst, auch wenn uns heute diese Redeweise gespreizt und überladen erscheint. Aufgrund dieser Vorlage glaubte man, dass das Dichten wie ein Handwerk erlernbar sei und man es darin zu »meisterhaften« Ehren bringen könne. Ein anderer Grund für die Neigung der Dichter zum gedrechselten Stil war, dass viele ihre Werke als so genannte »Gelegenheitsgedichte« im Auftrag des Hofes verfassten und dieser möglichst eindrucksvolle Formulierungen wünschte. Die letzte Ursache für die Neigung der Dichter zum »Barocken« ist wohl im Lebensgefühl der Zeit zu suchen: Das 17. Jahrhundert war eine Zeit voller Spannungen und Konflikte. Der Reformation ↗ Luthers war die Gegenreformation der katholischen Kirche gefolgt. Der Kampf um den »wahren« Glauben zwischen Katholiken und Protestanten entlud sich dann explosiv im Dreißigjährigen Krieg, der in Deutschland zu schrecklichen Verwüstungen führte. Dazu kam bald die Bedrohung von außen: die Belagerung Wiens durch die Türken. Katastrophen und mit ihnen Schmerz, Krankheit (Pest) und Tod machten den Menschen die Hinfälligkeit alles Irdischen bewusst (Vanitas-Gedanke). Andererseits erzielte man auf dem Gebiet der Naturwissenschaften enorme Fortschritte. Man denke nur an die Entdeckungen von Kepler und Galilei. Das verstärkte den menschlichen

Selbstbehauptungswillen und vermittelte ein Gefühl von Stärke und Zuversicht. So waren die Menschen der Barockzeit hin- und hergerissen zwischen den Extremen: Bald sahen sie in der Welt nur ein »Jammertal«, über das nur die Erwartung des Jenseits hinwegtrösten konnte, bald gaben sie sich den Genüssen der irdischen Freuden hin. Dieser Gegensatz durchzieht auch die Dichtung der Zeit. Am anschaulichsten tritt er in dem heute noch bekanntesten ↗ Roman des Barock zu Tage: *Der Abentheuerliche Simplicissimus Teutsch* von ↗ Grimmelshausen. Er schildert die Geschichte eines Sohnes armer Leute aus dem Spessart, der völlig unvorbereitet in die Welt hinauszieht und sich mit ihren Freuden und Genüssen einlässt. Dabei verwahrlost er innerlich mehr und mehr, bis er nach vielen Abenteuern endlich bei einem Einsiedler landet und selbst Eremit wird. Ein »kurvenreiches« barockes Leben findet sein Ziel.

Auch der Schlesier Andreas Gryphius (1616–1664) hat in seinen Werken dieses Lebensgefühl zum Ausdruck gebracht. Zahlreiche seiner Gedichte, Sonette und Oden widmen sich der Klage über den Zustand Deutschlands nach dem Großen Krieg und dem Bewusstsein über die Vergänglichkeit alles Irdischen. Doch das ist nur die eine Seite dieses Autors. Von ihm stammen auch lebensbejahende und Lebensfreude ausdrückende Theaterstücke, darunter ein ↗ Lustspiel mit dem Zungenbrecher-Titel *Horribilicribrifax,* in dem er die Prahlereien feiger Soldaten ↗ parodiert und ins Groteske zieht. Ebenso derb und volksnah geht es auch in seinem »Schimpfspiel« *Herr Peter Squentz* zu.

Dem Vorbild von Opitz folgend entstanden damals viele »Sprachgesellschaften«. Das waren Vereinigungen von Dichtern mit dem Ziel einer einheitlichen Rechtschreibung und Grammatik, der Übersetzung fremdsprachlicher Literatur, der Förderung von Bildung und Kultur sowie der Absicht die deutsche Sprache von fremden Einflüssen zu reinigen (↗ Geschichte der deutschen Sprache). Damals war das Lateinische noch die Sprache der Gelehrten und an den Höfen der Fürsten und Bischöfe sprach man Französisch oder »französierte« die deutsche Sprache. Deshalb bemühten sich die Sprachgesellschaften dem übertriebenen Fremdwortgebrauch durch Eindeutschungen entgegenzutreten. Einige davon haben sich durchgesetzt, wie z. B. Augenblick für Moment oder Anschrift für Adresse; mit anderen schoss man dagegen über das Ziel hinaus, etwa mit der Übersetzung der Fremdwörter Nase durch Gesichtserker oder Fenster durch Tageleuchter. Insgesamt trugen diese Sprachgesellschaften jedoch mit dazu bei, dass sich eine einheitliche hochdeutsche Sprache allgemein durchsetzte und gewisse Regeln für die Rechtschreibung üblich wurden.

Aufklärung und Sturm und Drang

Aufklärung. Seit dem 17. Jahrhundert zogen kritische Denker, vor allem in England und Frankreich, viele Ansichten, die vorher als unumstößlich galten, in Zweifel. Sie begannen z. B. die biblischen Überlieferungen in Frage zu stellen und die naturwissenschaftlichen Lehren früherer Jahrhunderte kritisch zu überprüfen. Mit den Worten »Habe Mut dich deines eigenen Verstandes zu bedienen« gab der große deutsche Philosoph Immanuel Kant (1724–1804) der zwischen 1720 und 1785 auch in Deutschland herrschenden Bewegung der Aufklärung ihren Wahlspruch. Unter diesem Motto rief er dazu auf, alle menschlichen Einrichtungen und menschliches Handeln kritisch zu befragen: War es richtig, dass ein König unumschränkt herrschte? War es richtig, dass Menschen durch die Schranken der Geburt oder der Herkunft voneinander getrennt wurden? War es richtig, andere Menschen aus religiösen Gründen zu verfolgen oder Kriege zu führen? Auch zahlreiche deutsche ↗ Dichter wurden vom Geist der Aufklärung erfasst und griffen diese und andere Fragen auf.
Zunächst aber sollte auch die Dichtkunst selbst den Gesetzen der Vernunft unterworfen werden. Sie sollte maßvoll und belehrend sein, ihre Sprache einfach und klar. Um dies zu erreichen setzte Johann Christoph Gottsched (1700–1766) das Werk der barocken Sprachgesellschaften fort. Er bekämpfte Auswüchse und Rohheiten der Sprache, stellte für diese vernünftige Regeln auf und empfahl französische Stücke zur Nachahmung. Sein Einfluss schwand, als Gotthold Ephraim ↗ Lessing (1729–1781), der bedeutendste Dichter der deutschen Aufklärung, seine Stimme erhob. Seine kritischen Schriften, wie z. B. *Briefe, die neueste Literatur betreffend* oder die *Hamburgische Dramaturgie,* die sich mit dem damaligen deutschen ↗ Theater auseinander setzte, waren von nun an maßgebend. Er forderte die deutschen Dichter auf sich den ↗ Engländer William Shakespeare zum Vorbild zu nehmen, in dessen Bühnenstücken mehr wahres Leben sei als in den Stücken der Franzosen. Seine eigenen ↗ Dramen waren mustergültig für seine Zeit, vor allem das ↗ Lustspiel *Minna von Barnhelm,* das Trauerspiel *Emilia Galotti* und das Schauspiel *Nathan der Weise.* Mit dem zuletzt genannten Stück richtete sich Lessing gegen religiöse Unduldsamkeit und Fanatismus, wie er sich stets gegen Dummheit und Anmaßung wandte. Doch fand die Aufklärungsdich-

tung noch andere Wege um auf die Menschen belehrend und bessernd einzuwirken. Lessing und Christian Fürchtegott Gellert (1715–1769) brachten die Fabel zu neuer Blüte und mit Christoph Martin Wielands (1733–1813) *Geschichte des Agathon* beginnt in der deutschen Literatur der Erziehungsroman (↗Roman). Manche Anregungen der Aufklärung wirkten hinüber in die Epoche des Sturm und Drang.

Sturm und Drang – diese Bezeichnung ist dem gleichnamigen Drama von Friedrich Maximilian Klinger aus dem Jahr 1776 entlehnt. Was nach Aufruhr und Revolution klingt, war in der Tat eine revolutionäre Bewegung in der deutschen Dichtung der zweiten Hälfte des 18. Jahrhunderts (etwa zwischen 1765 und 1785). Die »Stürmer und Dränger« – das waren junge Dichter zwischen 20 und 30, die leidenschaftlich gegen ihre Zeit protestierten. Wie die Dichter der Aufklärung wandten sie sich gegen die Macht der Fürsten und gegen die Stellung des Adels, gegen gesellschaftliche Schranken und Vorurteile, aber auch gegen die Herrschaft der »kalten« Vernunft. Damit unterschieden sie sich von den Aufklärern. Sie verkündeten die Rechte des Gefühls und der Fantasie und vor allem die Rechte des ungebundenen Künstlers, des »Genies«. Ein jeder von ihnen fühlte sich als Genie (deshalb bezeichnete man diese Zeit auch als »Geniezeit«), das im Leben und in der Dichtung seinen eigenen Gesetzen folgen kann. Auch der junge ↗Goethe gehörte dieser Bewegung an. Sein berühmter Ritter *Götz von Berlichingen* kämpfte für die Freiheit des Einzelnen gegen die Übermacht des Staates, für den er nur Verachtung übrig hatte. ↗Schillers Räuberhauptmann Karl Moor *(Die Räuber)* erhob sich sogar gegen Gottes Weltordnung. Die Probleme der Zeit spielen in ihrer Dichtung eine große Rolle. So scheitern die Liebenden in Schillers *Kabale und Liebe* am Gegensatz zwischen Adel und Bürgertum und an der Gemeinheit verbrecherischer Fürstendiener. Für die Stürmer und Dränger genügte die herkömmliche Form des ↗Dramas (Einheit der Zeit, des Ortes und der Handlung) nicht mehr. Sie zerbrachen den strengen Aufbau und setzten an die Stelle der Verssprache (↗Metrik) eine wilde, leidenschaftliche Prosa, die auch Derbheiten und Mundartausdrücke erlaubte.

Gewiss war im Sturm und Drang das Drama die wichtigste Gattung der Dichtkunst. Aber auch die ↗Ballade erlebte eine erste Blüte, vor allem bei Gottfried August Bürger (1747–1794): Neben der berühmten *Lenore* sei noch *Das Lied vom braven Mann* erwähnt.

Klassik

Für die Fortschrittlichen im alten Rom waren griechische Kunst und Dichtung »klassisch« (= erstrangig, mustergültig). Seit der ↗Renaissance (= Wiedergeburt der Antike), zu Beginn der Neuzeit, galten das griechische und römische Altertum (↗Antike) als »klassische« Zeit; Latein und Griechisch als »klassische« Sprachen. Andererseits bezeichnet der Begriff »Klassik« nur eine kurze Zeitspanne, den Gipfel einer Kultur, so etwa die Zeit des Perikles (500–429 v. Chr.) in Athen oder die des Augustus (63 v.–14 n. Chr.) in Rom. In der Neuzeit grenzen die Völker Europas den Begriff auf die Blütezeit ihrer Dichtung ein, die sich an Leitbildern und Kunstregeln des Altertums ausrichtete und mit großen Namen verbunden ist: Dante in ↗Italien, Calderón und Cervantes in ↗Spanien, Shakespeare in ↗England, Corneille, Racine, Molière in ↗Frankreich. Später werden Höhepunkte in Literatur und Kunst auch ohne enge Bindung an die Antike als »Klassik« herausgehoben, wie z. B. die Blütezeit der mittelhochdeutschen Dichtung nach dem Herrscherhaus der Staufer als »staufische Klassik« (↗Ritterliche Dichtung) bezeichnet wird. Doch als eigentlicher Gipfel der deutschen Literatur wird die »Weimarer Klassik« angesehen, so genannt, weil in diesem Residenzstädtchen, das damals literarischer Mittelpunkt Deutschlands war, die meisten »klassischen« Werke entstanden. In der Unruhe des geistigen und politischen Umbruchs, mitten in der Zeit der Französischen Revolution, war die deutsche Klassik (ca. 1775–1797) nur eine unter verschiedenen literarischen Richtungen, wohl aber die mit den längsten Nachwirkungen. Streng genommen hat sie nur zwei Vertreter: die beiden »Dichterfürsten« ↗Goethe und ↗Schiller, und zwar nur beschränkt auf die Zeit ihrer engeren Zusammenarbeit, die schließlich zu einem Freundschaftsbund führte. Beide hatten sich mit der großen Freiheitsbewegung ihres Jahrhunderts, der ↗Aufklärung, auseinander gesetzt und mit jugendlichem Elan den literarischen Aufstand in den Reihen der Protestbewegung des ↗Sturm und Drang geprobt. Doch dann erschöpften sich die Anklagen gegen die ungerechte Weltordnung und deren Gesellschaft. Auf verschiedenen Wegen kamen sie zu dem gleichen Ergebnis, dass nur der sittlich gute Mensch die Welt verändern könne: Goethe versuchte seine reformerischen Aktivitäten in der Politik im Dienst des Herzogs Karl August zu verwirklichen, Schiller beim Studium der Geschichte.

Den entscheidenden Anstoß zur Ausprägung der Merkmale der Weimarer Klassik gab in beiden Fällen die Auseinandersetzung mit der griechischen Antike. Als Vorreiter dieser Bewegung fungierte der Altertumsforscher Johann J. Winckelmann (1717–1768). Er schärfte die Blicke seiner Zeitgenossen für eine neue Sicht der griechischen Kunst. Ein anderer Wegbereiter, Heinrich Voß (1751–1826), übersetzte die Epen Homers und machte damit Welt und Lebensformen der alten Griechen einem aufnahmebereiten Lesepublikum bekannt. Goethe bricht 1786 nach Italien auf um dort ganz persönlich den Spuren der Antike nachzugehen und aus den Altertümern, vor allem im ehemals griechisch besiedelten Süditalien (Paestum), den Geist ihrer Schöpfer aufzunehmen. Das große dichterische Ergebnis dieses Italienerlebnisses ist die Umarbeitung seines Schauspiels *Iphigenie auf Tauris* in eine geglättete Versform. Es verkündet wie kein anderes Werk das Humanitätsideal der Klassik. Iphigenie lebt echte Menschlichkeit vor, sie betrügt nicht um sich und die Ihren zu retten, tapfer sagt sie die Wahrheit, auch um den Preis ihres Lebens. Ihr seelischer »Adel« bezwingt schließlich auch das Herz des Feindes. Goethe fasst in seinem Gedicht *Das Göttliche* das Wesentliche dieser Haltung zusammen: »Edel sei der Mensch, / hilfreich und gut!« Schiller »erfährt« dieses Menschenbild aus dem Studium der altgriechischen Literatur, die ihn zu Übersetzungen griechischer Dramen anregt. In seinem Gedicht *Die Götter Griechenlands* klagt er: »Schöne Welt, wo bist du? Kehre wieder, / holdes Blütenalter der Natur!« In Gesprächen, Briefen und Aufsätzen erarbeiten und vertiefen beide Klassiker das neue, an griechische Vorbilder angelehnte Menschenbild, für das das Gute, Wahre und Schöne Wegweiser zu einem sinnerfüllten, tätigen Leben sein sollten. Ihre Zusammenarbeit erlebte in dem so genannten Balladenjahr 1797 ihren Höhepunkt. Es entstanden u. a. Goethes *Der Zauberlehrling* und Schillers *Bürgschaft* und *Die Kraniche des Ibykus.* Diese großartigen sprachlichen Kompositionen zeigen den Menschen in einer umfassenden Weltordnung aufgehoben. Die Dramen der Klassik, Schillers *Wallenstein* und Goethes *Faust,* sein »Hauptgeschäft« dieser Zeit, bezeichnet man als »Ideendramen«, weil sie sich ganz auf einen übergeordneten Leitgedanken konzentrieren. Schon ↗ Lessing hat in seinem *Nathan der Weise* die Toleranz als allbeherrschende Idee herausgehoben, die Allgemeingültigkeit beansprucht. Immer geht es um Grundfragen menschlichen Daseins, um die Würde des Menschen, um seine innere und äußere Freiheit. Beherrschend ist der Glaube an eine freie Selbstbestimmung des Menschen und die Möglichkeit seiner Selbstvollendung.

Romantik

Bevor im 19. Jahrhundert die Industrialisierung das Leben in Europa grundlegend veränderte, Großstädte mit Elendsvierteln entstanden, die Bedeutung des Geldes und die Kluft zwischen Arm und Reich sich weiter vergrößerte, beschworen die »Romantiker« noch einmal mit dem »Zauberstab der Poesie« eine traumhaft-schöne, geheimnisvolle Welt. Das Schreckensjahr 1793, in dem sich ganz Europa über den Terror in der jungen Französischen Republik entsetzte, war auch der Beginn der romantischen Bewegung. Zwei begeisterungsfähige Natur- und Kunstfreunde, Wilhelm Heinrich Wackenroder (1773–1798) und Ludwig Tieck (1773–1853), begaben sich auf eine Wanderung durch Franken. Verzaubert entdeckten sie in Nürnberg, der Stadt Albrecht Dürers und Hans Sachs', die Welt des Mittelalters. Ihre sich auf diese Erlebnisse begründenden *Herzensergießungen eines kunstliebenden Klosterbruders* wurden mit ihrer lyrischen, die Wunderwelt der Fantasie betonenden Sprache zum Grundstein der romantischen Dichtung und des Lebensgefühls dieser jungen Generation.

In Jena trafen sie eine sich um die Gebrüder Schlegel bildende literarische Gruppe, die sich kritisch mit der ↗Klassik auseinander setzte. In bewusster Opposition nannten sie ihr Programm »romantisch«, d. h. modern, interessant. Gerade das bisher abwertend als übertrieben, zügellos und fantastisch Angesehene zog sie magisch an. Der romantische ↗Dichter wollte »kein Gesetz über sich dulden«, sich keinem Regelzwang unterwerfen und sich nicht darauf beschränken, die Alltagswirklichkeit darzustellen. Er war im Reich der Fantasie daheim, in der Welt der Träume – gleichsam ein rastloser Wanderer, von unstillbarer Sehnsucht in die Ferne getrieben und von dunklen Mächten bedroht. Dabei lernte er die Tiefen, ja die Abgründe der menschlichen Seele kennen, während die heile Welt der Klassik die dunklen Bezirke des Lebens ausschloss. Friedrich von Hardenberg (1772–1801), Novalis genannt, glaubte in der »blauen Blume« das Sinnbild aller Erfüllung, Glück und Seligkeit gefunden zu haben. ↗Goethe lehnte nach anfänglichem Interesse die romantischen Auffassungen von Dichtung als krankhaft ab.

Eine besondere Leistung des Jenaer Kreises der »Frühromantik« war es, durch Übersetzungen das Verständnis für die Weltliteratur zu fördern: Ludwig

Tieck übertrug Cervantes' *Don Quijote* (↗Spanien) und August Wilhelm Schlegel (1767–1845) 17 Dramen Shakespeares (↗England) ins Deutsche. Andere Vorstellungen vertrat der Heidelberger Kreis der »Hochromantik«. Mit dem Untergang des Römischen Reiches Deutscher Nation, 1806, erwachte ein neues Nationalgefühl. Dem von Napoleon geschlagenen und zerrissenen Deutschland stellte man das mittelalterliche Reich als Idealbild gegenüber. Stolz auf dieses Erbe und in der Liebe zur Heimat besann man sich auf die alte »Volksdichtung«, sammelte ↗Volkslieder, ↗-märchen, ↗-sagen und -bücher und gab sie neu heraus. Johann Joseph von Görres (1776–1848), der als Journalist gegen die Unterdrückung durch den Staat kämpfte, wurde der Mittelpunkt eines Kreises junger Dichter, dem auch Clemens ↗Brentano, Achim von Arnim (1781–1831) und Joseph von ↗Eichendorff angehörten. Ihre Gedichte und Erzählungen gehören zur »Schatztruhe« der Romantik, vor allem Eichendorffs ↗Novelle *Aus dem Leben eines Taugenichts.* Auch die Herausgeber der *Kinder- und Hausmärchen* und Begründer der modernen Literaturwissenschaft und Volkskunde, die Brüder Jacob und Wilhelm ↗Grimm, gehörten diesem Kreis an.
Mittelpunkt der »Berliner Romantik« war der Salon von Rahel Varnhagen von Ense (1771–1833). Hier trafen sich Adelbert von ↗Chamisso und Friedrich de la Motte Fouqué (1777–1843), später auch Achim von Arnim und Clemens ↗Brentano. Auch der fantastische Erzähler, Dichter, Musiker und Maler Ernst Theodor Amadeus ↗Hoffmann verkehrte hier. Der »Gespensterhoffmann« beeinflusste und inspirierte weltweit Dichter und ihre Werke: Victor Hugo in ↗Frankreich, E. A. Poe in ↗Amerika, Nikolaj Gogol und Anton Tschechow in ↗Russland nahmen Motive seiner »Schwarzen Romantik« auf. Zum ersten Male spielten jetzt auch Frauen eine anerkannte Rolle im literarischen Leben: Rahel Varnhagen, Caroline Schlegel-Schelling, Bettina von Arnim, Caroline von Günderode – vor allem durch Tagebücher und ↗Briefe. Zur »Schwäbischen Romantik« gehörte das Erzählertalent Wilhelm ↗Hauff mit seinem Ritterroman *Lichtenstein,* den *Fantasien im Bremer Ratskeller* und seinen ↗Märchen *Kalif Storch, Der kleine Muck, Zwerg Nase* und *Das kalte Herz.* Hier sind auch Ludwig ↗Uhland mit seinen volkstümlichen Liedern, Gedichten und ↗Balladen sowie Gustav Schwab (1792–1850), dessen Sammlungen *Deutsche Volksbücher* und *Die schönsten Sagen des klassischen Altertums* bis heute lebendig geblieben sind, einzureihen.

Junges Deutschland

»Jetzt gilt es die höchsten Interessen des Lebens selbst, die Revolution tritt in die Literatur!« Diese herausfordernden Worte Heinrich ↗Heines – um 1830 – spiegeln die Überzeugung einer jungen Generation von Dichtern wider, in deren Augen sich die Literatur ihrer Zeit (ausgehende Goethezeit und Spätromantik) immer weiter vom wirklichen Leben entfernt hatte. Sie glaubten, dass auch der ↗Dichter zu den politischen Fragen der Zeit Stellung zu nehmen habe. Starke Impulse gingen damals von Frankreich aus, wo die Revolution von 1830 für ein freieres politisches Klima gesorgt hatte, das die kritischen Geister in Deutschland vermissten. Denn hier wurden zu dieser Zeit Professoren, Studenten und politisch unbequeme Schriftsteller verdächtigt, überwacht und verfolgt. Im Jahre 1835 beschlossen alle deutschen Staaten die Schriften einer kleinen, nur sehr lose verbundenen, aber politisch höchst aktiven Gruppe von Schriftstellern zu verbieten. »Junges Deutschland« wurden sie in dem Verbotsbeschluss genannt und damit hatten sie ohne ihr Zutun eine sehr wirksame Sammelbezeichnung. Die bekanntesten Vertreter des Jungen Deutschland waren Heinrich Heine, Ludwig Börne (1786–1837) und August Heinrich Hoffmann von Fallersleben (1798–1874), der Dichter der deutschen Nationalhymne. Später rechnete man auch die politisch-revolutionären ↗Lyriker der Jahrhundertmitte, Ferdinand Freiligrath (1810–1876) und Georg Herwegh (1817–1875), zu den Jungdeutschen. Ein gemeinsames Programm hatten sie nicht, auch kaum gemeinsame politische Vorstellungen. Aber sie waren sich einig in der Ablehnung der staatlichen und kirchlichen Bevormundung. So ist es nicht verwunderlich, dass ihre Gegner ihre Schriften als »antichristlich, gotteslästerlich und alle Sitte, Scham und Ehrbarkeit absichtlich mit Füßen tretend« abzuwerten versuchten. Um politische Wirkung erzielen zu können bedienten sich die Jungdeutschen moderner literarischer Formen, die dem Journalismus nahe standen. Dazu gehörten kürzere, geistreich plaudernde Abhandlungen über Themen des Tages, etwa über künstlerische und politische Fragen, und der Reisebrief, der die Möglichkeit bot in lockerer Form über Zustände im eigenen Land oder im Ausland zu berichten. Meister dieser Form waren vor allem Ludwig Börne mit seinen *Briefen aus Paris* und Heinrich Heine mit den vier Bänden seiner *Reisebilder*.

Realismus

Selten lässt sich der Beginn einer literarischen Epoche so eindeutig auf einen Zeitpunkt festlegen wie der des Realismus. Im deutschen Sprachraum hatten die Revolutionsjahre von 1848/49 die Menschen politisch tief aufgewühlt. Zwar war die Revolution gescheitert, dennoch hatte sie zumindest die geistigen Kräfte des Bürgertums geweckt und dieses Erwachen, das mit einem wirtschaftlichen und sozialen Wandel verbunden war, fand seinen Ausdruck auch in der Dichtung dieser Zeit, die nach neuen Ausdrucksformen suchte. Die ↗ Dichter wollten nun »realistisch« das Alltagsleben der Menschen in den Dörfern und Städten, ihre Sorgen, Probleme und Freuden schildern. Obwohl sie die Welt ändern wollten, war es ihre Absicht, sie mit dem nötigen inneren Abstand so objektiv wie nur möglich darzustellen und dabei ihre persönliche Anteilnahme zurückzunehmen. Trotzdem waren und blieben sie eben doch Dichter, die nicht einfach eine Art Abklatsch oder bestenfalls eine Fotografie des Lebens gaben, sondern ihre Aussage vielmehr künstlerisch gestalteten. Der Leser sollte durch ihre Augen Natur und Menschen sehen und kennen lernen.
Es leuchtet ein, dass bei einer solchen Zielsetzung das Erzählen im Vordergrund stand. Und so erlebte die ↗ Epik in diesen Jahren eine besondere Blüte, während ↗ Lyrik und ↗ Drama stärker zurücktraten. Es ist vor allem die große Zeit des ↗ Romans, der aus ↗ Frankreich und ↗ England manche Anregungen empfing; doch auch einige der schönsten Erzählungen der deutschen Literatur wurden in diesen Jahren geschrieben.
Dichtung, die wirklichkeitsnah sein wollte, war oft in starkem Maß landschaftsgebunden, denn die Dichter versuchten ihre Heimat und die Menschen, die dort lebten, zu schildern. Deshalb wird auch zum ersten Mal die ↗ Mundart in die Erzählung mit einbezogen. So schuf beispielsweise Fritz Reuter (1810–1874) die ersten Romane in plattdeutscher Mundart.
In der Schweiz traten C. F. ↗ Meyer und Gottfried ↗ Keller mit zahlreichen ↗ Novellen und Romanen hervor, im Norden Deutschlands zählten Theodor ↗ Storm, Wilhelm ↗ Raabe und Theodor ↗ Fontane zu den großen Erzählern. In Österreich zeichneten Marie von Ebner-Eschenbach (1830–1916) und Peter Rosegger (1843–1918) die armen wie die reichen Menschen ihrer Heimat literarisch nach. In Roseggers Jugenderinnerungen *Als ich noch der*

Waldbauernbub war lernt man das Leben der Bauern in der Steiermark kennen.
Viele Dichter zeigten in diesen Jahren eine besondere Vorliebe für Stoffe der Geschichte und Kulturgeschichte. Historische Romane waren schon in der ↗Romantik geschrieben worden. An diese Tradition knüpfte nun Victor von Scheffel (1826–1886) mit seinem *Ekkehard* (1855) an, in dem er vom Leben im mittelalterlichen Kloster Sankt Gallen erzählt. Gustav Freytag (1816–1895) schrieb eine ganze Romanreihe *Die Ahnen* (1873–81), in der er die Schicksale eines Geschlechts von der germanischen Zeit bis in die Gegenwart verfolgte. Mit seinen *Bildern aus der deutschen Vergangenheit* (1859–67) schuf er eine farbige Kulturgeschichte. Auch Universitätsprofessoren wie Felix Dahn (1834–1912) schrieben historische Romane um ihr Fachwissen auf diese Weise einem breiteren Leserkreis zugänglich zu machen. Sein historischer Abenteuerroman *Ein Kampf um Rom* (1876) wird heute noch gern gelesen und diente als Vorbild für einen modernen Monumentalfilm. Doch die wohl schönsten historischen Erzählungen dieser Zeit stammen von C. F. Meyer.
In einer Zeit, die so viel Vorliebe für geschichtliche Themen zeigte, blühte auch die ↗Ballade. Besonders C. F. Meyer und Th. Fontane pflegten diese Dichtungsgattung und schufen so schöne Balladen wie *Die Füße im Feuer* oder *Archibald Douglas.* Die Lyrik dieser Jahre steht noch etwas unter dem Einfluss der Romantik. Sie betont das persönliche Erlebnis und häufig die Begegnung mit der Natur, wie uns das *Abendlied* von G. Keller oder das *Oktoberlied* von Th. Storm beweisen. Auch W. ↗Busch gehört in den Kreis der Realisten.
Im Drama hatte Georg ↗Büchner die Vorbilder geschaffen und den Weg bereitet. Der bedeutendste Dramatiker des Realismus aber war F. ↗Hebbel, der die Stoffe seiner Schauspiele auch vorwiegend aus der Geschichte wählte. Der gleichaltrige Richard Wagner (1813–1883) suchte die Idee eines Gesamtkunstwerks in einer Einheit aus Musik und Sprache zu verwirklichen. Aus diesem Grund schrieb er die Texte zu seinen großen Opern alle selbst. Zu seinen bekanntesten Werken zählen *Die Meistersinger von Nürnberg, Tannhäuser, Parsifal* und der vierteilige *Ring des Nibelungen.*
Zwischen 1880 und 1890 klang der Realismus, der auch Poetischer Realismus genannt wurde, allmählich aus und wurde durch die neue Strömung des ↗ Naturalismus abgelöst.

Naturalismus

Man kann sich nur schwer vorstellen, dass ↗Goethe auf die Frage, was Kunst sei, mit der Formel: »Kunst = Natur minus x«! geantwortet hätte. Doch diese Definition gab rund ein halbes Jahrhundert nach dem Tode des großen ↗Klassikers Arno Holz (1863–1929). Er war ein Vertreter des Naturalismus, einer neuen, etwa 1880 aufkommenden literarischen Richtung, die man auch als den Beginn der literarischen »Moderne« in Deutschland bezeichnet. Das Neue am Naturalismus bestand nicht nur in der revolutionären Definition von Kunst, sondern in seiner Auffassung vom ↗Dichter. Mit dem »x« der Formel ist vor allem er gemeint; gäbe es ihn nicht, d. h. wäre er gleich null, wäre die Kunst der Natur gleich – und damit die höchste Form der Kunst erreicht: die möglichst unveränderte, »hautnahe« Wiedergabe der Wirklichkeit. Damit trat der naturalistische Dichter als eigenschöpferisches Genie, wie er sich noch in der ↗Klassik und ↗Romantik sah, jetzt hinter die von ihm geschilderten Erscheinungen des wirklichen Lebens zurück. Mit dieser Einstellung, verbunden mit neuen Möglichkeiten das berufliche Auskommen zu sichern (Journalismus, ↗Feuilleton), begründeten die Naturalisten das Berufsbild eines Schriftstellers, wie es heute noch vorherrscht. Ihre bisher ausgeblendeten Themen (Alkoholismus, Ausbeutung des Proletariats etc.) wollten sie dabei so genau wie möglich darstellen, ohne Rücksicht auf ästhetische oder moralische Vorstellungen wie schön oder hässlich, gut und böse, und das in einer weit vom »feinen« Bühnendeutsch entfernten Sprache. Gerhart ↗Hauptmann, der bedeutendste Dichter der neuen Bewegung, verwendete in einigen seiner Bühnenstücke sogar durchgehend den ↗Dialekt *(Der Biberpelz, Die Weber)*. Die Protagonisten in naturalistischen Werken werden in all ihren Lebensäußerungen nachgezeichnet. Für diese detailgenaue Schilderung hat sich der Ausdruck »Sekundenstil« eingebürgert, er ist sozusagen vergleichbar mit der Zeitlupe im Film.

Schon um 1900 hatte der Naturalismus seinen Höhepunkt überschritten, doch hat er die Tür weit geöffnet für die Literatur unseres Jahrhunderts, die auf seinen Anregungen aufbauen konnte.

Impressionismus und Expressionismus

Claude Monets Gemälde *Impression – soleil levant* (= Eindruck – Sonnenaufgang) entstand 1872 und soll der Kunstrichtung des **Impressionismus** den Namen gegeben haben. Monet hat darauf den Augenblick festgehalten, in dem die Sonne in einer Flusslandschaft aus dem Dunst hervortritt, während ein perlmuttartiger Schimmer die Umrisse aller Gegenstände verschwimmen lässt. Wiedergegeben ist also der sehr persönliche Eindruck des Künstlers von der Stimmung, eine »wirklichkeitsgetreue« Abbildung der Einzelteile beabsichtigt er nicht. Auch in Musik und Dichtung begegnet man dieser »Eindruckskunst«; schon in der ↗Lyrik der A. von ↗Droste-Hülshoff oder H. ↗Heines kann man »impressionistische« Züge entdecken, wenn sie die Stimmung eines Augenblicks in der Natur oder der Seele eines Menschen einfängt, doch erst der Zeitraum zwischen 1890 und 1920 wird als der eigentliche Impressionismus in der deutschen Dichtung angesehen. Er war nur eine unter vielen literarischen Richtungen, die ↗Realismus und ↗Naturalismus ablösten. Viele junge ↗Dichter dieser Jahre erprobten zunächst die »impressionistische« Technik. In behutsamer Sprache mit verfeinerten stilistischen Mitteln skizzierten sie Augenblickssituationen oder Lebensausschnitte aus ganz persönlicher Sicht. Für viele, wie z. B. für Rainer Maria ↗Rilke, Hugo von Hofmannsthal (1874–1929), Thomas ↗Mann oder Robert Musil (1880–1942), war es nur ein Durchgangsstadium auf dem Weg zur eigenständigen literarischen Persönlichkeit. Andere blieben »Impressionisten«, wie z. B. Detlev von Liliencron (1844–1909), Richard Dehmel (1863–1920) oder Arthur Schnitzler (1862–1931). Sie alle beobachten angespannt, »mit einem möglichst empfindlichen Auge« und wachem Gefühl, Natur oder Menschen, Außen- oder Innenwelt um einen spannungsgeladenen Augenblick sprachlich nachzuempfinden. Das Vorüberhuschende, Flüchtige, wie der Flügelschlag eines Reihers in der herbstlichen Stille oder das Zucken eines Blitzes in der Mittagsglut, hält Liliencron in den *Heidebildern* wie auf einem poetischen Foto fest. Richard Dehmel lässt die Dämmerung in »hundertfältigem« Lichtschimmer erahnen, Max Dauthendey (1867–1918) versucht die »Düfte und Farben« in kühnsten Wortschöpfungen einzufangen (der französische Komponist Debussy versucht deren Umsetzung in Töne!) und Arthur Schnitzler spürt verborgenen

Regungen der Seele und des Körpers geheimsten Gefühlen nach. All das spielt sich fern von Tagesereignissen, abseits der großen Politik ab; gesellschaftliche Probleme bleiben ausgespart. Genau das kritisiert jedoch der **Expressionismus:** Dichtung sei vielfach zur Spielerei mit der Sprache herabgesunken und diene ausschließlich dem Vergnügen einiger Liebhaber aus gehobenen Kreisen. Worte sollten aber nicht nur schöne Hülsen in vollendeter sprachlicher Form sein, sondern die Menschen wachrütteln. Die Dichtung habe eine moralische und politische Aufgabe; sie führe zur *Menschheitsdämmerung* – so der Titel der bekanntesten expressionistischen Gedichtsammlung. Angelehnt an die ausdrucksstarke Malerei des Holländers Vincent van Gogh und des Norwegers Edvard Munch wollen die Expressionisten einem neuen Lebensgefühl, vergleichbar dem ↗ Sturm und Drang, Ausdruck verleihen, als Zeichen ihres »Aufstandes gegen die Entartung der Zeit«. Der Mensch soll radikal erneuert werden um einen Aufbruch in die von ihnen erhoffte neue Zeit möglich zu machen. Einer der extremsten Neuerer, der Arzt und Lyriker Gottfried Benn (1886–1956), spricht von einem »Aufstand mit Hass, mit Zerschleuderung der Sprache zur Zerschleuderung der Welt«. Schuld am Elend der Menschen sei die heruntergekommene bürgerliche Gesellschaft, die den technischen Fortschritt hemmungslos vorantreibe, während die Arbeiter in den Fabrikvierteln der wachsenden Großstädte verarmen – Georg Heyms (1887–1912) *Der Gott der Stadt* sitzt breit auf einem Häuserblock und streckt seine Fleischerfaust ins Dunkel. Schuld seien die Mächtigen, sie hinderten die kleinen Leute zu ihrem Recht zu kommen, schuld sei aber auch ein unberechenbares Schicksal, das sich mit den Mächtigen verbündet habe – so Alfred Döblins (1878–1957) in *Berlin Alexanderplatz*. Um 1910 schlossen sich in den Großstädten Berlin, Leipzig, München, Wien, Prag junge Dichter in literarischen Clubs zusammen. In Berlin erschienen als Sprachrohre der Bewegung die Zeitschriften ›Die Aktion‹, ›Der Sturm‹ u. a. und die Bühnen wurden wieder zum »Tribunal«. So viel Schwung, so viel Hoffnung! Doch die Sehnsucht nach einer neuen Welt der Brüderlichkeit, wie sie besonders Franz ↗ Werfel zum Ausdruck brachte, ging nicht in Erfüllung. Das Schicksal der Expressionisten war bitter: Viele fielen im Ersten Weltkrieg; die Überlebenden wurden im Dritten Reich, wenn sie sich nicht arrangierten oder flohen, verfolgt und getötet, ihre Bücher verbrannt. Einer von denen, die trotz allem unerschütterlich an das »Gute« im Menschen glaubten, war Leonhard Frank (1882–1961). Er kehrte aus diesem Grund auch nach Kriegsende nach Deutschland zurück.

Dichtung unserer Zeit

Es ist nicht leicht, sich einen Überblick über die Literatur seit 1945 zu verschaffen. Dies hängt selbstverständlich damit zusammen, dass man noch nicht genügend Abstand von diesem Zeitraum hat. Davon abgesehen dürfte es auch späteren Beobachtern schwer fallen, in diesen bewegten Jahrzehnten einen »roten Faden« zu entdecken. Denn nach der geistigen »Gleichschaltung« in der Hitlerzeit, nach Verfolgung und Vernichtung – man denke nur an das aufrührende *Tagebuch der Anne Frank* – setzte mit dem Kriegsende eine Periode der Auseinandersetzung mit diesen Geschehnissen ein, die zu einer lebendigen literarischen Vielfalt führte. Es gab für Dichter, Schriftsteller und Leser, für Dagebliebene und Heimkehrer so viel nachzuholen und neu aufzunehmen. Hinzu kommt, dass aus dem früheren Deutschen Reich zwei recht verschiedene Staatsgebilde hervorgingen, die sich politisch und ideologisch immer weiter auseinander entwickelten; eine einheitliche deutsche Literatur konnte es schon aus diesem Grund nicht mehr geben. Dennoch war mit dem Jahr 1945 kein völliger Neuanfang an einem »Nullpunkt« verbunden. Ältere Autoren, die während der NS-Zeit geschwiegen hatten, meldeten sich wieder zu Wort, einige kehrten aus dem Exil oder der Kriegsgefangenschaft zurück und andere begannen erst jetzt zu veröffentlichen. Einer von den Jüngeren war Wolfgang ↗Borchert, dessen Heimkehrerstück *Draußen vor der Tür* die Menschen 1947 stark aufwühlte. Tonangebend in diesem ersten Abschnitt der bundesdeutschen Nachkriegsliteratur waren in den fünfziger Jahren die Autoren, die sich in der »Gruppe 47« zusammengefunden hatten. Zu ihnen zählten so bekannte Namen wie Heinrich ↗Böll, Günter ↗Grass, Martin Walser (geb. 1927), Wolfgang Koeppen (1906–1996) und Alfred ↗Andersch. Sie begleiteten die Jahre des »Wirtschaftswunders« mit kritischen und satirischen Texten (etwa Böll mit *Haus ohne Hüter*). Jetzt, wo die Menschen ganz mit dem Wiederaufbau beschäftigt waren und weder Geld noch Zeit zum Lesen dickleibiger Bücher hatten, bürgerten sich neue literarische Formen ein, die ↗Kurzgeschichte (Böll) und das mit sparsamen Mitteln arbeitende ↗Hörspiel (Günter Eich, 1907–1972; Wolfgang ↗Borchert, Ingeborg ↗Bachmann). Neben fremdsprachigen Autoren (Antoine de Saint-Exupéry, Jean Anouilh, T. S. Eliot, Thornton Wilder u.a.) beeinflussten vor allem die

Schweizer Schriftsteller Max ↗Frisch und Friedrich ↗Dürrenmatt (viel gespielt: *Der Besuch der alten Dame*) die westdeutschen Bühnen.
Ganz anders verlief die Entwicklung in der 1949 gegründeten DDR. Dort gaben zuerst die aus dem Exil zurückgekehrten Schriftsteller den Ton an. Bert ↗Brecht, der mit dem »Berliner Ensemble« Modellaufführungen seiner Stücke (z. B. *Galileo Galilei)* erarbeitete, hatte ebenso starke Wirkung wie Anna ↗Seghers. Der aus dem russischen Exil zurückgekehrte Dichter Johannes R. Becher (1891–1958) wurde Kulturminister. In dieser Funktion gab er die Losung für die in der DDR lebenden Schriftsteller aus: Sie sollten den so genannten »Bitterfelder Weg« gehen, d. h. mit ihrem Schaffen als Geistesarbeiter am Aufbau des Sozialismus mitarbeiten. Viele der daraufhin entstandenen Werke zur Verherrlichung des »Arbeiter- und Bauernstaates« und seiner Errungenschaften verfingen sich in Bechers starren formalen und inhaltlichen Vorgaben. Nur wenigen Autoren gelang es, diese eigenschöpferisch umzusetzen (Erwin und Eva ↗Strittmatter), sich davon zu befreien oder gänzlich eigene, Partei und Gesellschaft außer Acht lassende Wege zu gehen. Fast zwangsläufig gerieten sie dabei, wie Christa ↗Wolf, Uwe ↗Johnson, Ulrich Plenzdorf (geb. 1934; *Die neuen Leiden des jungen W.,* 1973) und Wolf Biermann (geb. 1936) in Konflikt mit dem Staat. Sie wurden deshalb ausgebürgert, erhielten Publikationsverbot oder gingen freiwillig in den anderen deutschen Staat (Jurek Becker, 1937–1997). Die Ausbürgerung Biermanns (1976) wirkte für die DDR-Autoren wie ein Fanal. Sie wollten sich nicht länger, nur weil sie individuelle Wege zur Problemlösung und Lebensweise aufzeigten, von ihrem Staat den Mund verbieten lassen, sondern lautstark, trotz immer währender staatlicher Behinderung, für menschliche Rechte eintreten. Diese Schriftsteller und die mit ihnen Sympathisierenden bildeten die Keimzelle der friedlichen deutschen Wiedervereinigung im November 1989.
Ein Autor der DDR, Bert Brecht, beeinflusste mit seinem »epischen Theater« in der Frühzeit der Bundesrepublik auch vornehmlich politisch »links« stehende Autoren. Sie sahen darin eine Möglichkeit sich mit den Problemen in ihrem Land auseinander zu setzen und auf diese hinzuweisen. Daraus entwickelte sich das »demokratische Theater« von Rolf Hochhuth (geb. 1931) und des in Schweden lebenden Peter ↗Weiss, das sich hauptsächlich der als dringend erkannten Aufarbeitung der NS-Vergangenheit widmete. Auch Martin Walsers Roman *Halbzeit* (1960) erregte ebenso wie Günter Grass mit sei-

ner *Blechtrommel* (1959) deshalb Aufsehen und zwiespältige Aufnahme, weil sie vieles beim Namen nannten, was man bisher »unter den Teppich gekehrt« hatte. Während die damalige DDR mit dem Mauerbau 1961 die Abgrenzung mit dem Westen faktisch vollzog und sich einem kritischen Austausch verschloss, prägten gesellschaftskritische Fragen das literarische Leben der BRD in den sechziger Jahren. Viele Schriftsteller zogen jetzt politische Aktivitäten dem bloßen Schreiben vor: Literatur sollte den (mündigen) Bürger direkt ansprechen. Aus diesem Grund gingen viele Autoren auf die Straße (Straßentheater) oder in die Betriebe (Günter Wallraff, geb. 1942) um dort das alte Volkstheater durch das neue »kritische Volksstück« zu verändern. Daneben gab es in allen deutschsprachigen Literaturen Bestrebungen die Sprache als Medium, als Bild-, Zeichen- und Kommunikationssystem zu hinterfragen und zu analysieren. Aus diesen Untersuchungen entwickelte sich in der Bundesrepublik die experimentelle und konkrete Poesie (um Franz Mon, geb. 1926) und in Österreich die auch stark mit ↗Mundarten arbeitende, sich um Ernst Jandl (geb. 1925; ↗Lautmalerei) und H.C. Artmann (geb. 1921) scharende »Wiener Gruppe«. In den siebziger Jahren wandten sich die Autoren aller Richtungen aber wieder verstärkt privaten Problemen zu. Der Österreicher Peter Handke (geb. 1942) ist ein herausragendes Beispiel für diesen Weg in eine neue Innerlichkeit. Er war mit dem Anti-Drama *Publikumsbeschimpfung* als Bürgerschreck bekannt geworden. Doch schon seine kurz darauf erscheinende ↗Biografie *Der kurze Brief zum langen Abschied* verstärkte sein Leitthema, die Selbstreflexion. Dieser Prozess des Zurückziehens in sich selbst auf private Empfindungen und persönliche Probleme, losgelöst von gesellschaftlicher Bedeutung, konnte auch zeitgleich bei einigen DDR-Autoren (Christa ↗Wolf, Sarah ↗Kirsch) beobachtet werden.

Mit der auch viele Autoren überraschenden deutschen Wiedervereinigung verlagerte sich dieser Interessenschwerpunkt wieder. Man musste sich, das Land und die veränderte Situation neu kennen lernen. Dieser mitunter sehr schmerzhafte Prozess (Stasi-Akten, Treuhand, Arbeitslosigkeit) wird in neuester Zeit u. a. in Günter Grass' viel diskutiertem Buch *Ein weites Feld* (1995) dargestellt.

IV. Dichterbiografien

Alfred Andersch
Bettina von Arnim
Ingeborg Bachmann
Heinrich Böll
Wolfgang Borchert
Bertolt Brecht
Clemens Brentano
Georg Büchner
Wilhelm Busch
Paul Celan
Adelbert von Chamisso
Matthias Claudius
Annette von Droste-Hülshoff
Friedrich Dürrenmatt
Joseph von Eichendorff
Michael Ende
Theodor Fontane
Max Frisch
Johann Wolfgang von Goethe
Jeremias Gotthelf
Günter Grass
Franz Grillparzer
Brüder Grimm
H. J. Ch. von Grimmelshausen
Peter Härtling
Wilhelm Hauff
Gerhart Hauptmann
Friedrich Hebbel
Johann Peter Hebel
Heinrich Heine
Johann Gottfried Herder
Hermann Hesse
E.T.A. Hoffmann
Friedrich Hölderlin
Uwe Johnson
Franz Kafka
Marie Luise Kaschnitz
Erich Kästner
Gottfried Keller
Judith Kerr
Sarah Kirsch
Heinrich von Kleist
Siegfried Lenz
Gotthold Ephraim Lessing
Martin Luther
Heinrich Mann
Thomas Mann
Conrad Ferdinand Meyer
Eduard Mörike
Johann Nepomuk Nestroy
Christine Nöstlinger
Otfried Preußler
Wilhelm Raabe
Ferdinand Raimund

Rainer Maria Rilke
Joseph Roth
Hans Sachs
Friedrich von Schiller
Anna Seghers
Adalbert Stifter
Theodor Storm
Erwin Strittmatter
Ludwig Thoma
Kurt Tucholsky
Ludwig Uhland
Walther von der Vogelweide
Peter Weiss
Franz Werfel
Christa Wolf
Wolfram von Eschenbach
Carl Zuckmayer
Stefan Zweig

Alfred Andersch

* 4. 2. 1914 *in München*
† 21. 2. 1980 *in Berzona/Schweiz*

Wegen seiner Mitgliedschaft im kommunistischen Jugendverband musste Andersch 1933 als einer der Ersten drei Monate im KZ Dachau verbringen. Bis zu seiner Einberufung zum Wehrdienst arbeitete er als kaufmännischer Angestellter. 1944 desertierte er in Italien von der Wehrmacht und geriet in amerikanische Kriegsgefangenschaft, aus der er 1945 entlassen wurde. In den folgenden Jahren war er als Mitarbeiter der ›Neuen Zeitung‹ (↗Kästner) in München, als Herausgeber der Zeitschriften ›Der Ruf‹ und ›Texte und Zeichen‹ und als Redakteur bei mehreren Hörfunksendern tätig. Seit 1958 lebte er als freier Schriftsteller in der Schweiz. Neben Romanen schrieb Andersch ↗Hörspiele, ↗Essays, Erzählungen, Lyrik und ↗autobiografische Texte, wie z. B. *Der Vater eines Mörders* (1980), in dem er seine Jugend in München erzählt.

Schon in seinem ersten Roman, *Die Kirschen der Freiheit* (1952), verarbeitete Andersch neben autobiografischen Motiven (Desertion in Italien) ein Thema, das ihn sein ganzes Leben lang beschäftigte: die frei getroffene, für das weitere Leben richtungweisende Entscheidung des Einzelnen, sich durch Flucht allen Formen des gemeinschaftlichen Zwangs (Staat, Partei, Gesellschaft, Umwelt, Ehe) zu entziehen. Anderschs Personen entfliehen jedoch nicht aus der Welt, sondern begeben sich kritisch, bewusst und selbstverantwortlich in sie hinein um für mehr Menschlichkeit in der Gesellschaft zu kämpfen. Wegen dieser Haltung und seiner Desertion wurde er im Nachkriegsdeutschland als »Vaterlandsverräter« und »dubioses Element« angefeindet und verdächtigt. In *Sansibar oder der letzte Grund* (1957) schildert er verschiedene Möglichkeiten und Notwendigkeiten der Flucht. Dass Flucht oder Fluchthilfe aber auch Verantwortung heißt, zeigt Andersch darin in den Figuren des Fischers und dessen Schiffsjungen. Die Selbstbefreiung aus Zwängen gelingt in Anderschs Werken meist Frauen, so Franziska, die in *Die Rote* (1960) erfolgreich ihrer Ehe entflieht, oder in *Winterspelt* (1974), einer Geschichte über das Eifeldorf, in dem seine Frau evakuiert war. In diesem Roman spielt er die Möglichkeit einer kampflosen Übergabe im Krieg durch, indem er in Form eines Tagebuches mosaikartig erfundene Geschichten, die sich aber so abgespielt haben könnten, mit realen Elementen (Zitaten, Dokumenten, Daten u.a.) verbindet.

Bettina von Arnim

* 4. 4. 1785 *in Frankfurt a. M.*
† 20. 1. 1859 *in Berlin*

»Sie war allen anderen Frauen, die ich bisher kennen gelernt habe, durch blendenden Verstand, geistreichen Witz und gewandte Sprache überlegen. Gerade weil sie sich dieser Überlegenheit bewusst war, konnte auch die rücksichtslose Ungeniertheit, mit der sie sich über alles aussprach, leicht Anstoß erregen und verletzen. Indessen hatte sie ein gutes Herz, und die innere Menschenfreundlichkeit versöhnte wieder mit der originellen Erscheinung.« So schrieb ein Zeitgenosse über die Schwester des Dichters Clemens ↗Brentano und Frau seines engsten Freundes Achim von Arnim. Obwohl sie sieben Kinder in die Welt setzte und zwanzig, nicht problemlose Ehejahre verbrachte, führte sie alles andere als das Leben einer »biederen« Hausfrau. Sie engagierte sich, stets auf der Flucht vor dem »Mottenfraß der Häuslichkeit«, stark in sozialen und frauenrechtlichen Fragen und stand mit den Geistesgrößen ihrer Zeit, den ↗Romantikern und später den Dichtern und Politikern des Vormärz (↗Junges Deutschland) in regem gedanklichen wie brieflichen Kontakt. Doch nicht jeder, der dieser bemerkenswerten Frau begegnete, hat sich wohlwollend über sie geäußert. So fühlte sich ↗Goethe hochgradig von ihr belästigt, obwohl oder gerade weil sie ihn grenzenlos verehrte. Nach seinem Tod widmete sie ihm mit *Goethes Briefwechsel mit einem Kinde* (1835) ihren dreibändigen fiktiven Briefroman, in dem sie selbst die Rolle des Kindes einnahm. Nach dem Tod ihres Mannes (1831) übernahm sie die Veröffentlichung seiner Werke. Ihrer Freundschaft zu der Dichterin Caroline von Günderode, die sich 1806 aus enttäuschter Liebe umgebracht hatte, setzte Bettina von Arnim 1840 ein spätes Denkmal mit dem zweibändigen Briefroman *Die Günderode*. In ihm lebt der schwärmerische, aber auch aufrührerische Geist ihrer Jugendbeziehung wieder auf. Ihre Berliner Wohnung machte sie zu einem Treffpunkt unabhängiger politischer Geister. Dass sie mit deren Vorstellungen übereinstimmte, zeigten *Dies Buch gehört dem König* (1843), *Das Armenbuch* (1853), eine soziale Anklage, und schließlich *Gespräche mit Dämonen* (1852), in dem sie zum Beitritt in den Völkerbund aufrief. Zu ihrer umfassenden Kritik an Politik, Religion und Gesellschaft sagte der Dichter Karl Gutzkow: »Traurig genug, dass nur ein Weib sagen durfte, was jeden Mann hinter Schloss und Riegel gebracht haben würde.« Erst in heutiger Zeit hat man begonnen diese mutige und unkonventionelle Frau zu würdigen, so etwa Christa ↗Wolf, die ihr mit ihrem Essay in *Lesen und Schreiben* (1972) ein literarisches Denkmal setzte.

Ingeborg Bachmann

* 25. 6. 1926 *in Klagenfurt*
† 17. 10. 1973 *in Rom*

Ihre Jugend verbrachte Ingeborg Bachmann in Kärnten. Nach Studium und Promotion über die Existenzialphilosophie Martin Heideggers (1950) ging sie ein Jahr nach Paris und London, um dann für kurze Zeit als Redakteurin des Österreichischen Rundfunks zu arbeiten. Von 1953 bis 1957 lebte sie in Italien, danach in München, Zürich und schließlich in Rom, wo sie bei einem Brandunfall, erst siebenundvierzigjährig, ums Leben kam.
Nach kleineren Versuchen erschien ihr erster Gedichtband 1953. Sein Titel *Die gestundete Zeit* ist gleichsam Programm; denn das Unruhige und Ungesicherte der Nachkriegsjahre und der jungen Generation spiegelt sich hier in einer geradezu misstrauisch-pessimistischen Grundhaltung. Diesem ersten Gedichtband folgte drei Jahre später ein zweiter mit dem Titel *Anrufung des Großen Bären*. Das personifizierte Sternbild erscheint ihr dabei als drohendes Mahnmal der Angst. Auch hier wird wieder die Einsamkeit des modernen Menschen in Bildern und Aussagen deutlich.
In ihren Gedichten bevorzugt Ingeborg Bachmann frei fließende Rhythmen, Metaphern und oft ungewöhnliche Bild- und Wortfolgen, kühl und modern im Klang, kompromisslos und manchmal bewusst schockierend in der Aussage.
Neben den Gedichten, die rasch große Aufmerksamkeit erregten und Ingeborg Bachmann Anerkennung durch verschiedene Literaturpreise einbrachten, veröffentlichte sie Erzählungen, Opernlibretti und ↗Hörspiele. In dem wohl bekanntesten Hörspiel *Der gute Gott von Manhattan* (1958) setzt sie sich mit der unbedingten und überaus intensiven Liebe zweier junger Menschen auseinander, deren Gefühle füreinander eine gesellschaftliche Gefahr bedeuten und die deshalb vom »guten Gott« verfolgt werden müssen. Bachmanns einziger Roman *Malina* (1971) ist Teil einer unvollendet gebliebenen Trilogie *(Todesarten)*. Im Mittelpunkt steht die Ich-Erzählerin, die ihre Rolle als Frau, Schriftstellerin und Tochter in einer von Männern beherrschten Welt finden möchte. Entmutigt zieht sie sich, ähnlich wie Gregor Samsa in ↗Kafkas *Verwandlung*, durch allmähliches Verschwinden völlig zurück. Obwohl Bachmanns Gesamtwerk nur vier Bände umfasst, gehört sie zu den bedeutendsten deutschen Dichterinnen der Gegenwart. In ehrender Erinnerung an ihr Werk wird alljährlich in Klagenfurt einer der wichtigsten deutschen Literaturpreise vergeben: der Ingeborg-Bachmann-Preis.

Heinrich Böll

*21. 12. 1917 *in Köln*
† 16. 7. 1985 *in Langenbroich/Eifel*

»Geboren bin ich in Köln, wo weltliche Macht nie so recht ernst genommen worden ist, geistliche Macht weniger ernst, als man glaubt; wo man Hitler mit Blumentöpfen bewarf, Göring öffentlich verlachte, den blutrünstigen Gecken, der es fertig brachte, sich innerhalb einer Stunde in drei verschiedenen Uniformen zu präsentieren; ich stand mit Tausenden Kölner Schulkindern Spalier, als er in der dritten Uniform, einer weißen, durch die Stadt fuhr; ich ahnte, dass der bürgerliche Unernst gegen die neu heraufziehende Mechanik des Unheils nichts ausrichten würde.« Dieses Zitat aus Bölls autobiografischer Skizze verrät seine grundsätzliche Einstellung und kann als Schlüssel dienen, sein später oft missdeutetes Verhalten zu verstehen. Nach Naziterror und Krieg beschäftigte Böll vor allem die Lösung einer Frage: Wie kann der einzelne Bürger, der kleine Mann, seine Freiheit und seine Rechte gegen Übergriffe der Mächtigen in Staat und Gesellschaft schützen? Böll hat erfahren, dass man sich mit Spott und Späßen nicht vom Naziregime befreien konnte. Er war überzeugt, dass nur mutiger persönlicher Einsatz jedes Einzelnen neues Unrecht verhüten könne.

Böll wuchs als Sohn eines Kunstschreiners in einfachen Verhältnissen auf. Das Glück der Kindheit war ihm Halt für sein ganzes Leben. Der gelebte Katholizismus des Elternhauses machte ihn wachsam und widerstandsfähig gegen den Nationalsozialismus. Nach dem Abitur 1937 begann er eine Buchhandelslehre, wurde zum Reichsarbeitsdienst verpflichtet und begann im Sommersemester 1939 das Studium der Germanistik und Altphilologie. Bei Kriegsbeginn im gleichen Jahr wurde er zur Wehrmacht eingezogen, war als Soldat in Frankreich, Russland, Rumänien und Ungarn und wurde mehrfach verwundet. Während eines Fronturlaubs heiratete er seine Jugendfreundin, eine Lehrerin. Nach der Gefangenschaft kehrte er in sein geliebtes, von Bomben völlig zerstörtes Köln zurück. 1947 wurden seine ersten ↗Kurzgeschichten veröffentlicht. Böll schrieb in einer den Lesern ungewohnten Art. In seinen Texten dachten und redeten die Leute wie die Leute auf der Straße, die den Krieg überlebt hatten und nicht wussten, wie es weitergehen sollte. »Heimkehrer- und Trümmerliteratur« nannte man deshalb Erzählungen wie Bölls erste Veröffentlichung *Der Zug war pünktlich* (1949). 1950 erschien sein erster Kurzgeschichtenband *Wanderer, kommst du nach Spa …* Dann folgten seine ↗ Romane der fünfziger Jahre, die sich mit dem Kriegsende und der Nachkriegszeit, dem Wiederaufbau und Neubeginn, kritisch auseinander setzten: *Wo warst du, Adam?* (1951), *Und sagte kein einziges Wort* (1953), *Haus ohne Hüter* (1954). Schonungslos werden diejenigen bloßgestellt, die nur darauf aus sind, wieder zu Macht und Reichtum zu kommen, die trotz Naziherrschaft und Bombenkrieg nichts dazugelernt haben, die nur an sich denken und kein Verständnis für die Mitmenschen zeigen. Zu diesen Erzählungen gehört auch das Werk *Das Brot der frühen Jahre* (1955), in dem Liebe einen, wenngleich auch unsicheren, Lebensweg aufzeigt. Es folgten die ↗ Satiren *Doktor Murkes gesammeltes Schweigen* (1958) und die Kurzgeschichte *Die Waage der Baleks* im selben Jahr. Im Roman *Ansichten eines Clowns* wurde die Kritik am großbürgerlichen rheinischen Katholizismus, der munter am so genannten deutschen Wirtschaftswunder teilnahm ohne den weniger Begüterten und auf der Strecke Gebliebenen wirkliche Teilnahme entgegenzubringen, noch bissiger als bisher. Als Ende der 60er Jahre Jugend und Studenten gegen die bisherige Politik protestierten, war Böll in ihren Reihen zu finden. In seinen Romanen *Gruppenbild mit Dame* (1971) und *Die verlorene Ehre der Katharina Blum* (1974) bekannte er sich zur Verweigerung gegenüber der Anmaßung staatlicher Macht. Für sein literarisches Gesamtwerk erhielt er 1972 den Nobelpreis für Literatur und die Carl-von-Ossietzky-Medaille der Internationalen Liga für Menschenrechte für sein unermüdliches Eintreten für politisch verfolgte Schriftsteller in aller Welt. Nicht zuletzt aufgrund seiner wiederholten eindringlichen Appelle durften Solschenizyn und Kopelew aus der Sowjetunion in den Westen ausreisen. Von 1971 bis 1973 war Böll außerdem Präsident des internationalen Schriftstellerverbandes PEN. Bis an sein Lebensende sah er in solch tatkräftiger Hilfe seine Hauptaufgabe. In Wort und Schrift und durch persönliche Teilnahme an Demonstrationen legte er immer dann Widerspruch ein, wenn er sich als Bürger dazu gefordert sah. Auch seine letzten Romane *Fürsorgliche Belagerung* und *Frauen vor Flusslandschaft* spiegeln kritisch und satirisch die Befindlichkeiten der Bundesrepublik wider.

Wolfgang Borchert

* 20. 5. 1921 *in Hamburg*
† 20. 11. 1947 *in Basel*

Borchert ist einer der wenigen früh gereiften Autoren der deutschen Literatur um 1945 – früh gereift durch die Zeitumstände, die sein kurzes Leben entscheidend bestimmten. 1921 in Hamburg geboren, war er zunächst Buchhändler und Schauspieler, bis er 1941 zum Wehrdienst an der Ostfront eingezogen wurde. Wegen »Wehrkraftzersetzung«, er hatte in Feldpostbriefen die Sinnlosigkeit des Krieges angemahnt, wurde er zum Tode verurteilt. Diese Strafe wurde jedoch zur »Bewährung an der Front« ausgesetzt. Da sein Körper den Strapazen des Krieges bald nicht mehr gewachsen war, wurde er 1943 an die »Heimatfront« versetzt. Auch hier erregte er bald wieder Anstoß. Er wurde erneut inhaftiert. Die neunmonatige Haftstrafe musste Borchert im Gefängnis Moabit verbüßen. Nach 1945 kehrte er schwer krank nach Hamburg zurück. Hier beginnt Borchert zu schreiben: Gedichte und ↗Kurzgeschichten. Einige davon werden häufig in den Schulen gelesen: *An diesem Dienstag, Schischyphusch, Die drei dunklen Könige*. Es sind Prosatexte, die noch heute unter die Haut gehen. Ihre Helden sind häufig vom Krieg gezeichnete Menschenwracks. Berühmt bis in unsere Tage wurde Borchert durch sein oft aufgeführtes Theaterstück *Draußen vor der Tür* (1947), wie seine Erzählungen ein Dokument der so genannten »Kahlschlagliteratur« der »Stunde null«. Es ist die Geschichte des Unteroffiziers Beckmann, der, als er aus Krieg und Gefangenschaft nach Hause kommt, seine Frau in den Armen eines anderen findet. Auch sonst sieht Beckmann nirgends eine Möglichkeit wieder ein »normales« Leben zu führen. Die Menschen haben ihn kaputtgemacht und auch der »liebe Gott« kann nicht mehr helfen. So ist *Draußen vor der Tür* mehr als eine Anklage gegen die Sinnlosigkeit des Krieges. Das Stück, ursprünglich als ↗Hörspiel verfasst, traf den Nerv der Zeit und hatte damals eine ungeheure Wirkung: das Heimkehrerschicksal des Unteroffiziers Beckmann war wahrlich kein Einzelfall. Borchert selbst erlebte die Uraufführung nicht mehr; er starb einen Tag zuvor in einem Sanatorium in Basel. Sein Gesundheitszustand hatte sich infolge langjähriger unzulänglicher medizinischer Versorgung ständig verschlechtert. Der Ruhm seines schmalen Werkes überlebte ihn bis heute. *Draußen vor der Tür,* damals der erste Versuch das »Trauma« des Kriegs und seiner Greuel zu »bewältigen«, hat bis heute nichts von seiner erschütternden Wirkung auf Leser und Theaterpublikum eingebüßt.

Bertolt Brecht

* 10. 2. 1898 *in Augsburg*
† 14. 8. 1956 *in Ost-Berlin*

Augsburg, seine Geburtsstadt, stieß den respektlosen Sohn rasch ab. Er hatte an zu vielen Stellen seine Kritik an Herkunft und Erziehung deutlich formuliert und passte so einfach nicht ins gewohnte Bild. 1917 ging er zum Studium der Medizin nach München, leistete seinen Militärdienst als Sanitäter in einem Lazarett ab und schrieb 1918/19 sein erstes, damals schockierendes Stück über einen wüsten Säufer, Herumtreiber und Mörder, *Baal*. Dieses und sein zweites, noch erfolgreicheres Stück, *Trommeln in der Nacht*, machten ihn rasch als Bürgerschreck bekannt. Dazu trugen auch Plakate im Zuschauerraum bei wie: »GLOTZT NICHT SO ROMANTISCH«, mit denen Brecht seine neue, andere Auffassung vom ↗Theater schon andeutete. Ab 1924 lebte Brecht als Regisseur und Schriftsteller in Berlin. Hier knüpfte er Kontakte zu bedeutenden Künstlern und beschäftigte sich intensiv mit den Lehren des Marxismus. Die daraus gewonnene sozialkritische Sichtweise des herrschenden Kapitalismus der Weimarer Republik (»Haifischordnung«) versuchte Brecht in seinem ↗episch erzählten, 1928 im Berliner »Theater am Schiffbauerdamm« uraufgeführten Bühnenstück *Die Dreigroschenoper* zu vermitteln. Trotz oder wegen der eingängigen, zündenden Musik von Kurt Weill (»Und der Haifisch, der hat Zähne«) sollten die Zuschauer die angeprangerten Missstände erkennen, ihre Lehren daraus ziehen und ihr wirkliches Leben ändern. Dieses Stück wurde zu einem auch heute noch weltweiten Erfolg. Aggressiver und satirischer allerdings ist Brechts durch »Songs« kommentierte epische »Antioper« *Aufstieg und Fall der Stadt Mahagonny*. In den 1931 beginnenden Lehrstücken wie *Der Jasager*, *Der Neinsager* und *Die Mutter* erprobte und kritisierte Brecht die Möglichkeiten gesellschaftsbewussten, marxistisch ausgerichteten Handelns. Dadurch geriet er nicht nur mit »strengen« Kommunisten in Konflikt, sondern vor allem mit den Nationalsozialisten. Nach deren Machtergreifung floh Brecht mit seiner

Frau, der Schauspielerin Helene Weigel, zunächst über Prag nach Svendborg. Nach der Besetzung Dänemarks gelangte er dann über Schweden, Finnland und Moskau 1941 nach Kalifornien. In Santa Monica traf er auf viele deutsche Schriftsteller wie Döblin und H. ↗Mann und lernte Einheimische wie Aldous Huxley (↗USA) und Charlie Chaplin kennen. Seinen kargen Lebensunterhalt verdiente er sich durch Filmdrehbücher für Hollywood. In dieser Zeit entstanden so bekannte Stücke wie *Leben des Galilei, Der gute Mensch von Sezuan, Mutter Courage und ihre Kinder* und die Parabel *Die Rundköpfe und die Spitzköpfe*. Sie alle zeigen Brechts neues Theaterkonzept: die »verfremdende« Darstellung einer Handlung auf der Bühne. Filmeinblendungen, Projektionen, Transparente und eingestreute Songs sollen den Zuschauer dabei daran hindern, sich mit dem Bühnengeschehen zu identifizieren. Brecht nannte dieses, auf kritische Distanz ausgerichtete Theater das »epische«, mit aktiv mitdenkenden, nicht nur genussvoll klatschenden Zuschauern. Auch als Erzähler wurde Brecht vor allem durch seine *Kalendergeschichten* und die *Geschichten vom Herrn Keuner* bekannt. In ihnen versuchte er die naive Erzählweise der alten, volkstümlichen ↗Kalendergeschichten mit einer gesellschaftskritischen Aussage zu verbinden. 1947 verließ Brecht die USA, nachdem er vor einem Ausschuss für »unamerikanische Umtriebe« einem peinlichen Verhör unterzogen wurde, um nach Hause zurückzukehren. Da er in den drei Westzonen nicht willkommen war, ging er zunächst in die Schweiz und 1948 nach Ost-Berlin. Dort gründete er 1949 das »Berliner Ensemble«, mit dem er Musterinszenierungen seiner Stücke erarbeitete. Seit 1954 ist es in seinem »alten« Theater am Schiffbauerdamm untergebracht.
Trotz seiner 1950 erworbenen österreichischen Staatsbürgerschaft blieb Brecht, vom sozialistischen Regime unterstützt, in Berlin. Jetzt allmählich begannen seine Werke auch die Bühnen im Westen zu erobern. Heute zählt Brecht zu den meistgespielten Bühnenautoren unseres Jahrhunderts. Gleichrangig neben seinen Stücken und vielen Prosatexten steht seine ↗Lyrik mit ihrer lapidaren Kürze und Volksnähe. So bemerkte er in einer der *Buckower Elegien* zum Aufstand des 17. Juni 1953 regimekritisch: »Wäre es da / Nicht doch einfacher, die Regierung / Löste das Volk auf und / Wählte ein anderes?« Offiziell hoch geehrt starb Brecht 1956 in Ost-Berlin.

Clemens Brentano

* 8. 9. 1778 *in Ehrenbreitstein/Koblenz*
† 28. 7. 1842 *in Aschaffenburg*

Er könnte selbst der »Held« eines romantischen ↗Romans sein: ein Genie, ausgestattet mit reicher Fantasie und zartem Empfinden, aber innerlich zerrissen, wunderlich, ja unheimlich, wie von einer bösen Macht getrieben. Er führt ein unruhiges Leben, flüchtet von Ort zu Ort, wird in die Kreise der bedeutendsten ↗Dichter seiner Zeit aufgenommen, verlässt sie wieder. Oft fängt er an zu schreiben, bricht aber bald wieder ab. Er ist glücklich verheiratet, bis seine Frau stirbt; eine zweite Ehe scheitert. Religiöse Skrupel peinigen ihn. Er schließt sich von der Umwelt ab, lebt »eingemauert«. Brentano bekannte, dass ihm die Grenzen zwischen Leben und Dichtung verschwammen. Sein Reich war, wie Goethes Mutter einmal über ihn sagte, »in den Wolken und nicht von dieser Erde, und so oft es sich mit derselben berührt, wird's Tränen - regnen«. Er stammte aus einer angesehenen, reichen Frankfurter Kaufmannsfamilie mit deutschen, italienischen und französischen Vorfahren. Auf dem väterlichen Winkel im Rheingau, dem Treffpunkt geselligen Lebens, mit seinem herrschaftlichen romantischen Garten, von dem aus man das Leben auf dem Strom beobachten konnte, verlebte er schöne Tage der Kindheit. Zur Nachfolge im väterlichen Geschäft fühlte er sich jedoch ungeeignet. Stattdessen studierte er, zuerst in Halle, dann in Jena, wo er, von den dortigen ↗Romantikern angeregt, den wirr-bizarren und unvollendet gebliebenen Roman *Godwie* schrieb. In Göttingen begegnete er Achim von Arnim, der zu seinem einzigen Freund wurde und der seine ebenfalls schreibende Schwester Bettina (↗von Arnim) heiratete. Die beiden Freunde sammelten in Heidelberg Volkslieder, ähnlich wie die Brüder ↗Grimm Märchen. Diese gaben sie schließlich unter dem Titel *Des Knaben Wunderhorn* heraus. Die Gedichte Brentanos sind Lieder voller Musik und Wohllaut. Sie erzählen von Sehnsucht, Traum und Liebe und brauchen den Vergleich mit der schönsten Naturlyrik von ↗ Mörike, ↗Goethe und ↗Eichendorff nicht zu scheuen. Dazu gehört sein Gedicht *Abendständchen:* »Hör', es klagt die Flöte wieder…« Wie kein anderer trifft er den schlichten Volkston, vor allem in den in seine Märchen und Erzählungen eingestreuten Gedichten. Besonders berühmt wurden das Märchen *Gockel, Hinkel und Gackeleia,* das in der Sammlung *Italienische Märchen* zu finden ist, und die *Geschichte vom braven Kasperl und dem schönen Annerl.*

Georg Büchner

* 17. 10. 1813 *in Goddelau*
† 19. 2. 1837 *in Zürich*

Auch wenn uns Büchners Aussehen nicht durch Bilder bekannt wäre, könnten wir ihn uns ganz gut vorstellen, denn es gibt einen polizeilichen Steckbrief, der ihn beschreibt. Büchner, geboren in Goddelau im damaligen Großherzogtum Hessen-Darmstadt, stammte aus einer freiheitlich und demokratisch gesinnten Familie. Ab 1831 studierte er in Straßburg Medizin. Dort begann er die politische Situation in seiner Heimat mit der im verhältnismäßig freien Frankreich zu vergleichen. Wie viele Gleichgesinnte (↗Junges Deutschland) hielt auch er eine Veränderung der Lage in Deutschland für erforderlich, notfalls auch mit Gewalt. 1833 kehrte er nach Hessen zurück um sein Studium abzuschließen. Hier wurde er erstmals politisch aktiv und nahm 1834 an den Kämpfen für Menschen- und Bürgerrechte teil. Zu diesem Zweck verfasste er mit seinem Freund Ludwig Weidig den *Hessischen Landboten*, eine Flugschrift, die in scharfer Form mit den politischen Zuständen in Hessen abrechnete. Es folgten Durchsuchungen und Verhaftungen. Büchner wurde verhört, konnte aber fliehen und wurde nun steckbrieflich gesucht. Er hielt sich einige Zeit in Straßburg auf, arbeitete wissenschaftlich (über das Nervensystem der Fische) und wurde 1836 als Privatdozent an die Universität Zürich berufen. Dort erkrankte er an Typhus und starb am 19. Februar 1837.

Sein Ruhm als Schriftsteller beruht auf der Erzählung *Lenz* und den drei ↗Dramen *Dantons Tod* (1835), *Leonce und Lena* (1836) und dem unvollendet gebliebenen, erst 1913 uraufgeführten *Woyzeck* (1836/37). Danton, der ehemalige Radikale der Französischen Revolution, hat erkannt, dass die von Robespierre errichtete Schreckensherrschaft der falsche Weg ist. Trotz des Drängens seiner Freunde unternimmt er nichts gegen Robespierre, sondern erwartet wie gelähmt den Tod unter dem Fallbeil. Büchner klagt nicht die Revolution an, sondern zeigt in Danton den Menschen in seiner Machtlosigkeit, der weiß, dass die Geschichte ihn und alle anderen überrollen wird. Noch drastischer ist das Geschehen im *Woyzeck:* Hilflos muss der Protagonist zusehen, wie ihm alles genommen wird, seine Menschenwürde und Marie, die Frau, die er liebt. In beiden Stücken griff Büchner auf reale Gegebenheiten zurück, im *Danton* auf Geschichtsquellen, im *Woyzeck* auf Prozessakten, denn der Fall hat sich tatsächlich zugetragen. Auch in der Komödie *Leonce und Lena* verbirgt sich Verzweiflung, wenn auch hinter einem scheinbar leichten Ton.

Wilhelm Busch

* 15. 4. 1832 *in Wiedensahl*
† 9. 1. 1908 *in Mechtshausen*

Jeder kennt ihn und die von ihm geschaffenen unsterblichen Gestalten Max und Moritz, Hans Huckebein, Fipps, der Affe und viele andere. Wilhelm Busch war eine Doppelbegabung: Er war Maler, Zeichner und Dichter zugleich. Er stammte aus dem kleinen Ort Wiedensahl bei Hannover, wo sein Vater einen Krämerladen besaß. Schon mit zehn Jahren musste er das Elternhaus verlassen und kam zu einem Onkel, der den aufgeweckten Jungen unterrichtete. Eigentlich sollte er Maschinenbau studieren, aber der technische Beruf behagte ihm gar nicht. Er wandte sich lieber der Malerei zu.

Nach Studienjahren in Düsseldorf und Antwerpen übersiedelte Busch 1854 als 22-Jähriger nach München und diese Stadt ließ ihn – trotz anfänglicher Schwierigkeiten – zehn Jahre nicht mehr los. Dort gelang ihm 1865 mit *Max und Moritz* auch sein erster großer Wurf. Merkwürdigerweise dauerte es eine gewisse Zeit, bis die Streiche der beiden Knaben beim Publikum ankamen und ihm in aller Welt Anerkennung verschafften. Besonders die Lehrer waren so gar nicht mit ihnen einverstanden.

Busch arbeitete nun vorwiegend für die damals berühmten ›Münchner Bilderbogen‹, für die er in rascher Folge in den nächsten Jahren alle die bekannten und heute noch so beliebten Bildergeschichten schrieb und zeichnete wie *Schnurrdibur oder Die Bienen, Hans Huckebein der Unglücksrabe, Die fromme Helene* und *Fipps, der Affe.* Die meisten dieser Bildergeschichten wendeten sich an erwachsene Leser, denen Busch mit Knittelversreimen und vereinfachenden Umrisszeichnungen humoristische bis satirische Charakterisierungen von menschlichen Eigenschaften und Schwächen aufzeigte. Durch seine Bildergeschichten, die heute längst Kinder wie Erwachsene erfreuen, ist er zu einem der Gründerväter der ↗Comics geworden. Neben manchen bekannten Zeichnungen und Gemälden entstanden nun auch Gedichte und mehrere Erzählungen wie *Meiers Hinnerk* und *Eduards Traum,* die zu den kleinen Meisterwerken deutscher Erzählkunst im ausgehenden 19. Jahrhundert gehören. Busch blieb bis 1864 in München, danach kehrte er wieder in seine alte Heimat zurück und lebte sehr zurückgezogen bei seiner Schwester als »Einsiedler von Wiedensahl«. Die letzten zehn Jahre seines Lebens verbrachte Busch ebenso zurückgezogen in Mechtshausen im Harz, wo er 75-jährig starb.

Paul Celan

* 23. 11. 1920 *in Czernowitz*
† um den 20. 4. 1970 *in Paris*

Paul Celan wurde in Czernowitz, der Hauptstadt der Bukowina (im heutigen Rumänien), als Sohn deutschsprachiger, jüdischer Eltern geboren. In dieser Region lebten, bedingt durch die wechselvolle Geschichte, eine Vielzahl von Völkern, Religionen und Sprachgemeinschaften meist friedlich zusammen. Dieses Kulturengemisch hat Celan tief geprägt. Celan beginnt 1938 in Tours, Frankreich, zu studieren, kehrt aber bald darauf wieder in die Bukowina zurück. 1940 erlebt er den Einmarsch der sowjetischen Truppen, ein Jahr später den der Deutschen. 1942 werden seine Eltern in ein Vernichtungslager abtransportiert, er selbst wird in ein Arbeitslager verschleppt, aus dem er 1944 freikommt. Jetzt kann er auch sein Studium in Czernowitz fortsetzen und wird danach in Bukarest Lektor und Übersetzer in einem Verlag. 1947 flieht er über Budapest nach Wien und später nach Paris, den viel beschriebenen Ort seiner »babylonischen Gefangenschaft«. Dort lebt er als freier Schriftsteller und lehrt als Dozent an der »École Normale Supérieure«, einer Elite-Akademie. 1952 heiratet er die Grafikerin Gisèle Lestrange. Trotz seiner Verbundenheit zu Frankreich blieb die Sprache seiner Dichtung aber stets Deutsch. Schon 1947 kann er, zunächst unter einem ↗Pseudonym, Gedichte veröffentlichen. Bekannt und berühmt wurde er vor allem mit seinem Gedicht *Todesfuge* aus dem Band *Mohn und Gedächtnis* (1952). Dieser Titel, wie viele andere auch (*Atemwende,* 1967, *Der Sand aus den Urnen,* 1948, *Sprachgitter,* 1959, *Lichtzwang,* 1970), veranschaulicht schlaglichtartig das Wesen seiner Lyrik: »Aus den Verzweiflungen werden Gedichte.« In und mit ihnen versucht Celan die Einzigartigkeit seiner Heimat wach zu halten und an die ihm noch immer unbegreiflichen Ursachen seiner Entwurzelung (Verfolgung und Tod) zu erinnern. Seine Gedichte sind deshalb eine Suche nach dem Selbst, der eigenen Existenz. Celan baut sich in seiner Dichtung eine neue, noch unbekannte, sich auch ihm nie ganz erschließende Wirklichkeit auf, die geprägt ist vom Zweifel an der Logik und der (Normal-)Sprache, Wiederholungen und Verschlüsselungen, bis hin zum Paradox der »absoluten ↗Metapher«.
Doch diese *Sprachgitter* seiner Dichtung konnten dem Dichter selbst nicht genügend Halt geben. Die in so vielen seiner Gedichte wahrnehmbare Neigung zum Verstummen, zum Nicht-mehr-Sagbaren bestimmte mehr und mehr auch sein Leben. Der Todessprung 1970 in die Seine war seine *Atemwende.* Er bleibt als einer der größten Nachkriegsdichter in Erinnerung.

Adelbert von Chamisso

* 30. 1. 1781 *in Schloss Boncourt (Champagne)*
† 21. 8. 1838 *in Berlin*

Das Schloss Boncourt – so heißt eines der bekanntesten Gedichte Adelbert von Chamissos, mit dem er sich in späteren Jahren in die Welt der Kindheit zurückträumt. Auf Schloss Boncourt in der französischen Landschaft der Champagne wurde er als Sohn einer angesehenen Adelsfamilie geboren. Er war noch ein Kind, als sein Leben eine entscheidende Wendung nahm. Beim Ausbruch der Französischen Revolution verließ die Familie Chamisso wie viele andere französische Adelsfamilien, die um ihr Leben fürchteten, die alte Heimat und suchte auf deutschem Boden Zuflucht (1790). Nach Jahren der Ungewissheit fanden die Chamissos in Berlin eine Bleibe. Der junge Adelbert trat als Page in den Dienst der Königin Luise von Preußen, lernte die deutsche Sprache und wurde schließlich Offizier. Obwohl er nach einigen Jahren wieder nach Frankreich hätte zurückkehren können, entschloss er sich in Preußen zu bleiben. Frankreich sah er nur noch bei gelegentlichen Reisen. Doch das Bewusstsein, zwei Vaterländer, aber keine Heimat zu besitzen, brachte ihn vor allem im deutsch-französischen Krieg (1813–1815) in starken inneren Zwiespalt. Beide Kulturen konnte er auch in seiner Sprache nicht verleugnen. Trotz einem makellosen Schriftdeutsch bewahrte er beim Sprechen den französischen Akzent. Dieser Zwiespalt durchzieht auch sein durch viele ↗Übersetzungen bekannt gewordenes Werk *Peter Schlemihls wundersame Geschichte* (1814). Chamisso erzählt hier von einem Mann, der für einen unerschöpflichen Beutel voll Gold seinen Schatten an den Teufel verkauft und dadurch unglücklich wird, denn die Menschen misstrauen ihm jetzt und meiden ihn. Am Ende wirft der Mann den Beutel weg und erwirbt durch Zufall die aus dem ↗Märchen bekannten Siebenmeilenstiefel. Fortan reist er als Naturforscher im Flug um die Welt. Letzteres war auch Chamissos eigener Traum, der durch die Teilnahme an der ersten durchgeführten Weltumsegelung (1815–1818) an Bord eines dänisch-russischen Forschungsschiffs in Erfüllung ging. Er fuhr über die großen Weltmeere, lernte die Inseln der Südsee kennen und ebenso die Küsten Amerikas, Asiens und Afrikas. In seinen *Bemerkungen und Ansichten auf einer Entdeckungsreise* (1821), einer Art Tagebuch, berichtete er darüber. Nach seiner Rückkehr arbeitete er als angesehener Naturwissenschaftler in Berlin; berühmter wurde er aber durch seine erzählenden Gedichte, darunter *Die alte Waschfrau* und das bekannte *Riesenspielzeug*.

Matthias Claudius

* 15. 8. 1740 *in Reinfeld*
† 21. 1. 1815 *in Hamburg*

Matthias Claudius wurde als Sohn eines Holsteiner Pastors geboren und sollte selbst auch Pastor werden – schon als Kind spielte er den »Prediger«. Vom Vater lernte er Latein und Griechisch und das Orgelspiel. Nach dem Besuch der protestantischen Lateinschule studierte er Theologie in Jena. Doch weder in diesem Fach noch in den Fächern Jura, Philosophie und Geschichte brachte er es zu einem Examen. Er versuchte es dann als Mitarbeiter einer Hamburger Zeitung, wurde jedoch wieder entlassen, weil er im Wirtschaftsteil Gedichte veröffentlichte. So wurde er Herausgeber des ›Wandsbeker Boten‹ (1771–1775), eines kleinen Blättchens von vier Seiten, das aber eine ganze Seite der Literatur widmete. Claudius selbst schrieb darin unter dem ↗Pseudonym »Asmus«. Die ↗Zeitung wurde bekannt, viele berühmte Dichter veröffentlichten in ihr, doch leider musste Claudius ihr Erscheinen schon nach vier Jahren wieder einstellen. Nach einem kurzen Versuch in Darmstadt Fuß zu fassen kehrte er nach Wandsbek zurück, wo er – inzwischen Familienvater geworden – in große Not geriet. Nur von der literarischen Tätigkeit konnte er seine Familie nicht ernähren. Sein Landesherr, der König von Dänemark, enthob ihn endlich der schlimmsten Sorgen, indem er ihm eine Pension auszahlte, von der Claudius nun als freier Schriftsteller leben konnte. »Gibt es was Schöneres«, fragte er einmal, »als einen Vater in einem großen Schwarm von Kindern und neben sich das Weib, das sie ihm alle geboren hat?« Auch heute noch bekannt ist er vor allem durch seine gemütvollen Gedichte wie z. B. *Abendlied* (»Der Mond ist aufgegangen ...«), *Wiegenlied bei Mondschein zu singen, Die Sternseherin Lise, Till der Holzhacker* und *Kriegslied* (»'s ist Krieg! ... und ich begehre nicht schuld daran zu sein!«) und die heitere *Geschichte von Goliath und David ...,* in der er den Riesen Goliath mit Seidenrock und Tressenhut als einen großmäuligen Offizier des 18. Jahrhunderts auftreten lässt. Daneben schrieb Claudius auch Betrachtungen über politische Themen *(Brief von Pythagoras an Fürst Hiero von Syracusa),* über die Auslegung und Erklärung von Bibelstellen und über philosophische Richtungen seiner Zeit. Hier tritt er als Christ ebenso hervor wie als ↗Aufklärer, sogar ein Bewusstsein für Tierschutz zeigt sich in dem bewegenden *Schreiben des gejagten Hirschen an den Fürsten, der ihn gejagt hatte.*

Besonders lesenswert sind auch die Gedanken und Ratschläge, die er in den *Briefen an seinen Sohn Johannes* niederschrieb.

Annette von Droste-Hülshoff

* 10. 1. 1797 *in Schloss Hülshoff/Münster*
† 24. 5. 1848 *in Meersburg*

Die Freifrau aus Westfalen gehörte zu den wenigen Frauen ihrer Zeit, die literarisch tätig wurden und dafür auch Anerkennung erhielten. Dass die Erstausgaben ihrer Gedichte zunächst keine Käufer fanden und das Interesse an ihrem Werk erst später einsetzen würde, sah sie voraus: »Es liegt mir wenig am Heute, aber in hundert Jahren möchte ich gelesen werden.« Heute wird sie nicht nur in der Schule gelesen, sondern ihr Werk begleitet viele Leser durch das ganze Leben.
Trotz schwacher Gesundheit verlebte sie eine frohe Kindheit auf der alten Wasserburg Hülshoff inmitten von Feldern, Wäldern und Mooren. Vom Vater erbte sie die Liebe zur Musik und eine scharfe Beobachtungsgabe für die Wunderwelt der Natur. Sie komponierte, spielte Orgel, schrieb Gedichte und spielte leidenschaftlich gern ↗Theater. Darüber hinaus sorgte ihre strenge Mutter für eine »standesgemäße« Erziehung. Durch den literarischen Kreis der Großmutter wurde Annette von Droste-Hülshoff mit den Brüdern ↗Grimm bekannt, die sie einluden an der Sammlung von ↗Volksliedern und ↗Märchen mitzuarbeiten. Die erste unglücklich verlaufende Liebe erschütterte sie so tief, dass sie schwer erkrankte. Nach dem Tod des Vaters zog sie sich 1826 in das verwunschene Landschlösschen Rüschhaus zurück. Wann immer es ihre Familienpflichten, denen sie stets ihre literarische Arbeit unterordnete, erlaubten, erzählte »Fräulein Nette« den Kindern vom Hof unheimliche Spukgeschichten. Hier arbeitete sie auch an ihrem berühmtesten Werk, *Die Judenbuche* (erstmals erschienen 1842), einer auf tatsächlichen Begebenheiten beruhenden ↗Novelle voll unheimlicher Spannung. Hierher kam auch der siebzehn Jahre jüngere Sohn ihrer Freundin, Levin Schücking. Gemeinsame literarische Arbeit führte sie näher zusammen: aus Freundschaft wurde Liebe. Jetzt entstanden die *Rüschhausener Balladen,* in denen sich die Sagenwelt der westfälischen Heimat widerspiegelt. Den Winter 1841/42 verlebten die beiden auf Schloss Meersburg am Bodensee, das Annettes Schwager, dem Freiherrn von Laßberg, gehörte. Wie in einem Rausch entstanden die *Meersburger Balladen* (z. B. *Die Vergeltung, Heidebilder*); Höhepunkte deutscher ↗Lyrik sind: *Der Knabe im Moor, Das Hirtenfeuer* u. a. Als Levin sie verließ, versenkte sich die Droste ganz in die dichterische Arbeit. Von deren Erlös kaufte sie sich das »Fürstenhäusle« in den Weingärten bei Schloss Meersburg. Hier, in ihrem »kleinen Paradies« fern der Welt, starb sie.

Friedrich Dürrenmatt

* 5. 1. 1921 *in Konolfingen/Kanton Bern*
† 14. 12. 1990 *in Neuchâtel*

Eigentlich wollte der 1921 in Konolfingen, »einem Emmentaler Kaff« im Kanton Bern geborene Dürrenmatt lieber Maler als Schriftsteller werden. Er verlebte seine Kindheit als Sohn einer frommen Pfarrersfamilie in dieser kleinen ländlichen Welt, ging dann ins nahe Bern aufs Gymnasium. Anschließend studierte er in Zürich Germanistik, Philosophie und Theologie. 1947 wurde sein erstes Theaterstück *Es steht geschrieben* (neu: *Der Wiedertäufer*) in Zürich uraufgeführt. Das Echo des Publikums war geteilt, denn das Stück zeigte in beeindruckender Sprache, wie die frommen Bürger der Stadt Münster, die getreu dem Evangelium leben wollen, einem religiösen Scharlatan in die Hände fallen und sich von ihm verführen lassen. Schon dieses Stück stellt mehr Fragen, als dass es Antworten gibt. Das entspricht Dürrenmatts Auffassung, die Welt sei ein »Labyrinth«, eine ausweglose »Hölle von Fragen«, die keiner beantworten könne. Seine Aufgabe sah er darin, lediglich die Widersprüche des Lebens für seine Zuschauer aufzuzeigen, nicht aber wie ↗Brecht ihnen einen gangbaren Weg durch diese Unwägbarkeiten zu zeigen. Dürrenmatt variiert diesen entmutigenden Befund in einer ganzen Serie von Theaterstücken. Er nennt seine ↗Dramen meistens »Komödien«, was nicht unbedingt bedeutet, dass es in ihnen immer lustig zugeht. Es ist eher ein sehr bitterer Humor, der diese Stücke durchzieht; Dürrenmatt begründet das einmal selbst so: »In der Wurstelei unseres Jahrhunderts ... gibt es keine Schuldigen und keine Verantwortlichen mehr... Uns kommt nur noch die Komödie bei.« Deshalb sind seine Komödien aus der Verzweiflung geboren und die Helden seiner Stücke häufig Menschen, die sich über ihre Lage ernsthaft Gedanken machen und ihr Leben ändern wollen (»ironische Helden«). So könnte man z. B. den römischen Kaiser Romulus Augustulus in *Romulus der Große* (1958) fast einen »Aussteiger« nennen: Statt sein zerfallendes Reich gegen die

Germanen zu verteidigen beschäftigt er sich mit Hühnerzucht. Er ändert nichts am Gang der Geschichte, »denn wir haben keine Macht über das, was war, und über das, was sein wird.« In seinem wohl bekanntesten Stück, *Die Physiker* (1962), treibt Dürrenmatt das paradoxe Spiel noch weiter, denn eine Geschichte sei »erst dann zu Ende gedacht, wenn sie ihre schlimmstmögliche Wendung genommen hat«. Drei berühmte Physiker haben sich freiwillig in einer Irrenanstalt einsperren lassen; zwei von ihnen sind Geheimagenten der Großmächte und wollen dem Dritten, Möbius, seine revolutionären Entdeckungen abjagen. Dieser will aber auf jeden Fall verhindern, dass sein »System aller möglichen Erfindungen« in die Hände der Menschen fällt: Das würde den Untergang der Welt bedeuten. Doch alle seine Anstrengungen sind umsonst: Die Chefärztin der Irrenanstalt, die einzige wirklich Verrückte, hat Möbius' Manuskripte längst an einen marktbeherrschenden Trust verkauft.

Ähnlich illusionslos hatte Dürrenmatt bereits 1956 in der »tragischen Komödie« *Der Besuch der alten Dame* mit der menschlichen Gesellschaft abgerechnet, die für Geld sogar zu einem Mord bereit ist. Auch als ↗Hörspielautor und Erzähler hat sich Dürrenmatt einen Namen gemacht. Daneben schrieb er die drei ↗Kriminalromane *Der Richter und sein Henker* (1952), *Der Verdacht* (1953) und *Das Versprechen* (1958). Zur Verfilmung von *Das Versprechen* schrieb Dürrenmatt auch das Drehbuch. Eines allerdings findet man in seinem gesamten Werk nicht: eine »Nutzanwendung«, eine Lehre. Seine Texte beschränken sich darauf, die Angst, das Grauen und die Widersprüche des Lebens zu veranschaulichen, mit denen man angesichts der heutigen politischen und gesellschaftlichen Situation konfrontiert wird. Über sein Weltbild und seine Rolle als Schriftsteller hat er sich immer wieder theoretisch geäußert, so z. B. in dem Band *Stoffe I–III* (1981), einer Art Geschichte seines Schreibens. Teils ↗Autobiografie, teils Dichtung, geben *Stoffe I–III* jeweils detaillierte Auskunft über den inneren Prozess seines Lebens und Schreibens. Jeder der drei Stoffkomplexe mündet in eine Erzählung, wobei die aufschlussreichste *Der Winterkrieg in Tibet* ist, in der Dürrenmatt noch einmal seine zentrale Vorstellung von der Welt als Labyrinth darstellt. Mit zahlreichen Ehrungen und Preisen (Büchner-Preis 1986) ausgezeichnet wurde Friedrich Dürrenmatt bereits zu Lebzeiten zum »Klassiker«.

Joseph Freiherr von Eichendorff

* 10. 3. 1788 *in Schloss Lubowitz (Oberschlesien)*
† 26. 11. 1857 *in Neiße*

Wer kennt nicht die volkstümlichen Lieder »In einem kühlen Grunde ...« *(Das zerbrochene Ringlein)*, »O Täler weit, o Höhen ...« *(Abschied)* oder »Wem Gott will rechte Gunst erweisen ...« *(Der frohe Wandersmann)*? Sie sind zu richtigen ↗Volksliedern geworden und kaum jemand denkt daran, dass sie aus der Feder eines der bedeutendsten Dichter der ↗Romantik stammen. Ihr Schöpfer ist Joseph von Eichendorff, der als Sohn einer adeligen Familie auf Schloss Lubowitz bei Ratibor in Schlesien geboren wurde. Die landschaftliche Schönheit seiner Heimat beeindruckte den Knaben so tief, dass er schon früh zu dichten begann. Dabei wurde er in seinem Streben von seinem hochgebildeten Vater unterstützt. Zusammen mit dem Bruder besuchte er mehrere Jahre das Gymnasium in Breslau, wo er gern und häufig bei Aufführungen des Schultheaters mitwirkte. Danach studierte er an den Universitäten Halle und Heidelberg Rechtswissenschaften. In Heidelberg lernte er den Schriftsteller und Publizisten Joseph Görres kennen, der ihn in seiner dichterischen Arbeit weiter förderte und die Verbindung zu anderen romantischen Dichtern wie Achim von Arnim und C. ↗Brentano herstellte. Eichendorff nutzte diese Zeit voller Anregungen für sein eigenes Schaffen, schrieb zahlreiche Gedichte und das erste Buch seines Romans *Ahnung und Gegenwart.*

Nach einem Aufenthalt in Berlin ging er nach Wien, um hier 1810 die juristische Staatsprüfung mit Auszeichnung abzulegen. Die politischen und militärischen Ereignisse der Zeit blieben nicht ohne Einfluss auf sein Leben und nach dem Aufruf des preußischen Königs zum Befreiungskampf gegen Napoleon trat Eichendorff als 25-Jähriger in das Lützower Freikorps ein.

Nach dem Krieg kehrte er in die Heimat zurück und heiratete. Zunächst arbeitete er einige Jahre als Referendar bei der Regierung in Breslau. Als das verschuldete Gut Lubowitz nach dem Tode der Eltern verkauft werden musste, traf ihn der Verlust der geliebten Heimat besonders hart. 1821 erhielt er endlich die ersehnte feste Anstellung im preußischen Staatsdienst, in dem er dreiundzwanzig Jahre blieb, die letzten dreizehn davon in Berlin, wo er im Kultusministerium die Abteilung für das katholische Kirchen- und Schulwesen leitete.

Trotz seiner dienstlichen Tätigkeit blieb ihm noch genug Zeit für dichterisches Schaffen. Immer wieder beeinflusste ihn dabei die geliebte schlesische Heimat mit ihren ausgedehnten Wäldern und Wiesen, aber auch die Menschen dieses Grenzlandes, in denen sich deutsche, polnische und österreichische Einflüsse verbanden und die geprägt waren von einer tiefen, naturnahen Frömmigkeit. So vollendete er seinen Jugendroman *Ahnung und Gegenwart* und schrieb sechs Schauspiele, von denen *Die Freier* heute noch gelegentlich gespielt wird. Eindrucksvoll und bis heute im Gedächtnis geblieben aber sind seine Erzählungen und Gedichte. Die ↗Novelle *Das Marmorbild* (1819) ist eine geheimnisvolle romantische Liebesgeschichte. *Das Schloss Dürande* (1837) führt zurück in die Zeit der Französischen Revolution, während die heitere Novelle *Die Glücksritter* (1841) im Dreißigjährigen Krieg spielt. Am berühmtesten wurde wohl die 1826 erschienene Novelle *Aus dem Leben eines Taugenichts*. Ihr Held ist ein armer Müllersbursche, den die ungestillte Sehnsucht in die weite Welt hinaustreibt und der dabei eine Reihe märchenhafter Abenteuer erlebt, bis er fröhlich und zufrieden in der Heimat bescheidenes Glück erfährt. In wohl keiner anderen Erzählung ist die liebenswürdige Grundstimmung der Romantik mit solcher Schönheit, wunderbaren Leichtigkeit und Musikalität eingefangen wie gerade hier. Eichendorff hat auch einige seiner schönsten Gedichte in diese Erzählung eingearbeitet: *Der frohe Wandersmann, Heimweh* und das *Lied der Prager Studenten*.

Seine zahlreichen, oft sehr innigen Lieder und ↗Balladen, Höhepunkte der ↗romantischen ↗Lyrik, in denen er wie kaum ein anderer Natur und Heimat besingt, wurden erstmals 1837 in einer Sammlung veröffentlicht, die begeistert aufgenommen und von berühmten Komponisten wie Schumann und Mendelssohn vertont wurde. Dazu gehören so bekannte Lieder wie »O Täler weit, o Höhen...« *(Abschied)* oder »Wer hat dich du schöner Wald« und Balladen wie *Die Zauberin im Walde*. Im Alter von sechsundfünfzig Jahren quittierte Eichendorff den Staatsdienst und verbrachte die letzten dreizehn Jahre seines Lebens teils auf Reisen, teils aber in seiner schlesischen Heimat. In dieser Zeit verstärkte sich auch seine Vorliebe für die ↗spanische Dichtung (Calderón).

Michael Ende

* 12.11.1929 *in Garmisch-Partenkirchen*
† 28.8.1995 *in Stuttgart*

Michael Ende war der Sohn eines bekannten surrealistischen Malers. Da der Vater 1936 im »3. Reich« Berufsverbot erhielt, erlebte er eine schwierige Jugend. Seine Gymnasialzeit wurde unterbrochen durch die Wirren des Krieges, erst 1946 bot sich die Möglichkeit zu Fortsetzung und Abschluss an der Freien Waldorfschule in Stuttgart. Da ein Universitätsstudium aus finanziellen Gründen nicht möglich war, entschloss sich Ende zu einer Ausbildung als Schauspieler. Sein besonderes Interesse gehörte aber der Literatur. Er versuchte sich mit Sketchen, Chansons usw. für verschiedene politisch-literarische Kabaretts, jedoch ohne besonderen Erfolg. Fast durch Zufall kam er zum Kinderbuch. Ein ursprünglich als Bilderbuchtext gedachtes Manuskript weitete sich im Lauf der Arbeit zu einer Kindererzählung, die 1960 und 1962 unter dem Titel *Jim Knopf und Lukas der Lokomotivführer* bzw. *Jim Knopf und die Wilde 13* erschien und von Kindern begeistert aufgenommen wurde. Sie spürten, dass sich hier »Spannung und wahre Poesie, Märchenhaftes und reale Welten« (B. Hürlimann) auf vorbildliche Weise verbanden. Der große Erfolg prägte Endes weitere Laufbahn als Schriftsteller. In der Nähe von Rom, wo er sich inzwischen niedergelassen hatte, entstand der Märchen-Roman *Momo* (1973). Hier erhielt die fantastische Komponente einen zeitlos-gesellschaftskritischen Akzent. Zwischendurch waren auch mehrere Bilderbuchtexte erschienen. Zwei Jahre arbeitete Ende dann an einem neuen Roman, *Die unendliche Geschichte*, der 1979 erschien. Was anfangs als Jugenderzählung gedacht sein mochte, wandelte sich sehr rasch zu einem Kultbuch der ↗Fantasy-Literatur, dessen geradezu einmaligen Erfolg auch die verhältnismäßig schwache Verfilmung nicht beeinträchtigen konnte. In Anlehnung an Tolkiens *Herr der Ringe* und doch zugleich Weiterführung seiner Motive schuf Ende damit auf der Basis einer Reise durch fantastische Welten eine Art Erziehungsroman, der in wesentlichen Punkten dem Selbstverständnis der jungen Erwachsenengeneration entgegenkam. Das folgende Jahrzehnt war zum einen durch Arbeit an Bilderbüchern, zum andern an fantastisch-surrealen Erzählungen geprägt. Auch Opernlibretti entstanden, so 1984 *Der Goggolori*, der 1985 als Oper in München uraufgeführt wurde. Die Erfolge Endes spiegeln sich in einer deutschen Gesamtauflage von rund 12 Millionen Büchern, Übersetzungen in 40 Sprachen und verschiedenen deutschen und internationalen Preisen und Auszeichnungen.

Theodor Fontane

* 30. 12. 1819 *in Neuruppin*
† 20. 9. 1898 *in Berlin*

Fontanes Heimat war die kleine Stadt Neuruppin in der Mark Brandenburg. Seine Eltern stammten von französischen Hugenotten ab, die schon im 17. Jh. in Preußen Aufnahme gefunden hatten. In *Meine Kinderjahre* schildert Fontane seine Jugend, die er in Swinemünde an der Ostsee verbrachte. Mit siebzehn Jahren verließ er die Schule und wurde, ebenso wie sein Vater, Apotheker. Dreizehn Jahre blieb er in dem ihn nicht befriedigenden Beruf, wurde nach Stationen in Leipzig und Dresden schließlich in Berlin sesshaft. Seine literarischen Interessen und erste schriftstellerische Versuche führten ihn schon früh in die Literaturgesellschaft ›Tunnel über der Spree‹. 1849 entschloss er sich den Apothekerberuf aufzugeben und Journalist zu werden. Damit begann zugleich ein lange Jahre währender Kampf um eine sichere Existenz für ihn und die inzwischen gegründete Familie. Zweimal, 1852 und 1855–59, weilte er als Zeitungskorrespondent in London. Von 1860 bis 1870 war er Redakteur der angesehenen ›Neuen Preußischen Kreuzzeitung‹. Neben der journalistischen Tätigkeit fand er immer wieder Zeit für seine dichterische Arbeit. Schon seine frühen ↗Balladen wie *Herr von Ribbeck auf Ribbeck im Havelland, Archibald Douglas, Die Brück' am Tay* oder *John Maynard* hatten ihn berühmt gemacht und wurden damals schon in Schulbücher aufgenommen. Seit 1862 arbeitete er an den fünf Bänden seiner *Wanderungen durch die Mark Brandenburg*. Von Pfarrhaus zu Pfarrhaus, von Schloss zu Schloss, »mit Stab und Ränzel wandernd« lernte Fontane Land und Leute kennen, die er später auch in seinen Romanen schilderte. Noch heute gelten seine Wanderbilder als Muster einer liebevollen Versenkung in Landschaft, Natur und Geschichte eines Landes. Als äußerst neutraler Kriegsberichterstatter begleitete Fontane die preußischen Truppen durch die Kriege der Jahre 1864, 1866 und 1870/71. Seine Erlebnisse schildert er in den *Kriegsgeschichten*. In *Kriegsgefangen* berichtet er, wie er als Spion gefangen genommen wurde und nur knapp dem Tod entkam.

Erst danach, mit knapp sechzig Jahren, fand Fontane zu seiner eigentlichen schriftstellerischen Aufgabe, dem ↗Roman. Zunächst beschäftigte er sich noch mit historischen Stoffen. In *Vor dem Sturm* entwarf er ein umfassendes Kulturbild der napoleonischen Zeit in Preußen. Weiter zurück in die Geschichte der Mark Brandenburg, bis in die Zeit vor dem Dreißigjährigen Krieg, greift die knappe historische Erzählung *Grete Minde.* Das Mädchen Grete bricht aus der bürgerlichen Ordnung aus und muss bitter dafür büßen. In ihren Untergang reißt sie nicht nur das Haus ihres herzlosen Bruders, sondern die ganze Vaterstadt mit hinein. In den folgenden Romanen wandte sich Fontane mehr der Gegenwart zu und beschrieb wirklichkeitsgetreu, aber kritisch die gesellschaftlichen Verhältnisse der Zeit mit ihren sozialen Gegensätzen.

Zu seinen wichtigsten Werken zählt der Roman *Irrungen Wirrungen* (1888); hier schildert Fontane, wie ein Leutnant aus armem Haus auf ein schönes, freundliches, aber aus einfachen Verhältnissen kommendes Mädchen verzichten muss um standesgemäß zu heiraten. Die Verflechtungen der bürgerlichen Ehe zwischen Glücksverlangen, materieller Absicherung und strengen gesellschaftlichen Vorstellungen werden zum zentralen Thema. In *Frau Jenny Treibel,* einer aus einfachen Verhältnissen »emporgekommenen« Frau, wird der neue Typ der Berlinerin geschildert, bei der »nur Geld Trumpf ist und sonst weiter nichts«. Fontanes berühmtester und eindrucksvollster Roman ist aber *Effi Briest* (1895). Die junge Effi heiratet unstandesgemäß einen älteren Mann, den sie zwar respektiert, aber nicht liebt. Fast unwissentlich und halb unschuldig betrügt sie ihren Mann einmal und büßt dafür mit Scheidung, Verzicht auf ihr Kind und einem frühen Tod. Fontane geißelt hier die so genannte »gute Gesellschaft«, die gegen die Verfehlungen einzelner Mitglieder vollkommen gleichgültig ist, solange der äußere »Anstand« gewahrt bleibt, aber grausam gegen »Schuldige« vorgeht, sobald der schöne Schein verletzt wird. »Er war so edel, wie jemand sein kann, der ohne Liebe ist«, urteilt Effi sterbend über ihren Gemahl. In *Stechlin* schildert Fontane das gesellschaftliche Leben in Berlin und in der Mark Brandenburg. Die den Roman durchziehenden Gespräche thematisieren den Konflikt zwischen Tradition und den Ideen einer neuen Zeit.

Mit der Würdigung von Gerhart ↗Hauptmanns Erstlingsdrama *Vor Sonnenaufgang* bewies Fontane auch noch im Alter sein Verständnis für junge Dichter und ihre Probleme.

Max Frisch

* 15. 5. 1911 *in Zürich*
† 4. 4. 1991 *ebenda*

Die Bücher des Schweizer Autors Max Frisch erleben immer neue Auflagen, viele seiner Stücke stehen auf den Spielplänen der ↗Theater in aller Welt, er selbst wurde dafür mit über 20 Literaturpreisen ausgezeichnet. Doch sein Lebenslauf ließ diese Erfolge als Schriftsteller zunächst nicht ahnen. Frisch wurde als Sohn eines Architekten in Zürich geboren. Nach dem Abitur begann er mit dem Studium der Germanistik, das er jedoch wegen seiner journalistischen Tätigkeit und den damit verbundenen ausgiebigen Reisen nach Südosteuropa, nach Russland und in die Türkei aufgab. Nach seiner Rückkehr nach Zürich schloss er das inzwischen aufgenommene Architekturstudium ab (1940). Seit 1944 unterhielt er ein erfolgreiches Architekturbüro, das er 1955 endgültig aufgab um sich nur noch der Schriftstellerei zu widmen. Schon während dieser Zeit führte er eine Doppelexistenz als Schriftsteller, entfliehender Weltbürger und Reisender. In seinen schon früh veröffentlichten *Tagebüchern* (1950, 1972) legte er seine persönliche Sichtweise von der heutigen Welt und der Erkundung seiner Rolle als kritisch denkender und handelnder Mensch und Schriftsteller nieder. Viele seiner Stücke und Erzählungen, wie *Andorra* und *Stiller*, finden hier ihren Ursprung. Schon kurz nach Kriegsende stellt er in *Nun singen sie wieder* (1946) die Frage, aus welchen Gründen sich das deutsche Volk dem Nationalsozialismus auslieferte. Eine mögliche Antwort darauf gibt er in dem ↗Hörspiel *Herr Biedermann und die Brandstifter. Ein Lehrstück ohne Lehre* (1956). Feigheit, spießbürgerliche Beschränktheit, Egoismus und das Nichtwahrnehmenwollen von äußeren und inneren Gefahren veranlasst die deutschen Biedermänner den Brandstiftern beim Niederbrennen der Häuser noch behilflich zu sein. Diese Erkenntniskette schließt sich in dem wohl bekanntesten Stück *Andorra* (1961). Die von seiner Umgebung gemeinsam und nicht hinterfragt vertretene Meinung, er sei Jude, verändert das Leben des Protagonisten und das seiner Mitbürger so weit, dass er selbst daran zu glauben beginnt und sich unschuldig opfert. Frisch behandelt in diesem »Modell« erneut die Grundlagen und Folgen von individueller und gemeinschaftlicher Schuld und Machtausübung. »Du sollst dir kein (vorgefasstes) Bild machen«, mahnt er dazu in seinem *Tagebuch*. Dennoch hofft er dem Zuschauer, Hörer oder Leser mit seiner Arbeit Augen und Ohren zu öffnen, so dass dieser aus dem Dargestellten zukünftiges Handeln ableiten kann. Doch dieser Hoffnung stellt Frisch Zweifel gegenüber. In seinem ersten großen Roman, *Stiller* (1954), möchte der Schweizer Bildhauer Stiller ein anderer sein, als er eigentlich ist. Dies gelingt ihm aber nicht. Vielmehr verleugnet er sich selbst und macht sich damit schuldig. Auch in seinem zweiten Roman *Homo Faber* (1957) beschreibt Frisch das Scheitern seiner Handlungsfigur, des fortschritts- und wissenschaftsgläubigen Technikers Faber, in dessen Leben der Zufall mehrmals eingreift und es von Grund auf verändert. Faber hat von sich selbst und seinem Leben eine falsche Vorstellung; in einem mühsamen Prozess der Selbsterkenntnis lernt er jedoch sein »Schicksal« anzunehmen. Die Problematik des *Stiller* führt Frisch in dem formal sehr kunstvollen Roman *Mein Name sei Gantenbein* (1964) weiter. Er beschreibt hier die Identitätssuche seines Ich-Erzählers, seine Suche nach seiner persönlichen und gesellschaftlichen Rolle.

In den 70er Jahren, in denen politische Literatur hoch im Kurs stand, wurde es etwas stiller um Frisch, der außer in Berlin und New York vor allem in Berzona im Tessin lebte. Die auch verfilmte Erzählung *Montauk* (1975) beschreibt wehmütig einige Glückstage, die ein alternder Schriftsteller auf Long Island mit einem jungen Mädchen verbringt. 1979 folgt *Der Mensch erscheint im Holozän*, die weitgehend autobiografische Geschichte eines im Tessin allein lebenden alten Mannes, der sich angesichts der Größe der Naturgewalten seiner eigenen Bedeutungslosigkeit mehr und mehr bewusst wird. 1982 veröffentlichte er die auch als Hörspiel gesendete Erzählung *Blaubart*. Danach zog er sich immer mehr aus der literarischen Öffentlichkeit zurück. Bis zu seinem Tod erschienen noch die politischen Essays und Reflexionen: *Jonas und sein Veteran, Schweiz ohne Armee?* und *Schweiz als Heimat?*

Johann Wolfgang von Goethe

* 28. 8. 1749 *in Frankfurt am Main*
† 22. 3. 1832 *in Weimar*

Der wohl bekannteste deutsche »Klassiker« entstammte einer Frankfurter Patrizierfamilie. Er wuchs als einzig verbliebener Sohn, von seiner Mutter wohl versorgt und behütet, mit seiner Schwester Cornelia in Frankfurt a. M. auf. Frühe kulturelle Erfahrungen prägten ihn (z. B. erlebte er mit vierzehn Jahren ein Konzert des siebenjährigen Mozart). Er lernte Klavier spielen, Fechten und Reiten und begann schon als Schüler zu dichten. Über diese Jugendjahre berichtet er ausführlich in *Dichtung und Wahrheit.* 1765 durfte er nach Leipzig, damals auch »Klein-Paris« genannt. Dort widmete er sich nicht nur juristischen Studien, sondern genoss auch das Studentenleben und seine ersten Liebeserfahrungen. Dem hübschen Käthchen Schönkopf widmete er galante Liebesgedichte. Als das Verhältnis endet, nimmt ihn das sehr mit: Er kränkelt und braucht eineinhalb Jahre Erholung zu Hause in Frankfurt, bis er 1770 sein Studium in Straßburg fortsetzen kann. Dort öffnet ihm der um sieben Jahre ältere ↗Herder den Blick für die Literatur vergangener Zeiten und Völker, die »Urpoesie«. Hier entdeckt er auch als einer der Ersten die Schönheit des gotischen Münsters, dessen Turm er besteigt. Er verliebt sich in Friederike Brion, die Tochter des Pfarrers von Sesenheim. Auch ihr schreibt er Gedichte voll tiefen Gefühls. Doch seine Entwicklung treibt ihn weiter: Nach bestandenem Examen ist er als Anwalt in Frankfurt und Wetzlar tätig. Diese Jahre sind Goethes eigentliche Geniezeit. Gedichte wie *Wanderers Sturmlied, Ganymed* und *Prometheus* entstehen. Das regellose, in kräftiger Sprache geschriebene historische Drama *Götz von Berlichingen* erscheint und nach der Bekanntschaft mit Charlotte Buff in Wetzlar entsteht der ↗Briefroman *Die Leiden des jungen Werthers,* in dem das Einswerden mit der Natur letztlich an den bürgerlichen Verhältnissen scheitert und eine unglückliche Liebe zum Freitod führt. Vor allem dieses Werk machte Goethe mit einem Schlag berühmt. Zudem fand es viele Nachahmer. Einige Leser bewegte es sogar so tief, dass sie Werthers Beispiel folgten und Selbstmord begingen. Auch der erste Entwurf des *Faust,* später *Urfaust* genannt, in dem der nach universellem Wissen strebende Faust Gretchen verführt und diese – allein gelassen – in Wahnsinn fällt, gehört in diese Zeit. Goethe war nun zum Wortführer der jungen Protestgeneration, dem so genannten ↗Sturm und Drang, geworden.

Eine Wendemarke in seinem Leben wurde das Jahr 1775, als ihn der Herzog Karl August von Sachsen-Weimar einlud in seine Residenzstadt Weimar zu ziehen. Goethe sagte zu und blieb. Der gebildete Weimarer Hofkreis und die praktische Tätigkeit in der Verwaltung des Herzogtums machten allmählich aus dem draufgängerischen »Stürmer und Dränger« einen anderen Menschen. Er erkannte, dass der Einzelne sich in ein größeres Ganzes einordnen muss. In dieser inneren Veränderung bestärkte ihn seine Weimarer Freundin Charlotte von Stein. Auf seiner großen Italienreise 1786/88, auf der er Abstand von den einengenden beruflichen Verpflichtungen finden wollte, lernte er an den Denkmälern der griechisch-römischen ↗Antike die Beherrschtheit, Gemessenheit und Harmonie kennen, die sein Zeitgenosse Winckelmann »edle Einfalt« (d.h. Einfachheit) und »stille Größe« genannt hatte. Als Ausdruck dieses neuen »klassischen« Menschen- und Weltbildes entstehen neben zahlreichen Gedichten *(Edel sei der Mensch ...)* Dramen in großartig einfacher Sprache wie z.B. *Iphigenie auf Tauris* und *Torquato Tasso* und der Bildungsroman *Wilhelm Meister.* Nach der Rückkehr aus Italien begegnet er Christiane Vulpius, seiner späteren Frau.

Die »Weimarer Klassik« erreicht ihren Höhepunkt, als Goethe Friedrich ↗Schiller kennen lernt, mit dem ihn ab 1794 eine enge, auch dichterisch fruchtbare Freundschaft verbindet. Nach Schillers Tod 1805 arbeitet Goethe erneut an seinem *Faust*-Drama, dem Spiel vom rastlosen Wahrheitssucher, der sich mit dem Teufel einlässt und ihm seine Seele verpfändet. Den zweiten Teil – Fausts Rettung – vollendete er erst kurz vor seinem Tod. Aus dem Formenreichtum und der Weisheit des Orients schöpfte Goethe, als er die Gedichte der Sammlung *West-östlicher Divan* schrieb. Ein weiteres wichtiges Alterswerk Goethes sind *Die Wahlverwandtschaften,* die Geschichte von zwei Paaren, die sich »über Kreuz« leidenschaftlich ineinander verlieben. Neben seinem dichterischen Werk gelangte Goethe auch in den Naturwissenschaften (Botanik, Zoologie, Mineralogie) zu bemerkenswerten Einsichten. 1784 entdeckte er den Zwischenkieferknochen und seine *Farbenlehre* ist bis heute grundlegend. Bis zuletzt tätig, starb Goethe 1832 in Weimar.

Jeremias Gotthelf

* 4. 10. 1797 *in Murten/Kanton Fribourg*
† 22. 10. 1854 *in Lützelflüh*

Albert Bitzius, wie er mit bürgerlichem Namen hieß, stammte aus einer alten Pastorenfamilie. Er wurde in Murten im Schweizer Kanton Fribourg geboren und verbrachte seine Kindheit in Utzenstorf, einer reichen Bauerngemeinde an der Emme, wo sein Vater als Pfarrer wirkte. Hier lernte er das Leben der Bauern, das er später so detailliert beschrieb, von klein auf genau kennen. Mit 15 Jahren kam er an die Literarschule nach Bern, zwei Jahre später an die dortige Akademie um Theologie zu studieren. Nach seinem Examen übernahm er beim Vater eine Vikarstelle. Ein kurzer Studienaufenthalt in Göttingen und eine anschließende Reise durch Norddeutschland weiteten seinen Blick. Danach blieb er in seiner Heimat, wurde nach dem Tod des Vaters 1824 Vikar in einer anderen Gemeinde und schließlich in Bern. 1831 kam er nach Lützelflüh im Emmental, wo er bis zu seinem frühen Tod als Pfarrer wirkte. Seine besondere Vorliebe gehörte der Schulmeisterei; wenn es ging, unterrichtete er. Zehn Jahre lang war er sogar Schulinspektor für den Bezirk Lützelflüh. Um auf einen größeren Kreis erzieherisch wirken zu können begann er 1836 – mit knapp 40 Jahren – sein literarisches Werk. Da es die Kirchenbehörden nicht gern sahen, wenn ein Pfarrer ↗Romane schrieb, veröffentlichte er seine Werke unter dem ↗Pseudonym Jeremias Gotthelf. Er war schon als Kind ein guter Beobachter gewesen und zeigte als Vikar viel Verständnis für den Alltag, die Freuden, Nöte und Sorgen seiner bäuerlichen Pfarrkinder. Er war aber auch ein guter Erzähler. Und beiden Fähigkeiten zusammen verdanken wir eine ganze Reihe bedeutender, realistischer Romane und eindrucksvoller Erzählungen wie etwa *Uli der Knecht* (1846), *Geld und Geist* (1843/44), *Elsi, die seltsame Magd* (1843) und *Die schwarze Spinne* (1842). In dieser kunstvoll aufgebauten Geschichte, die teils in der Gegenwart und teils im Mittelalter spielt, erzählt er vom unheimlichen Vordringen der Pest, die erst durch das Opfer einer Mutter überwunden werden kann. Im Mittelpunkt aller seiner Dichtungen standen die Emmentaler Bauern, deren Leben er farbig, mit allen seinen Höhen und Tiefen darstellte. Für ihn beruhte das Wohl seiner Heimat, im gerade beginnenden Industriezeitalter, auf der Erhaltung eines gesunden Bauernstandes. Seine oft sehr deutliche Kritik an den schlechten sozialen Verhältnissen der Bauern brachte ihm manche Anfeindungen ein. Sein Werk aber hatte Bestand und noch heute wird er als Meister der Dorfgeschichte geschätzt.

Günter Grass

* 16. 10. 1927 *in Danzig*

»In der Welt fast so bekannt wie Goethe« – »Einer der literarischen Sprecher Europas«: Solche und ähnliche Sätze gelten einem Mann, dessen Herkunft und Jugend eher einen durchschnittlichen bürgerlichen Lebenslauf erwarten ließen. »Ich wurde im Jahre 1927 in Danzig geboren. Mit zehn Jahren war ich Mitglied des Jungvolks, mit vierzehn wurde ich in die Hitlerjugend eingegliedert. Als Fünfzehnjähriger nannte ich mich Luftwaffenhelfer. Als Siebzehnjähriger war ich ein Panzerschütze. Und als Achtzehnjähriger wurde ich aus amerikanischer Kriegsgefangenschaft entlassen: Jetzt erst war ich erwachsen.« Grass stammte aus bescheidenen kleinbürgerlichen Verhältnissen. Der Vater betrieb ein Lebensmittelgeschäft in Danzig, dessen Erträge gerade dazu ausreichten, die Familie zu ernähren. Zu einer ordentlichen Schulbildung des Sohnes langte es nicht: Grass hat nie das Abitur gemacht. Als der Kriegsgefangene 1946 in Bayern entlassen wurde, gab es kein Zurück nach Danzig mehr. Grass musste wie viele andere seiner Generation ganz von vorne anfangen. Zunächst arbeitete er in einem Kali-Bergwerk unter Tage; anschließend durchlief er eine Lehre als Steinmetz. Dem folgte das Studium der Bildhauerei und Grafik in Düsseldorf. Bis heute ist er ein bekannter Grafiker und Zeichner geblieben. Seine schriftstellerische Arbeit lief zunächst eher nebenher. Viele seiner Themen finden sich ebenso in den Büchern wie im bildnerischen Werk, da beide Künste nur verschiedene Ausdrucksformen seiner Gedankenwelt sind. Mitte der fünfziger Jahre betrat Grass die literarische Szene, zuerst mit Gedichten. Sein erster schmaler Gedichtband, mit eigenen Zeichnungen, ist betitelt: *Die Vorzüge der Windhühner* (1956). Daneben schrieb er ↗Dramen wie das »deutsche Trauerspiel« *Die Plebejer proben den Aufstand* (1966) oder *Onkel, Onkel* (1957). Der große Erfolg stellte sich erst ein, als 1959 der umfangreiche ↗Roman *Die Blechtrommel* erschien und Grass in die Schlagzeilen brachte. Von den einen als großartiges Meisterwerk, einer »Saga der untergegangenen Freien Stadt Danzig« gefeiert, von den anderen als »Schwachsinn«, »Pornografie« und »Gotteslästerung« verteufelt, wurde dieser alle damaligen Tabus brechende Roman das erfolgreichste Werk von Grass, der seltene Fall eines ↗Bestsellers von hohem literarischen Rang. Sein Held ist der »Blechtrommler« Oskar Matzerath, der an seinem dritten Geburtstag den Entschluss fasst nicht mehr weiter zu wachsen und nun die Welt und das Treiben der Erwachsenen mit scharfem Verstand aus der Froschperspektive betrachtet und entlarvt. Dieser Blickwinkel verschafft Grass die Möglichkeit seine Kritik an der Zeit des Nationalsozialismus und an den Menschen, die sie aktiv oder passiv mittrugen, unverblümt zu formulieren. *Die Blechtrommel* ist der erste Teil der sogenannten *Danziger Trilogie,* zu der noch die ↗Novelle *Katz und Maus* (1961) und der Roman *Hundejahre* (1963) gehören. Alle drei Werke haben außer dem Schauplatz Danzig die Zeit des Zweiten Weltkrieges als gemeinsames Thema. Dabei stellt Grass zwar Einzelschicksale in den Vordergrund, beschreibt aber zugleich anschaulich die verlorene Danziger Heimat in ihrer Mischung aus Deutschem und Polnischem und rettet sie so vor dem Vergessen.

In den folgenden Jahren konzentrierte Grass sich mehr auf die Tagespolitik. Er zog als »Trommler« für Willy Brandt in dessen Bundestagswahlkämpfe und engagierte sich in zahlreichen Reden für die Sozialdemokratie. In *Aus dem Tagebuch einer Schnecke* (1972) verarbeitete er die Erlebnisse und Erfahrungen dieser Zeit: Die »langsame« Schnecke steht hier für den kaum spürbaren, aber doch unaufhaltsamen Fortschritt. Erst 1977 erschien mit dem Roman *Der Butt* wieder ein großes erzählerisches Werk: ein eher pessimistisches Buch, in dem die Weltgeschichte aufgerollt und auf ihren Sinn hin geprüft wird. Das Ergebnis ist zweifelhaft. Trotz dieser skeptischen Bilanz nimmt Grass intensiv und engagiert zu aktuellen politischen Fragen Stellung. Mit über einem Dutzend Preisen ausgezeichnet lebt er heute vorwiegend in Berlin, als kritische Stimme auch bei denen anerkannt, für die er unbequem ist.

Sein Roman *Die Rättin* erschien im Frühjahr 1986. In dieser Endzeitvision erzählt die Rättin im Rückblick von der Zeit, in der die Menschen endgültig von der Erde verschwunden waren und nur noch die klugen Nager zu überleben verstanden. Im selben Jahr zog sich Grass für einige Monate nach Indien zurück. Seine dortigen Erlebnisse schildert er in *Zunge zeigen* (1988). Hitzige Diskussionen erregte seine Verarbeitung der deutschen Wiedervereinigung in *Ein weites Feld* (1995).

Franz Grillparzer

* 15. 1. 1791 *in Wien*
† 21. 1. 1872 *ebenda*

Der große Klassiker des österreichischen ↗Theaters war ein scheuer, verbitterter Mensch. Kein Wunder, denn das Leben spielte ihm hart mit und er konnte Schicksalsschläge und Enttäuschungen nur schwer verwinden. Der frühe Tod des Vaters, der Freitod des jüngeren Bruders und der Mutter trafen ihn tief. Er rettete sich in die Dichtkunst, die seine ganze Liebe, sein Denken und Fühlen war. Bitter vermerkte er, dass nach dem großen Erfolg seines ersten ↗Dramas, der *Ahnfrau* (1817), der zu seiner Berufung zum Hoftheaterdichter führte, die Zensur im Polizeistaat Metternichs in seine künstlerische Arbeit hineinredete. Den Stoff für die nächsten Dramen wählte er aus der griechischen Sage; hier zeigte er seine Meisterschaft in der Gestaltung großer Frauenrollen, *Sappho* (1819) und *Medea*. Seit *König Ottokars Glück und Ende* (1825), das zwei Jahre von der Zensur geprüft wurde und erst dann uraufgeführt werden konnte, wird die eingearbeitete Zeitkritik immer deutlicher: Der machtgierige Böhmenkönig, in dem man unschwer Napoleon erkennen kann, wird vom Habsburger Rudolf, dem Vertreter von Recht und Ordnung, besiegt. Bis heute ist dies das große vaterländische Drama der Österreicher geblieben; mit ihm wurde das im Zweiten Weltkrieg zerstörte Burgtheater wieder eröffnet. Mit *Des Meeres und der Liebe Wellen* schuf Grillparzer eine der schönsten deutschsprachigen Liebestragödien und im Märchenspiel *Der Traum ein Leben* (1840) näherte er sich den Volksstücken. Als das Wiener Publikum 1838 sein ↗Lustspiel *Weh dem, der lügt* auspfiff, weil man statt Witz und Geist flache Unterhaltung erwartet hatte, zog sich Grillparzer enttäuscht von der Öffentlichkeit zurück und verschloss seine weiteren Arbeiten im Schreibtisch. Auch lange Reisen, u. a. nach Frankreich und England, rissen ihn nicht aus seiner Melancholie. Vor menschlicher Bindung, die ihm hätte helfen können, schreckte er zurück; lebenslang blieb er verlobt, eine Heirat wagte er nicht. Das zweite Habsburger-Drama, *Ein Bruderzwist in Habsburg,* wurde zu seinem Vermächtnis an die Nachwelt; es kam erst nach seinem Tod, 1872, zur Aufführung. In der Gestalt des Kaisers Rudolf II. kann man Züge Grillparzers erkennen: eines gebrechlichen Menschen, der sich in die gegebene Ordnung einfügt und Gewalt verabscheut. Eine Teilnahme an der Revolution 1848 lehnte Grillparzer ab: Nie könne man durch Gewalttaten mehr Menschlichkeit erreichen. Der Weg Europas führe »von Humanität durch Nationalität zur Bestialität« – eine bestürzend wahre Voraussage!

Die Brüder Grimm – Jacob Grimm und Wilhelm Grimm

* 4. 1. 1785 *in Hanau*
† 20. 9. 1863 *in Berlin*

*24.2.1786 *in Hanau*
†16.12.1859 *in Berlin*

Sie gehören so eng zusammen, dass viele Menschen sie nur als die »Brüder Grimm« kennen und oft nicht einmal ihre Vornamen wissen. Tatsächlich sind die Lebenswege dieser beiden Männer so eng miteinander verbunden wie ihr wissenschaftliches und literarisches Schaffen. Zu Recht zeigt das Nationaldenkmal in Hanau sie ebenso gemeinsam wie die zu ihrem 200. Geburtstag herausgegebene Sondermarke der Deutschen Bundespost. Jacob ist der Ältere. Er wurde 1785 in Hanau als zweites Kind eines Verwaltungsbeamten geboren, ein Jahr später sein Bruder Wilhelm. Ihm folgten noch sechs weitere Geschwister. Ihre Kindheit verbrachten die Brüder in Steinau a. d. Kinzig, wo der Vater als Amtmann wirkte. Als dieser aber schon 1796 starb, musste sich die Mutter mit einer winzigen Rente und der großen Kinderschar mehr schlecht als recht durchschlagen. Da Jacob und Wilhelm ausgezeichnete Schüler waren, durften sie in Kassel das Gymnasium besuchen und von 1802 und 1803 an in Marburg Rechtswissenschaften studieren. Das Studium der beiden war durch die materielle Not aber schwer belastet. Jacob schloss es nicht ab um eine Anstellung annehmen und für seine Familie einigermaßen sorgen zu können. Wilhelm blieb nach bestandenem Examen zuerst einmal ohne Arbeit. In dieser Zeit begannen die Brüder, angeregt durch Clemens ↗Brentano, sich mit den im Volk überlieferten ↗Märchen zu beschäftigen und sie zu sammeln. Aber sie zeichneten sie nicht einfach auf, sondern bearbeiteten sie. Besonders Jacob erweiterte schrittweise die mündliche Überlieferung. 1812 erschien dann der erste Band der *Kinder- und Hausmärchen.* Merkwürdigerweise fanden sie anfangs in der Öffentlichkeit keinen starken Widerhall. Es sollte noch über vierzig Jahre dauern, bis die über 200 Märchen und Legenden 1857 in der endgültigen Ausgabe, »letzter Hand«, jene Gestalt erhielten, in der sie seitdem Generationen von Kindern und Erwachsenen begeistern. Weniger volkstümlich als diese Märchen wurde die ebenfalls von den Brüdern zusammengetragene Sammlung der *Deutschen Sagen* (1816/18). Nach ihrem Vorbild arbeiteten fortan zahlreiche Märchen- und Sagensammler. Die wirtschaftliche Lage der beiden besserte sich allmählich. 1808 erhielt Jacob eine gut bezahlte Stelle als Bibliothekar in Kassel. Wilhelm heiratete, aber Jacob lebte weiterhin in der Familie des Bruders. Sie veröffentlichten eine Reihe wichtiger Arbeiten zur *Geschichte der deutschen Sprache* (1848) und Literatur (*Deutsche Grammatik,* 1819–1837). 1829 wurden sie als Bibliothekare und Professoren an die Universität Göttingen berufen. Wilhelm veröffentlichte dort erstmals in Deutschland einen originalgetreuen Nachdruck (ein so genanntes Faksimile) einer mittelalterlichen Handschrift. 1837 fand die Lehrtätigkeit der beiden ein abruptes Ende, als sie zusammen mit fünf anderen Professoren (die so genannten »Göttinger Sieben«) gegen den Bruch der Verfassung durch ihren Landesherrn, den König von Hannover, protestierten. Diese aufrechte demokratische Haltung kostete sie Amt und Würden. Dafür fanden sie nun Zeit mit der Arbeit an dem *Deutschen Wörterbuch* zu beginnen. Es sollte einen Gesamtüberblick über die deutsche Sprache und die Herkunft aller in ihr vorkommenden Wörter vermitteln. Wie schwierig diese Aufgabe war, beweist die Tatsache, dass erst 1852 der erste Band mit den Artikeln von »A« bis »Biermolke« erschien. Das ursprünglich auf acht Bände geplante Werk konnte von den Brüdern in zwanzigjähriger Arbeit nicht vollendet werden. Eine Reihe wissenschaftlicher Gesellschaften setzte die Arbeit fort, die erst 1961 mit dem 32. Band abgeschlossen wurde.

1841 erhielten die Brüder einen Ruf nach Berlin um dort mit Unterstützung der preußischen Regierung die Arbeit am Wörterbuch fortzusetzen und gleichzeitig an der Universität zu lehren. Sie fanden aber nach wie vor die Zeit sich mit politischen Tagesfragen zu beschäftigen. Beide wurden als Mitglieder ins Vorparlament von 1848 berufen und Jacob wurde als Kandidat des Wahlkreises Mülheim an der Ruhr in die Frankfurter Nationalversammlung entsandt. Nach ein paar Monaten intensiver parlamentarischer Tätigkeit kehrte er aber enttäuscht nach Berlin zurück, wo er die folgenden Jahre mit seinem Bruder vorwiegend am *Deutschen Wörterbuch* arbeitete. Noch ein Jahrzehnt gemeinsamen Schaffens war den beiden Gelehrten gegönnt, dann starb 1859 Wilhelm knapp 74-jährig. Jacob folgte ihm 1863 im Alter von 78 Jahren ins Grab und wurde, wie er es gewünscht hatte, neben dem Bruder beigesetzt.

Hans Jakob Christoffel von Grimmelshausen

* um 1621/22 *in Gelnhausen/Hessen*
† 17. 8. 1676 *in Renchen/Baden*

In seinem Hauptwerk, dem ↗Roman *Der Abentheuerliche Simplicissimus Teutsch,* erzählt Grimmelshausen, wie der Held Simplicius Simplicissimus in einem von der Welt abgelegenen Dorf aufwächst, bis Soldaten – es ist die Zeit des Dreißigjährigen Krieges – diesen Frieden raubend und plündernd zerstören. Der Junge kommt nach mancherlei Umwegen in eine Stadt, soll zu einem Hofnarren erzogen werden, findet Freunde, wird Soldat und macht bei tollkühnen Überfällen reiche Beute. Er fühlt sich auf dem Höhepunkt seines Lebens, aber eine Reise nach Paris bringt ihn um Vermögen und Gesundheit. Er muss wieder Soldat werden – andere Verdienstmöglichkeiten gibt es nicht –, bis es ihm gelingt, als Bauer ein neues Leben zu beginnen. Er unternimmt noch einmal eine Reise, die ihn bis nach China führt. Nach seiner Heimkehr beschließt er Eremit im Schwarzwald zu werden. Aber wieder lockt ihn das Leben und erst nach einer halben Weltreise findet er auf einer fernen Insel als Einsiedler Ruhe. Damit ist, vom Ende abgesehen, auch Grimmelshausens Lebensweg beschrieben. Wahrscheinlich 1621 in Gelnhausen geboren, wurde er schon als Kind in den Krieg hineingerissen. Zum Soldat geworden kämpfte er auf verschiedenen Seiten und konnte endlich 1649 ein ruhigeres Leben als Verwalter, Pferdehändler und Wirt beginnen. 1676 starb er im badischen Renchen. Beide, Simplicissimus und Grimmelshausen, erlebten alle Höhen und Tiefen des Lebens: Der Krieg reißt sie fort, ein Abenteuer reiht sich an das andere; der Mensch kann in diesem Strom nur mitschwimmen, dagegensteuern kann er nicht. Ein einziger selbständiger Entschluss ließe sich verwirklichen: die völlige Abkehr von dieser Welt. Dies soll der Leser erkennen. Nun handelt es sich aber keineswegs um einen traurigen Roman. Simplicissimus genießt die Freuden dieser Welt sehr und Grimmelshausen erzählt die Abenteuer spannend, oft sehr drastisch. Der *Simplicissimus* gehört in die Reihe der ↗Barockromane, die die Schönheit der Welt, aber auch die Unbeständigkeit des Lebens zeigen. Die ersten Teile des Romans erschienen 1669 unter dem ↗Pseudonym Melchior Sternfels von Fuchshain und waren gleich ein großer Erfolg. Zwei weitere Romane schildern das Schicksal von Nebenfiguren aus dem *Simplicissimus,* nämlich *Der seltzame Springinsfeld* und die *Landstörtzerin Courasche* (beide 1670), die als weibliches Gegenstück zum Simplicissimus die Höhen und Tiefen des Lebens kennen lernt. Grimmelshausens heroisch-galante Romane sind heute ohne literarische Bedeutung.

Peter Härtling

*13.11.1933 *in Chemnitz*

Peter Härtling wurde als Sohn eines Rechtsanwalts geboren. Von 1939 bis 1943 besuchte er die Grundschule und das Gymnasium im nordmährischen Olmütz. 1945 flieht der damals 12-Jährige vor den russischen Truppen nach Niederösterreich. Im selben Jahr stirbt sein Vater in einem Gefangenenlager. Härtlings Odyssee endet 1946 im schwäbischen Nürtingen, wo seine Mutter wenig später Selbstmord begeht. Hier beendet er die Schule und ist von 1956 bis 1962 als Redakteur der ›Deutschen Zeitung‹ tätig. Von 1967 bis 1973 arbeitet er als Cheflektor und Geschäftsführer des angesehenen Frankfurter Fischer Verlages. Nach dem Umzug mit seiner Familie nach Mörfelden-Walldorf lebt er dort als freier Schriftsteller.

Aufmerksamkeit erregte Härtling neben seiner Tätigkeit als Herausgeber mehrerer literarischer Zeitschriften mit seinem Lyrikband *Spielgeist – Spiegelgeist* (1962), in dem er die tief greifenden seelischen Verletzungen seiner freudlosen Kindheit zu verarbeiten versucht: »Das Kind spielt, ich bin alt.« Das Motiv der Rückbesinnung, der Erinnerung an die Vergangenheit bleibt für Härtlings weiteres Werk bestimmend. Autobiografische Züge trägt der Roman *Zwettl. Nachprüfung einer Erinnerung* (1973), in dem sich ein inzwischen Erwachsener an seine Kindheit im österreichischen Waldviertel nach dem Zweiten Weltkrieg erinnert. Auch *Hubert oder die Rückkehr nach Casablanca* (1978) handelt von Erinnerungen. Es schildert das Schicksal eines Mannes, der als Kind von seinem nationalsozialistischen Vater gequält wurde. Diese z. T. eigenen Erfahrungen möchte Härtling seinen und anderen Kindern ersparen. Deshalb entwirft er in seinen Kinderbüchern eine andere, positivere Wirklichkeit für und von Kindern. Ihre Probleme (*Oma*, 1975), Erfahrungen (*Ben liebt Anna*, 1979), Sichtweisen und Träume (*Und das ist die ganze Familie*, 1970) erzählt Härtling aus der Perspektive und in der Sprache der Kinder. Damit ging er in der Kinderliteratur völlig neue Erzählwege. In dem Jugendroman *Alter John* (1981) schildert er das zunächst probeweise Zusammenleben einer Familie mit einem alten Mann. Weitere Kinderromane sind: *Das war der Hirbel* (1973), *Theo haut ab* (1977), *Sophie macht Geschichten* (1980), *Jakob hinter der blauen Tür* (1983) und *Kinder einer Erde* (1990).

Daneben hat sich Härtling in seinen Werken ausgiebig mit den romantischen Dichtern Schwabens beschäftigt: Nikolaus Lenau (*Niembsch oder der Stillstand*, 1964), ↗Mörike (*Dreifache Maria*, 1982) und *Hölderlin* (1976).

Wilhelm Hauff

* 29. 11. 1802 *in Stuttgart*
† 18. 11. 1827 *ebenda*

Der Lebensweg des Dichters Wilhelm Hauff war sehr kurz. Er stammte aus Stuttgart, wo der Vater als Ministerialbeamter wirkte. Nach dessen frühem Tod übersiedelte die Mutter mit ihren vier Kindern nach Tübingen. Wilhelm musste eine Internatsschule in Blaubeuren bei Ulm besuchen und studierte danach am berühmten Tübinger Stift Theologie. Das Studium fiel ihm leicht, entsprechend gut waren stets die Zeugnisse und auch das Doktorexamen. Nach bestandener Promotion wollte er aber doch nicht die sichere Stelle eines Pfarrers annehmen. Obgleich er sich noch während der Studienzeit mit einer Cousine verlobt hatte, konnte er sie aber wegen seiner Mittellosigkeit nicht heiraten. Er nahm daraufhin bei einer vornehmen Familie in Stuttgart eine Hauslehrerstelle an, die ihm genügend Freiheit ließ seinen schriftstellerischen Neigungen nachzugehen.

Rasch hintereinander schrieb er seine ersten Erzählungen. Einen kleinen ↗ Roman (*Mann im Mond,* 1826) veröffentlichte er unter dem ↗ Pseudonym eines damals bekannten und beliebten Erfolgsschriftstellers (Heinrich Clauren) um angeblich dessen schlechten und sentimentalen Stil zu kritisieren. Dieses Vorgehen brachte ihm zwar eine Geldstrafe ein, machte die Öffentlichkeit aber gleichzeitig auf den jungen, noch unbekannten Autor aufmerksam. Dabei hätte er das gar nicht nötig gehabt, denn sein 1826 veröffentlichter Roman *Lichtenstein,* eine historische Erzählung aus dem Württemberg der Reformationszeit, wurde rasch ein ↗ Bestseller. Hauff unternahm jetzt eine große Reise, die ihn nach Frankreich und Norddeutschland führte. Überall wurde der elegante, selbstsicher auftretende junge Mann freundlich empfangen und er fand rasch Kontakte zu den bekanntesten Schriftstellern der Zeit. Nach Stuttgart zurückgekehrt übernahm er die Redaktion der Kulturzeitschrift ›Morgenblatt für gebildete Stände‹. Nun konnte er endlich heiraten, auch neue schriftstellerische Pläne reiften, da starb er überraschend im Alter von nur fünfundzwanzig Jahren an einer tückischen Krankheit.

Neben *Lichtenstein* und dem später von Jacob Wassermann wieder aufgegriffenen *Jud Süß* (1827) waren ↗ Märchen Hauffs Hauptwerke. Die Sammlungen *Das Wirtshaus im Spessart* oder *Die Karawane* mit ihren so bekannten Geschichten wie *Zwerg Nase, Kalif Storch, Das Gespensterschiff* oder *Das kalte Herz* werden zu Recht von Jung und Alt auch heute noch gern gelesen, weil sie es in ihrem Spannungsgehalt mit mancher modernen Abenteuergeschichte aufnehmen können.

Gerhart Hauptmann

* 15. 11. 1862 *in Ober-Salzbrunn*
† 6. 6. 1946 *in Agnetendorf*

Gerhart Hauptmann wurde in dem kleinen Kurort Ober-Salzbrunn in Schlesien als Sohn eines Gastwirts geboren. Er begann ein Bildhauerstudium in Breslau und studierte anschließend Geschichte in Jena und Berlin. Dort nahm er auch Schauspielunterricht und heiratete 1885. Seit diesem Jahr lebte er als freier Schriftsteller. Sein erster Erfolg war die Erzählung *Bahnwärter Thiel,* die Geschichte eines einfachen Mannes, der an seiner zweiten Ehe zerbricht. Der große Durchbruch gelang ihm mit dem Drama *Vor Sonnenaufgang*. Bei dessen Uraufführung am 20. Oktober 1889 im ↗Theater ›Freie Bühne‹ Berlin kam es zu einem handfesten Tumult. Publikum und Kritik waren gespalten. »Von Akt zu Akt wuchs der Lärm. Schließlich lachte und jubelte, höhnte und trampelte man mitten in die Unterhaltung der Schauspieler hinein«, berichtete ein Zeuge des Geschehens. Viele Theaterbesucher waren empört über die naturalistische, d. h. wirklichkeitsnahe Darstellung auch der Schattenseiten des Lebens, die ihnen der junge Dichter hier zumutete: Verschwendungssucht und Laster unter den Reichen im schlesischen Bergbaugebiet und bittere Armut bei den Bauern und Grubenarbeitern. Die Menschen in *Vor Sonnenaufgang* sprechen den ↗Dialekt ihrer schlesischen Heimat, ihre Sprache ist einfach und oft ganz gewöhnlich. Die Sympathie des Dichters gehörte eindeutig den Unterdrückten. Vergebens forderte der Polizeipräsident von Berlin: »Es muss mit der ganzen Richtung aufgeräumt werden.« Aber Hauptmann war mit einem Schlag berühmt und mit ihm eroberte vorübergehend eine neue literarische Richtung die deutschen Bühnen, der ↗Naturalismus. Berlin wurde eine entscheidende Station. Dort fand er die Stoffe für seine Dramen und die Schauspieler, die sie auf der Bühne verwirklichten. Später lebte er vornehmlich in Agnetendorf im schlesischen Riesengebirge.

Den Höhepunkt des naturalistischen Theaters bildete das soziale Drama *Die Weber* (1892), das erst nach einem Gerichtsverfahren aufgeführt werden durfte. Es ist die Tragödie der schlesischen Weber, die sich 1844 in einer Hungerrevolte erhoben, aber von Truppen blutig niedergeworfen wurden. Naturalistische Mittel setzte Hauptmann auch in der volkstümlichen Diebeskomödie *Der Biberpelz* ein. Die Waschfrau Mutter Wolffen setzt sich darin mit List und Pfiffigkeit gegen die dünkelhaften Beamten durch und gibt sie so der Lächerlichkeit preis. Neue Wege ging der Dichter mit dem Traumspiel *Hannele Matterns Himmelfahrt* (1893), in dem sich ein sterbendes kleines Mädchen im Armenhaus in eine bessere Welt hinüberträumt. Auch in seinem »Märchendrama« *Die versunkene Glocke* (1897) findet sich das Glück in einer anderen, außerirdischen Welt. Es wurde sein zu Lebzeiten meistgespieltes Stück. Sein Mitleid und die Anteilnahme am Schicksal einfacher Leute spiegeln auch die tragischen Stücke *Fuhrmann Henschel* (1899) und *Rose Bernd* (1903). Zu den Höhepunkten seiner Erzählkunst gehört der Roman *Der Narr in Christo Emanuel Quint,* die Geschichte eines religiös verzückten Schreinergesellen, der die Botschaft der christlichen Liebe erneuert und zunächst viele Anhänger um sich versammelt. Freilich begegnen ihm auch Hohn und Ablehnung, die zu Gewalttätigkeiten führen. Nach schlimmen Verfolgungen und Verdächtigungen zieht Quint durch Deutschland in die Schweiz und kommt dort einsam im Schneesturm um.

Hauptmanns Werke fanden auch im Ausland starke Beachtung. Sie wurden vielfach übersetzt und kamen in aller Welt auf die Bühne. Im Jahre 1912 erhielt er den Nobelpreis für Literatur. Für die Deutschen war er besonders nach dem Ersten Weltkrieg eine der großen, gefeierten Dichterpersönlichkeiten. Als einer der wenigen bekannte er sich von Anfang an zur Weimarer Republik. Deshalb gab es sogar Überlegungen ihn zum Staatsoberhaupt der Republik zu wählen. Ein Höhepunkt dieser Jahre war seine Reise durch die USA.

Während der nationalsozialistischen Diktatur blieb Hauptmann in Deutschland. Seine Stücke wurden gespielt. Er selbst trat jedoch nur selten hervor, außer an seinem 80. Geburtstag, an dem er sich öffentlich feiern ließ. Im Übrigen lebte er zurückgezogen in seinem Haus »Wiesenstein« bei Agnetendorf oder auf der kleinen Insel Hiddensee bei der Insel Rügen. Seine Arbeit galt hauptsächlich dem erzählerischen Werk, zu dem die ↗Biografie seiner jungen Jahre, *Das Abenteuer meiner Jugend,* gehört. Der Theaterdichter Hauptmann wandte sich später Stoffen aus der griechischen Sagenwelt zu. Gegen Ende des Zweiten Weltkriegs erlebte er, hochbetagt, den Zusammenbruch seiner Welt. Seinem Wunsch entsprechend wurde er auf Hiddensee beerdigt.

Friedrich Hebbel

* 18. 3. 1813 *in Wesselburen*
† 13. 12. 1863 *in Wien*

Hebbel wuchs in Wesselburen im damals dänischen Holstein in sehr einfachen Verhältnissen auf. Der Tagelohn seiner Eltern reichte nicht einmal für das tägliche Essen. Diese Not verbitterte den Vater völlig. Sein früher Tod befreite Friedrich vom Zwang, wie sein Vater Maurer werden zu müssen. Der Kirchspielvogt am Ort nahm ihn auf, nutzte ihn aber trotz seiner offensichtlichen Begabung als Laufburschen aus. Hebbel nannte ihn später »das größte Unglück meines Lebens«. Mit eiserner Willenskraft lernte er um das Gymnasium nachholen und dann studieren zu können. Schon mit sechzehn Jahren veröffentlichte er sein erstes Gedicht in einem Heimatblättchen und erregte gleich Aufmerksamkeit. Die Schriftstellerin Amalie Schoppe holte ihn daraufhin nach Hamburg und förderte sein Talent. Sie vermittelte ihm auch weitere Gönner, so dass Hebbel das Gymnasium abschließen konnte. Nach dreijährigem Jurastudium in Heidelberg und München kehrte er mittellos nach Hamburg zurück. Um sich über Wasser zu halten arbeitete er für ↗Zeitungen und schrieb Erzählungen. In wenigen Wochen vollendete er sein erstes Drama *Judith* (1841), das am Königlichen Hoftheater in Berlin uraufgeführt wurde und ihn mit einem Schlag berühmt machte. Der dänische König, sein Landesherr, lud ihn nach Kopenhagen ein und gewährte ihm ein Stipendium für eine Bildungsreise. Diese führte ihn über Paris nach Neapel und Rom. Dabei beendete er die Arbeit an dem bürgerlichen Trauerspiel *Maria Magdalene* (1844). Im November 1845 kam er, wieder völlig mittellos, in Wien an. Hier heiratete er die Hofschauspielerin Christine Enghaus. In den Wiener Jahren entstanden seine großen Dramen, mit denen er neben ↗Grillparzer und ↗Nestroy Höhepunkte am Wiener Theater setzte: *Herodes und Marianne* (1849), *Gyges und sein Ring* (1856), *Agnes Bernauer* (1852). Daneben schrieb Hebbel Gedichte *(Herbstlied)* und ↗Balladen wie den unheimlichen *Heideknaben.*

Johann Peter Hebel

* 10. 5. 1760 *in Basel*
† 22. 9. 1826 *in Schwetzingen*

Johann Peter Hebel wurde in Basel geboren; sein Vater, ein ehemaliger Soldat, starb schon ein Jahr danach; die Mutter zog daraufhin nach Hausen bei Lörrach in Baden, wo Hebel die Schule besuchte. Er war erst dreizehn Jahre alt, als auch sie starb, und er musste sich nun, notdürftig unterstützt von ein paar Verwandten, selbst durchs Leben schlagen. Bis 1778 besuchte er das Gymnasium in Karlsruhe, dann studierte er evangelische Theologie in Erlangen. Nach dem Examen wurde er Vikar in Lörrach und von 1791 an Lehrer am Gymnasium in Karlsruhe, wo er von nun an fünfunddreißig Jahre bis zu seinem Tode wirkte. Er gewann zunehmend an Ansehen, wurde Direktor des Gymnasiums und schließlich ein hoher Würdenträger der evangelischen Landeskirche.

Erst im Alter von vierzig Jahren trat er als Dichter hervor. 1803 veröffentlichte er seine aus Heimweh entstandene Sammlung *Alemannische Gedichte,* wunderschöne Naturbilder und Heimatlieder in alemannischer ↗Mundart. Selbst ↗Goethe lobte diese Gedichte, in denen Hebel »das Universum anmutig verbauere«. Fünf Jahre später übernahm er im Auftrag seiner Kirchenbehörde die Redaktion des ›Rheinländischen Hausfreundes‹. Diesen Volkskalender betreute er sieben Jahre lang. Hebel steuerte selbst viele Geschichten bei, die er später unter dem Titel *Schatzkästlein des Rheinischen Hausfreunds* gesammelt herausgab. Hier finden sich nun die vielen, seitdem auch oft in Lesebüchern abgedruckten ↗Kalendergeschichten vom Zundelfrieder und vom Zundelheiner, von den drei Dieben, den merkwürdigen Schicksalen eines jungen Engländers, Kannitverstan und wie sie alle heißen. In seiner warmherzig-humorvollen und menschenfreundlichen Art beschreibt Hebel anschaulich die Welt der kleinen Leute. Diese sahen sich hier gespiegelt und nahmen deshalb auch seine versteckten moralischen Ermahnungen bereitwillig auf. Kaum ein anderer deutscher Dichter konnte so lebendig und humorvoll, so dramatisch und dabei doch so einfach und klar schildern wie er. So überrascht es auch nicht, dass seine Geschichten, die von Jung und Alt gleichermaßen gern gelesen wurden, auch heute noch nicht viel an Beliebtheit eingebüßt haben und zu den großen Werken der deutschen Literatur zählen. Seine für Jugendliche bearbeiteten *Biblischen Geschichten* (1822) sind leider, im Gegensatz zu seinen ↗Schwänken, in Vergessenheit geraten.

Heinrich Heine

* 13. 12. 1797 *in Düsseldorf*
† 17. 2. 1856 *in Paris*

Heine galt schon zu Lebzeiten nach ↗Goethe als einer der bedeutendsten Lyriker der deutschen Literatur des 19. Jahrhunderts. Andererseits wurde er auch heftig angegriffen, seine Bücher wurden verboten und er musste mehr als zwanzig Jahre im Exil leben. Sein lebenslanger Kampf gegen Unaufrichtigkeit, Heuchelei und Vorurteile, die Heine immer wieder anprangerte, forderten diesen Preis. Zudem war er in eine Zeit hineingeboren worden, in der noch immer Altes und Überliefertes gepflegt wurde, obwohl es seine Bedeutung schon längst verloren hatte. Das galt besonders für Kunst und Politik. Seine Geburtsstadt war Düsseldorf, wo er bereits in jungen Jahren mit den Ideen der Französischen Revolution in Berührung kam, die ihn schon deshalb besonders faszinierten, weil sie ihm als Juden die bürgerliche Freiheit und die Gleichberechtigung mit den Christen versprachen. Nach einer Banklehre trat er 1817 in die Bank seines Onkels ein und versuchte sich später, allerdings erfolglos, als selbständiger Kaufmann. Er besuchte die Universitäten in Bonn, Göttingen und Berlin, wo ihn die Literaturvorlesungen mehr interessierten als sein Jurastudium, das er aber dennoch mit Examen und Promotion abschloss. Heine wäre gern Professor für Literatur geworden. Da diese Laufbahn jedoch nur Christen offen stand, ließ er sich taufen. Trotzdem wurde ihm die Professur verwehrt. Enttäuscht unternahm er lange Reisen, unter anderem nach England und Italien, schrieb für ↗Zeitungen und wurde schließlich 1831 Korrespondent der angesehenen ›Allgemeinen Zeitung‹ in Paris. Mit den hier veröffentlichten Artikeln begründete er die moderne Form des ↗Feuilletons und machte sich damit einen Namen. Er galt als Führer einer Gruppe von Autoren, die sich das ↗»Junge Deutschland« nannte und tief greifende Reformen für nötig hielt. 1835 wurden die Schriften des »Jungen Deutschland« in allen Staaten des Deutschen Bundes verboten. Heine musste nun in Paris bleiben, wo er von einer Pension der französischen Regierung lebte. Im Jahre

1848 erkrankte er an Rückenmarkschwindsucht, die ihn acht Jahre lang an seine »Matratzengruft« fesselte, bis er 1856 gelähmt, fast blind und verarmt starb. Heines Werk umfasst alle literarischen Formen, ein geplanter ↗Roman *Der Rabbi von Bacherach* blieb allerdings Fragment. Seine ersten, in verschiedenen Zeitschriften veröffentlichten Gedichte erschienen 1827 in dem Sammelband *Buch der Lieder.* Wie viele romantische Gedichte erzählen diese Lieder von Liebe und Sehnsucht, von ↗Märchen und von der Vergangenheit. Sie klingen wie ↗Volkslieder und manche, wie z. B. *Ich weiß nicht, was soll es bedeuten,* sind es auch geworden. Allerdings war Heine hellhörig für falsche romantische Gefühle, die lediglich der Flucht vor der Wirklichkeit dienten. Deshalb hört man in vielen seiner Gedichte einen ironischen Ton, der die Idylle in Frage stellt. Außerdem versteht er es, darin Missstände aller Art ebenso geistreich wie beißend zu kritisieren.

Ähnliches lässt sich auch von Heines späteren Gedichten sagen: Er beherrscht Form und Sprache vollendet, er entlarvt, indem er lächerlich macht. Das vergaßen ihm seine Gegner – die Nationalisten, die Politiker, die Spießer, die Zensoren – nie. Der Gedichtzyklus *Deutschland, Ein Wintermärchen* (1844) ist eine scharfe Abrechnung mit politischen und gesellschaftlichen Missständen. Auch hier übersahen die Gegner nur zu gerne, dass Heine nicht gegen Deutschland schrieb, sondern allein gegen diejenigen, die für die Missstände verantwortlich waren. In den Jahren des politischen Kampfes schuf er zahlreiche Gedichte, in denen er leidenschaftlich Stellung bezog und sich zugleich als tief und wahr empfindender Mensch zeigte. Der Ruhm des Prosaschriftstellers Heine beruht vor allem auf den *Reisebildern,* z. B. der *Harzreise, Die Stadt Lucca* oder *Die Bäder von Lucca.* Die Reisebilder sind keine genauen Reisetagebücher, vielmehr führt der Autor mit dem Leser ein Gespräch, das locker von Thema zu Thema springt. Natürlich verleugnet Heine auch hier weder seine politischen noch seine künstlerischen Abneigungen oder Vorlieben. Weitere wichtige Werke sind seine Schriften, die allgemeine Fragen der Politik, Philosophie und Kunst behandeln, so z. B. *Die romantische Schule* und *Zur Geschichte der Religion und Philosophie in Deutschland.* Da diese Werke meist während des Exils in Paris entstanden sind, erschienen sie bald in französischer Übersetzung und trugen so dazu bei, deutsche Literatur und Philosophie in Frankreich bekannt zu machen. Damit war ein Hauptanliegen Heines verwirklicht – das gegenseitige Kennenlernen von Deutschen und Franzosen.

Johann Gottfried Herder

*25. 8. 1744 *in Mohrungen*
† 18. 12. 1803 *in Weimar*

Er hatte »... ein rundes Gesicht, eine bedeutende Stirn, eine etwas stumpfe Nase, einen etwas aufgeworfenen, aber höchst individuell angenehmen, liebenswürdigen Mund. Unter schwarzen Augenbrauen ein Paar kohlschwarze Augen, die ihre Wirkung nicht verfehlten«, so porträtiert der junge ↗Goethe seinen einige Jahre älteren Freund Johann Gottfried Herder aus Mohrungen in Ostpreußen, einen armen Lehrerssohn, der in Königsberg Theologie studierte, doch auch von Jean-Jacques Rousseaus Kulturkritik beeindruckt war. Aber nicht nur seine Augen wirkten auf Goethe und seine Zeitgenossen. Er öffnete ihnen, vielfach erstmals, den Zugang zu einer anderen Kultur und regte sie zu der Beschäftigung mit der Geschichte der eigenen und anderer Sprachen und Dichtungen an. Im Jahr 1770 vermittelte Herder Goethe die Schönheiten der gotischen Baukunst, etwa in Gestalt des Straßburger Münsters. Er lenkte seinen Blick auch auf den in dieser Zeit noch verkannten englischen Dramatiker Shakespeare (↗England). Herder besaß als einer der Ersten seiner Zeit eine fast moderne Auffassung von Kunst: Gegen die Meinung vieler Zeitgenossen hielt er natürliche Einfachheit für kunstvoller als gespreizte Formen. Zu dieser Anschauung war er im Verlauf einer langen Seereise gekommen, die ihn von seiner ostpreußischen Heimat ins französische Nantes geführt hatte. Im danach entstandenen *Journal einer Reise* (1769), vor allem aber in seiner *Abhandlung über den Ursprung der Sprache* (1772) suchte er nach den Quellen der Dichtkunst. Er glaubte sie in der Volksdichtung gefunden zu haben: »Poesie ist älter als Prosa«, notierte er hierzu. Die eigentliche Kunst müsse man also bei der frühen »einfachen« Volksdichtung suchen. Und so sammelte Herder die *Lieder der Völker* und schrieb sie auf. Diese Auffassung von einer »natürlichen« Kunst verdrängte bald den Kunstbegriff der ↗Aufklärung; aus ihr erwuchs dann auch die Vorstellung vom ↗Dichter als Genie, das sich um Regeln wenig kümmert. – Goethe hat seinen Straßburger Freund später zu sich nach Weimar geholt, wo ihm ein hohes kirchliches Amt übertragen wurde. Obwohl ihre Freundschaft nicht ungetrübt blieb, zumal Herder infolge eines Augenleidens im Alter recht unleidlich wurde, arbeiteten sie zusammen an der Abhandlung *Ideen zur Philosophie der Geschichte der Menschheit* (1784–1791). Krank und vereinsamt starb Herder 1803 in Weimar. Die literarische Bewegung des ↗Sturm und Drang, aber auch ↗Klassik und ↗Romantik sind ohne seine Gedanken nicht vorstellbar.

Hermann Hesse

* 2. 7. 1877 *in Calw*
† 9. 8. 1962 *in Montagnola bei Lugano*

Kein anderer Dichter aus jüngerer Zeit wurde so heißhungrig gelesen wie Hermann Hesse, von keinem anderen fühlten junge Menschen sich so angesprochen, kaum ein anderer wurde aber auch so heftig angegriffen. Wegen seiner klaren pazifistischen Einstellung im Ersten Weltkrieg nannte man ihn einen »Drückeberger« und »vaterlandslosen Gesellen«. Die Nazis beschimpften ihn als »Kulturbolschewisten«. Zu seinem 80. Geburtstag schließlich wurde ihm in einer literarischen Streitschrift schlechter Stil und eine konventionelle Sprache nachgesagt. Daneben wurde Hesse wie kaum ein anderer deutschsprachiger Dichter mit Preisen überhäuft, u. a. 1946 mit dem Nobelpreis und 1955 mit dem Friedenspreis des Deutschen Buchhandels. Seine Werke erschienen in aller Welt. In der Mitte unseres Jahrhunderts gab es eine wahre Hesse-Welle, in Japan stiegen die Auflagen seiner Bücher auf 6 Millionen, in den USA überschritten sie 8 Millionen Exemplare. Dieser »letzte Ritter der Romantik«, den man in keine literarische Gruppe einordnen kann, wurde ein ↗Bestseller, dessen ebenso große wie eingeschworene Lesergemeinde sich von keinerlei Kritik an ihm beeinflussen ließ und lässt. Wohl nicht zuletzt deshalb, weil alle seine Bücher stets ein persönliches Bekenntnis seines konfliktreichen Lebens darstellen.

Hesse wurde im schwäbischen Städtchen Calw geboren. Er stammte aus einer sehr religiösen, international weit verzweigten Familie. Der Vater war als Prediger und Sprachlehrer in Indien tätig, die Mutter war die Tochter eines Missionars, ein Vetter arbeitete als Missionar und Sprachlehrer in Japan. Auch Hermann sollte Theologie studieren, doch er brach aus dem Seminar im schwäbischen Maulbronn aus, wo er sich wie in einem Zuchthaus gefühlt hatte. Als die Eltern, um sein Verhalten zu »normalisieren«, ihn an anderen Schulen unterbrachten, versuchte er sich das Leben zu nehmen. Man brachte ihn in eine Heilanstalt, von wo er sich in einem erschütternden ↗Brief an seinen Vater die ganze innere Verlassenheit vom Herzen schrieb. Nur langsam stellte sich Genesung ein. Während dieser Zeit verschlang er die Bücher in der reichhaltigen großväterlichen ↗Bibliothek. Er spielte mit dem Gedanken nach Brasilien auszuwandern, wurde aber doch schließlich Buchhändlerlehrling in Tübingen und Gehilfe in Basel. Sein Selbstvertrauen wuchs mit seinen ersten dichterischen Versuchen. Fanden schon seine Gedichte wegen ihrer schlichten, liedhaften Schönheit Beifall, so brachte dem 27-Jährigen der von ↗Keller inspirierte Entwicklungsroman *Peter Camenzind* den ersten großen Erfolg. Ihm folgte *Unterm Rad,* das die bittere Jugendzeit wie in einem Spiegel einfängt. Mit *Knulp,* der idyllischen Geschichte eines Landstreichers, und *Rosshalde* endet seine erste (↗impressionistische) Schaffensphase. Hesse war nun ein geachteter Schriftsteller. In München machte ihn sein Verleger Samuel Fischer mit Thomas ↗Mann bekannt, Ludwig ↗Thoma besuchte ihn, mit Stefan ↗Zweig führte er einen regen Briefwechsel. In Gaienhofen am Bodensee verlebte er eine glückliche Zeit mit seiner Frau Maria. Im Juli 1911 wurde sein Sohn Martin geboren. Im gleichen Jahr brach er mit einem Freund zu einer Reise nach Indien auf. Diese *Flucht aus Europa,* die Hesse in einem Tagebuch festhielt, beschleunigte seinen Weg nach innen, der besonders in *Siddharta* deutlich wird. 1912 übersiedelte die Familie nach Bern. Hier erlebte Hesse den Ausbruch des Ersten Weltkrieges; bei der Musterung auf dem deutschen Konsulat wurde er wegen »hochgradiger Kurzsichtigkeit« zurückgestellt. Die Schrecken des Krieges machten ihn zu einem entschiedenen Kriegsgegner; von Heldentum hielt er nichts. Als er mit der Kriegsgefangenenfürsorge beauftragt wurde, widmete er sich ganz dieser Aufgabe und gründete eine »Bücherei für deutsche Kriegsgefangene«. Nach Kriegsende erschienen die Romane, die die Heimkehrer und die damalige Jugend begeistert aufnahmen: *Demian* (1919), die Geschichte eines jungen Menschen, der sich selber finden muss, und *Der Steppenwolf* (1927), die Geschichte eines Außenseiters, der an der Krankheit seiner (wölfischen) Zeit leidet und keinen Ausweg weiß. Dieses Buch zog vor allem die Protestgeneration der 70er Jahre an. Die Heimkehrer aus dem Zweiten Weltkrieg wiederum beeindruckte Hesses *Glasperlenspiel* (1943), in dem es um die Erziehung des Menschen zu einer friedlichen Lebensweise geht. Ab 1919 lebte Hesse, seit 1924 als Schweizer Bürger, in Montagnola, wo er auch starb. Das Nachkriegsdeutschland blieb ihm fremd.

Ernst Theodor Amadeus Hoffmann

* 24. 1. 1776 *in Königsberg*
† 25. 6. 1822 *in Berlin*

Auf dem Grabstein E. T. A. Hoffmanns in Berlin stehen die Worte »Ausgezeichnet im Amte, als Dichter, als Tonkünstler, als Maler«, und tatsächlich hat er in allen diesen Bereichen Außerordentliches geleistet. Geboren wurde er in Königsberg. Sein trunksüchtiger Vater ließ die Familie bald nach der Geburt des Sohnes im Stich. Unter der freudlosen Jugend und deren Nachwirkungen litt Hoffmann sein ganzes Leben. Er schlug die Juristenlaufbahn ein, wurde 1800 Assessor, verlor aber in den Wirren der Napoleonischen Kriege seine Stellung und schlug sich von 1808 bis 1814 als Kapellmeister in Bamberg, Leipzig und Dresden durch. 1816 wurde er Richter in Berlin. Er starb dort – als ausgezeichneter und angesehener Beamter – 1822, gerade erst 46 Jahre alt.

Künstlerisch war er ungemein vielseitig begabt. Schon als Kind wurde er früh »mit Musik geplagt« und dank seiner Begabung konnte er später jahrelang seinen Lebensunterhalt damit verdienen. Aus Begeisterung für Mozart nahm er den Vornamen Amadeus an. Er erreichte zwar nicht dessen musikalische Größe, schuf aber durchaus beachtenswerte Kompositionen, die auch heute noch aufgeführt werden. Dank seines ausgeprägten zeichnerischen Talents schuf er manche Karikaturen und Illustrationen zu seinen dichterischen Werken.

Der Dichter Hoffmann hinterließ ein umfangreiches Erzählwerk, das wie ein spukhafter dämonischer Traum anmutet und die deutsche ↗Romantik vor allem in ↗Frankreich und Amerika (↗USA) berühmt machte und dort manchem Schriftsteller als Vorbild diente (z. B. auch E. A. Poe). 1814/15 begann er mit *Fantasiestücke in Callot's Manier* (Callot war der Schöpfer fantastischer und unheimlicher Kupferstiche). Es entstand der berühmte *Goldene Topf,* die Geschichte vom Studenten Anselmus, der mitten aus einem bürgerlichen Sonntagsvergnügen in eine Zauberwelt gerät und die schöne Tochter des Zauberers gewinnt. Unter den Musiknovellen dieser Sammlung ragt der an Mozart anknüpfende *Don Juan* hervor. Auch die von 1819 bis 1821 entstandenen *Serapions-Brüder* bieten große Erzählungen: *Doge und Dogaresse* spielt im spätmittelalterlichen Venedig und besticht durch anziehende Schilderungen des Volkslebens. *Meister Martin der Küfner und seine Gesellen* führt ins alte Nürnberg und regte durch die Darstellung des Handwerkerlebens Richard Wagner zu den *Meistersingern von Nürnberg* an. Im *Fräulein von Scuderi* wird ein besessener Goldschmied im Paris Ludwigs XIV. zu einem gefährlichen Verbrecher. Bei Hoffmann finden sich häufig bestimmte Stilmittel: Genaue Beschreibungen von Details lassen den Leser glauben, das Erzählte sei wirklich und wahr, doch unversehens gleiten die Vorgänge ins Fantastische, Märchenhafte oder Dämonische ab um dann wieder in die Wirklichkeit einzuschwenken. Da wandern am hellen Tag Gespenster durch die Gegend, Tod verwandelt sich in Leben, Leben in Tod. Viele ↗Motive unserer modernen ↗Fantasy-Erzählungen hat er schon vorweggenommen.

Der ↗Roman *Die Elixiere des Teufels* gleicht einem wirren Fiebertraum. Um sein fluchbeladenes Geschlecht zu entsühnen tritt der junge Medarus als frommer Bruder in ein Kloster ein, wird aber durch einen Teufelstrank überwältigt und in Verbrechen und Wahnsinn gehetzt, bis er endlich Erlösung findet. Hoffmann behandelt hier das Thema des Doppel-Ichs in Verbindung mit einer grausamen Vererbungstheorie. In den *Lebens-Ansichten des Katers Murr* schildert der biedere, bürgerliche und biedermeierliche Kater Murr sein behagliches Leben, doch ist in die Darstellung die gegensätzliche Lebensgeschichte des Kapellmeisters Kreisler eingesprengt, der ein Ebenbild Hoffmanns ist und dessen fein empfindende, bizarre Künstlerseele schließlich in jenem Wahnsinn endet, den Hoffmann selbst oft befürchtete: »Die Wochentage bin ich Jurist, höchstens etwas Musiker, sonntags am Tag wird gezeichnet und abends bin ich ein sehr witziger Autor« und geistreicher Plauderer, der sich jahrelang mit dem Schauspieler Devrient und anderen Berliner Persönlichkeiten in der berühmten Weinstube von Lutter und Wegner traf. Beliebt und noch heute gelesen sind seine Märchen *Klein Zaches* (1819) und *Meister Floh* (1822). Sein Leben und künstlerisches Gesamtwerk wirkten nachhaltig auch auf die Musikentwicklung. Robert Schumann setzte in seinem Musikstück *Kreisleriana* das Lebensgefühl des Dichters in Musik und Jacques Offenbach entnahm u. a. der Erzählung *Rat Krespel* die Motive zu seiner Oper *Hoffmanns Erzählungen.*

Friedrich Hölderlin

* 20. 3. 1770 *in Lauffen am Neckar*
† 7. 6. 1843 *in Tübingen*

Mitten in Tübingen liegt am Neckarufer ein kleines Museum besonderer Art, der Hölderlin-Turm. Dort hat ein geistig umnachteter Dichter die zweite Hälfte seines Lebens verbracht, bis der Tod ihn 1843 endlich erlöste: Friedrich Hölderlin. Bevor er 1806 erkrankte, hat er ein dichterisches Werk geschaffen, das erst in unserem Jahrhundert in seiner Bedeutung erkannt wurde und bis heute weiter wirkt. Schon als Kind versuchte er, sich von der »Welt der Menschen« abzusondern. Von seiner Mutter zum Geistlichen bestimmt – der Vater war schon 1772 gestorben – kam der Junge auf die Lateinschule in Nürtingen und danach als Sechzehnjähriger an die strenge Klosterschule Maulbronn. Dort verstärkte sich seine Neigung zur Melancholie. Obwohl er sich eigentlich nicht zum Geistlichen berufen fühlte, folgte er dem Wunsch der Mutter und studierte Theologie, ab 1788 am berühmten Tübinger Stift. Er begeisterte sich wie andere »Stiftler« für die Ideale der Französischen Revolution. Zugleich sah er im klassischen Griechenland eine Epoche, in der große Ideale der Menschheit verwirklicht waren: unbefangene Natürlichkeit und geistige Vollendung in harmonischer Übereinstimmung. Hölderlin beschäftigte fortan der Gedanke den idealen Typus des »griechischen« Menschen in der eigenen Zeit wieder zu entdecken. Nach dem theologischen Examen begannen so ruhelose Jahre des Wanderns. Seine Hoffnungen auf eine Stelle als »Hofmeister« (d. h. als Hauslehrer) erfüllten sich 1796 endlich, als er in den Dienst des Frankfurter Bankiers Gontard trat. Doch er verliebte sich ohne Aussicht auf Erfüllung in die Frau des Hausherrn, Susette Gontard. Auch als Gontard 1798 das Dienstverhältnis kündigte, blieben die »unsichtbaren Beziehungen« der beiden Liebenden bestehen. Susettes Briefe sind uns erhalten. Hölderlin hat der Geliebten als »Diotima« in Gedichten und in seinem in Homburg entstandenen Briefroman *Hyperion oder Der Eremit in Griechenland* (1792–1797) ein Denkmal gesetzt. In diesen in hymnischer Sprache verfassten ↗Briefen gibt ein junger, freiheitlich gesinnter Grieche seine Empfindungen und Gedanken wieder.

Ein Versuch, sich als Hofmeister in Bordeaux von der unglücklichen Liebe zu lösen, scheiterte 1802, ebenso wie eine nähere Kontaktaufnahme zu ↗Goethe und ↗Schiller. Diese Enttäuschungen verstärkten Hölderlins Melancholie. Doch bis zum endgültigen Ausbruch seiner Geisteskrankheit entstanden noch große Hymnen, in denen er die Verbindung von christlicher und antiker Welt beschwor.

Uwe Johnson

* 20. 7. 1934 *in Kammin/Pommern*
† 23. 2. 1984 *in Sheerness-on-Sea/Kent*

Johnson ist als Sohn eines Gutsverwalters in Anklam aufgewachsen. Kurz vor Kriegsende war er Schüler in einem NS-Internat, aus dem er wenig später floh. Nach der Schulzeit in Güstrow studierte er bis 1956 Germanistik in Leipzig und Rostock. Nach massiven Anfeindungen wegen der Veröffentlichung seines ersten Romans *Mutmaßungen über Jacob* (1959) verließ er die DDR, lebte bis 1962 in West-Berlin, später in Rom und von 1966 bis 1968 als Schulbuchlektor in New York. Von 1974 bis zu seinem Tod 1984 lebte er, zurückgezogen vom Literaturbetrieb, von seelischen Krisen und vom Alkohol erschüttert, auf der Kanalinsel Sheerness-on-Sea.

»Ich meine nicht, dass es die Aufgabe der Literatur wäre, die Geschichte mit Vorwürfen zu bedecken. Die Aufgabe von Literatur ist vielmehr eine Geschichte zu erzählen.« An diesen Vorsatz hielt sich Johnson. In seinem ganzen, wenige Veröffentlichungen umfassenden Werk erzählt er eigentlich »nur« die Geschichte der Schriftstellerin Gesine Cresspahl und der sie umgebenden Personen. Schon in den *Mutmaßungen über Jacob* wird sie vorgestellt. Ihren weiteren literarischen Lebenslauf, der in vielen Stationen Johnsons eigenem entsprach, hat er in dem vierbändigen Roman *Jahrestage* (1970–1983) in im deutschen Sprachraum bis dahin unbekannter epischer Breite geschildert. Schlagartig brachte er sich damit ins Rampenlicht des öffentlichen Interesses. Neu und ungewohnt war die Art verschiedene Erzähltechniken und Ausdrucksmöglichkeiten mosaikartig miteinander zu verbinden um damit unterschiedliche Sichtweisen zu veranschaulichen. Johnson selbst nimmt sich dabei als Autor zurück und überlässt auch die Deutung des Endes der Vorstellung seiner Leser. In diesem, wie in allen seinen weiteren Werken (*Das dritte Buch über Achim,* 1961, *Karsch und andere Prosa,* 1964, *Zwei Ansichten,* 1965) beschreibt er (Über-)Lebensformen und Bewusstseinsprozesse des Einzelnen vor dem Hintergrund des Nationalsozialismus und der deutschen Teilung. Dies hat Johnson schon früh die Bezeichnung »Dichter der Teilung« eingebracht. Gegen diese Vereinnahmung hat er sich jedoch stets heftig zur Wehr gesetzt. Neben den großen Romanen erzählte Johnson das ↗Märchen *Vom Fischer un syne Fru* (1976) nach, veröffentlichte ↗Essays über seine Vorstellung von Dichtung (*Eine Reise nach Klagenfurt,* 1974, *Begleitumstände,* 1980) und literaturhistorische Werke über ihm wichtig gewordene Schriftsteller (↗Ingeborg Bachmann, Samuel Beckett, Margret Boveri).

Franz Kafka

* 3. 7. 1883 *in Prag*
† 3. 6. 1924 *in Kierling bei Wien*

»Ein Buch muss die Axt sein für das gefrorene Meer in uns«, das schrieb der zwanzigjährige Franz Kafka in einem Brief, in dem er sein »Programm« und die Wirkung seines Werks genau bezeichnete. Denn seine Prosa vermag bis heute die Menschen tief innen aufzurühren. Durch Kafkas Leben zieht sich wie ein roter Faden das Gefühl der Angst und die lähmende Vorstellung von den anderen abgeschnitten zu sein. Das Gefühl der Ausweglosigkeit beherrscht auch sein Werk. Kafka hatte schon als Kind unter einem tyrannischen Vater zu leiden, der dem Jungen alle Entfaltungsmöglichkeiten verwehrte: Er war ein engstirniger Geschäftsmann, grob und ohne jedes Verständnis für den ganz anders gearteten, sensiblen Sohn. Im *Brief an den Vater* schreibt Kafka: »Unverständlich war mir immer deine vollständige Empfindungslosigkeit dafür, was für Leid und Schande du mit deinen Worten und Urteilen mir zufügen konntest.«
Der Junge wurde auf das humanistische Gymnasium geschickt – auch dort litt er unter der herrschenden Kälte und dem Drill. Anschließend musste er Jura studieren. Kafka nahm zwar diese aufgezwungenen Pflichten auf sich, aber das Gefühl gegen seine wahre Natur zu leben verstärkte sich dadurch noch. Die Einengung seines Lebens zeigte sich auch darin, dass er zeitlebens nie von seiner Heimatstadt Prag loskam. Dort, in der Altstadt, war er aufgewachsen und es ist eine Art Hassliebe, die ihn an diese kleine Welt kettete: »Dieses Mütterchen hat Krallen«, schreibt er einmal. Dazu kommt, dass er, der Jude, zwar »jüdisch« erzogen wurde, aber den Glauben seiner Väter innerlich nicht mehr teilen konnte. Und schließlich war er auch als Angehöriger der deutschen Minderheit inmitten einer tschechischen Umgebung in seinen Entwicklungsmöglichkeiten von vornherein eingeschränkt. Einerseits versuchte Kafka nun ständig diese trennenden Mauern niederzureißen und sein Bedürfnis nach einem »normalen« Leben zu befriedigen. 1906 schließt er seine Studien mit dem »Dr. jur.« ab und

tritt zwei Jahre darauf eine Stelle bei einer Versicherungsgesellschaft an. Von 1912 an bemüht er sich um größere innere Festigkeit und sucht mehrfach Bindungen zu Frauen einzugehen, aber den Verlobungen folgt stets nach kurzer Zeit die Trennung. Auf der anderen Seite flüchtet er geradezu in das Alleinsein, schottet sich regelrecht ab und lässt nur ganz wenige Freunde an sich heran. Es ist wohl kein Zufall, dass er etwa zeitgleich (1912), meist nachts, mit seinem »Gekritzel« beginnt, das er als sein eigentliches Leben ansieht. Neben Tagebüchern entstehen jetzt rätselhafte (oft nur wenige Sätze lange) Skizzen und vieldeutige Erzählungen (Parabeln), die auch heute noch immer wieder zu neuen Interpretationen Anlass geben. Eine seiner bekanntesten Geschichten trägt den Titel *Die Verwandlung* (1916); sie führt aus, wie ein junger Mann sich, als er »eines Morgens aus unruhigen Träumen erwachte«, in ein »ungeheures Ungeziefer verwandelt« sieht. Seine Familie wendet sich immer mehr von diesem »missratenen« Sohn ab. Völlig verkümmert geht er schließlich jämmerlich zu Grunde. Kafkas bekannteste ↗Romane *Der Prozess* und *Das Schloss* verarbeiten ebenfalls menschliche Urerfahrungen wie Angst und Ausweglosigkeit. Beide Romanfragmente wurden 1925 und 1926 posthum von dem Freund und Nachlassverwalter Max Brod entgegen Kafkas Wunsch veröffentlicht, ebenso *Amerika*. Im *Prozess* wird Josef K. scheinbar grundlos plötzlich verhaftet, vor ein merkwürdiges Gericht gestellt und verurteilt. Was immer er auch unternimmt um seine Unschuld zu beweisen, es hilft ihm nichts. Er verstrickt sich nur noch tiefer in eine ihm unbewusste Schuld. Am Schluss wird er »wie ein Hund« getötet. Im Roman *Das Schloss* versucht der Landvermesser K. mit allen Mitteln Zugang zu der ihn faszinierenden Welt des Schlosses zu finden, aber alle seine Bemühungen scheitern am undurchdringlichen Dickicht der bürokratischen Instanzen. Auch dieser Roman sollte, so vermutet Brod, mit K.s Tod enden. Die ungeheuren Spannungen, die sich hier niederschlagen und denen auch der Mensch Kafka ausgesetzt war, haben wohl dazu beigetragen, dass seine ohnehin schwache Natur dem Zugriff der Tuberkulose hilflos preisgegeben war. Er erlag ihr 1924 in Kierling bei Wien. Auf dem jüdischen Friedhof seiner Heimatstadt ist er begraben. – Kafka, der zu Lebzeiten nur wenige seiner Werke veröffentlichte, wurde erst nach dem Zweiten Weltkrieg berühmt. Heute zählt er zu den Großen der modernen deutschen, ja der Weltliteratur. Die Ängste unserer Zeit, die Ohnmacht des Menschen gegenüber unserer anonymen technisierten Welt, überhaupt die Zweifel am Sinn des Lebens – sie hat dieser Autor wie kein Zweiter hellseherisch artikuliert.

Marie Luise Kaschnitz

* 31. 1. 1901 *in Karlsruhe*
† 10. 10. 1974 *in Rom*

Als sie 1955, nur wenigen bekannt, durch die Verleihung des Georg-Büchner-Preises plötzlich im Interesse der Öffentlichkeit stand, war sie selbst überrascht. Marie Luise Kaschnitz war damals für ein verhältnismäßig kleines, nur wenige Titel umfassendes dichterisches Werk ausgezeichnet worden und hatte ihre wichtigsten Werke noch gar nicht geschrieben. Sie hatte den Preis erhalten, weil ihre Dichtung einen Brückenschlag zwischen der antiken, vornehmlich römischen Kultur und den Problemen und Themen ihrer Zeit herstellte. Die genaue Kenntnis der ↗Antike (*Griechische Mythen,* 1942 und 1972) konnte die gelernte Buchhändlerin, die in Potsdam auf dem Schwarzwaldhof des Großvaters und auf dem Familienbesitz Bollschweil im Breisgau aufgewachsen war, auf den langen Studienreisen mit ihrem Mann, dem Archäologen Guido Kaschnitz von Weinberg, sammeln. An alle Orte seiner Lehraufträge begleitete sie ihn. Naziherrschaft und Krieg erschreckten sie. Sie verstummte und zog sich in die so genannte innere Emigration zurück. In ihrem Spätwerk *Orte, Aufzeichnungen* (1973) bekannte sie: »Eine Kämpferin war ich nie.« Dass sie durch ihr Schweigen Mitschuld auf sich geladen und Verantwortung abgelehnt hatte, hat sie nie bestritten. In ihrem Essayband *Menschen und Dinge* (1946) setzt sie sich mit den eigenen, aber auch mit den Problemen der Menschen der Kriegs- und Nachkriegszeit allgemein auseinander. Zunächst landschaftlich geprägt, gelingt ihr in ihren Gedichten (*Totentanz und Gedichte zur Zeit, Rückkehr nach Frankfurt,* beide 1947) und Erzählungen (*Das dicke Kind,* 1952) der Nachkriegsjahre eine leidenschaftliche, wenngleich spröde und »objektivierte« Aussage, mit der sie am Leid und Entsetzen der Zeit und ihrer Menschen teilnimmt: »Ich war an meine Zeit gebunden und hatte die Botschaften weiterzugeben, die ich von meinen Zeitgenossen empfing.« Noch im Krieg entwarf sie eines ihrer schönsten Werke, von dem sie wünschte, dass es erst nach ihrem Tode veröffentlicht werden sollte: *Der alte Garten. Ein modernes Märchen:* Ein Garten voller Geheimnisse, ein Rest Natur inmitten der betriebsamen, voll betonierten Stadt, letzter Zufluchtsort für Kinder. Hier wie in den anderen Werken, Gedichten und Erzählungen lenkt sie den Blick auf die wunderbaren Möglichkeiten und tödlichen Gefahren unseres Lebens. Überall wird Spannung spürbar, springt eine heilsame Unruhe auf den Leser über, ob in den Erzählungen *Lange Schatten* (1960), *Ferngespräche, Eisbären,* oder den ↗Hörspielen.

Erich Kästner

* 23. 2. 1899 *in Dresden*
† 29. 7. 1974 *in München*

Als ich ein kleiner Junge war nannte Kästner seine 1957 erschienenen Kindheitserinnerungen. Sie gehören zu den reizvollsten und lesenswertesten modernen ↗Autobiografien, weil sie ebenso liebenswürdig wie für jedes Alter fassbar eine Brücke von der Vergangenheit zur Gegenwart schlagen und das Leben des kleinen Kästner vor dem Hintergrund der Zeit lebendig werden lassen. Er stammte aus Dresden. Dort besuchte er die Volksschule, später dann das Lehrerseminar, denn nach dem Willen der Eltern, eines Sattlermeisters und einer Friseuse, sollte er einmal ein angesehener Lehrer werden. Kurz vor Ende des Ersten Weltkriegs wurde er noch eingezogen und konnte dann erst nach Kriegsende sein Abitur ablegen. Ein Stipendium erlaubte ihm den Besuch der Universität Leipzig und das Studium der Germanistik, das er 1925 mit einem Doktortitel abschloss. Zwei Jahre später übersiedelte er nach Berlin, wo er sich seinen Lebensunterhalt als freier Journalist verdiente. Die Stadt nahm ihn gefangen und sie wurde auch zum Hintergrund seines ersten Kinderromans *Emil und die Detektive,* der gleich bei seinem Erscheinen 1929 einen verdienten, viel beachteten Erfolg erzielte und schon wenig später erstmals verfilmt und als Bühnenstück überarbeitet wurde. Kästner gehörte damit zu jenen damals noch sehr seltenen Erzählern, die eine realistische Kinderwelt schilderten.
Dann folgten rasch hintereinander mehrere Kinderbücher *(Das fliegende Klassenzimmer, 31. Mai* und *Pünktchen und Anton*), ↗Romane für Erwachsene (z. B. *Fabian*) und Texte für Kabaretts *(Gesang zwischen den Stühlen)* u. Ä. Seine offene kritische Art, in der er sich für Demokratie und Frieden einsetzte, missfiel den nationalsozialistischen Machthabern, seine Werke wurden 1933 verbrannt und von 1942 an erhielt er totales Schreibverbot. In dieser Zeit arbeitete er unter einem ↗Pseudonym als Drehbuchautor. Nach Kriegsende übersiedelte Kästner nach München, wo er die Leitung einer Tageszeitung (›Die Neue Zeitung‹) übernahm und die Kinderzeitschrift ›Pinguin‹ ins Leben rief. Hier schrieb er in den folgenden Jahren noch die erfolgreichen Jugendbücher *Das doppelte Lottchen* und *Die Konferenz der Tiere,* außerdem Filmdrehbücher, Theaterstücke, Romane und Gedichte. Jetzt endlich erhielt er auch die längst verdienten literarischen Preise. Infolge einer Erkrankung zog er sich im letzten Jahrzehnt vor seinem Tode mehr und mehr vom öffentlichen Leben zurück. Er starb 1974 in München.

Gottfried Keller

* 19. 7. 1819 *in Zürich*
† 15. 7. 1890 *ebenda*

Keller hatte keine schöne Kindheit: Der Vater war schon 1824 gestorben und es gab finanzielle Schwierigkeiten. Die Mutter wollte dem etwas schwierigen Jungen trotz allem eine gute Ausbildung zukommen lassen, er musste jedoch im Alter von 15 Jahren wegen seiner Teilnahme an einer Schülerdemonstration die Schule verlassen. Er versuchte nun sich selbst weiterzubilden; er las viel und nahm Mal- und Zeichenunterricht, denn sein großes Ziel war es, Maler zu werden. Zur Vervollkommnung seiner Kenntnisse ging er 1840 als Kunststudent nach München. Geldnöte und Selbstzweifel an seinem Talent ließen ihn bald in seine Vaterstadt Zürich zurückkehren. Eigentlich mehr nebenbei hatte er inzwischen Gedichte und ↗Novellen veröffentlicht und sich einen gewissen Namen gemacht, so dass ihn die Züricher Regierung mit einem Ausbildungsstipendium förderte. Er verbrachte nun einige Jahre in Heidelberg und Berlin, wo er an den Universitäten Vorlesungen in den verschiedensten Fächern hörte. In dieser Zeit entstanden zahlreiche Werke, die auch beim Publikum Erfolg hatten und Keller, der 1855 nach Zürich zurückgekehrt war, eine Existenz als freier Schriftsteller sicherten. 1861 berief ihn die Regierung zum Ersten Staatschreiber, einer Art Kanzleichef der Regierung. Da er ein öffentliches Amt und literarisches Schaffen jedoch für unvereinbar hielt, ließ er seine schriftstellerische Tätigkeit bis 1876 fast ganz ruhen. In diesem Jahr gab er sein Amt allerdings wieder auf und widmete sich wieder voll seiner eigentlichen Berufung. Seine Werke wurden bekannt und es fehlte nicht an Ehrungen und Anerkennung. Keller, der sich zu einem Sonderling entwickelt hatte, zog sich mehr und mehr aus der Öffentlichkeit zurück. Nach längerer Krankheit starb er 1890.

Sein Werk umfasst ↗Romane, Novellen und Gedichte. Zwar wurden und werden seine Gedichte geschätzt, berühmt machten ihn aber seine Prosawerke. Wohl am bekanntesten ist der Novellenzyklus *Die Leute von Seldwyla* (entstanden zwischen 1856 und 1874). Auf den ersten Blick sind es nur Geschichten, die – meistens humorvoll – von kauzigen Menschen in einem Schweizer Ort erzählen, der überall und nirgends liegt. Zu den liebenswürdigsten Novellen dieser Sammlung gehören *Kleider machen Leute* (mit Heinz Rühmann erfolgreich verfilmt), *Die missbrauchten Liebesbriefe* oder das lustige Märchen *Spiegel, das Kätzchen.* Keller macht hier aber gleichzeitig deutlich, dass hinter der Schrulligkeit der Menschen sehr oft Gedankenlosigkeit und unbarmherzige Überheblichkeit liegen, wie er beispielhaft in den Novellen *Frau Regel Amrain und ihr Jüngster* und *Romeo und Julia auf dem Dorfe* zeigt. Die Skepsis, das Misstrauen gegenüber der Welt, verstärkte sich bei Keller im Laufe seines Lebens immer mehr. Der Roman *Martin Salander* (1886) spiegelt dies wider. Er erzählt die Lebensgeschichte eines Kaufmanns, der von einem gewissenlosen Jugendfreund zweimal um sein Vermögen betrogen wird und sich trotz aller Schicksalsschläge letztlich durchzusetzen vermag. Keller war nicht nur ein genauer Beobachter des Zeitgeschehens, er griff auch lautstark und aktiv in die Tagespolitik ein. Dieser Blick für Nähe und Gegenwart erklärt auch, warum seine Novellen, von wenigen Ausnahmen abgesehen, in seiner Zeit spielen, auf deren aktuelle Fragen Bezug nehmen und von »kleinen« Leuten erzählen, wie sie jeder kennt. Der Leser soll sich und seine Welt wieder erkennen. Neben diesen lehrhaften Geschichten schrieb Keller auch heitere, gelassene Erzählungen, z.B. *Das Sinngedicht* (1882), die *Sieben Legenden* (1872) und die *Züricher Novellen* (1878). Sein Hauptwerk ist jedoch *Der grüne Heinrich* (1854/55). Dieser Roman erzählt, mit einem Einfühlungsvermögen, wie es bis dahin in der deutschen Literatur kaum zu finden war, in deutlicher Anlehnung an Kellers eigenes Leben die Entwicklungsgeschichte eines jungen Mannes. Auch Heinrich, Kellers Titelheld, war nach München gegangen und versuchte dort festen Boden unter die Füße zu bekommen, aber eigene Schwächen, Selbstzweifel und unglückliche äußere Umstände hindern ihn daran. Gescheitert kehrt er in die Heimat zurück. Bei seiner Rückkehr findet er die Mutter im Sterben. Aus Kummer und Verzweiflung über sein Versagen stirbt auch er wenig später. In den Jahren 1879/80 arbeitete Keller den Roman vollständig um: Der Held stirbt nicht mehr an gebrochenem Herzen, sondern muss lernen sein Schicksal zu ertragen. Da ihm persönliches Glück, z.B. in der Liebe, versagt bleibt, übernimmt Heinrich eine Aufgabe im Dienst der Allgemeinheit und erkennt dabei, dass sein Leben einen Sinn hat, weil seine Tätigkeit für andere wichtig ist.

Judith Kerr

* 14. 6. 1923 *in Berlin*

Judith Kerr wurde als Tochter von Alfred Kerr, dem wohl berühmtesten, schärfsten, bissigsten, aber auch treffendsten Theater- und Literaturkritikers der Weimarer Republik geboren. Wegen seiner betont demokratischen Haltung und ihres jüdischen Glaubens verließ die Familie Kerr sofort nach der Machtergreifung der Nazis (1933) Deutschland. Ihre Flucht führte sie über die Schweiz und Paris nach London, wo sie schließlich eine neue Heimat fanden. In der Emigration lernt Judith Kerr ihren Vater von einer ganz anderen Seite kennen: Seiner Umwelt und seiner vertrauten Sprache beraubt, immer in ständiger Angst vor den Schergen der Nazis und zumeist ohne Arbeit versucht er seiner Familie den Lebensunterhalt zu sichern. Dazu trägt auch sie selbst in London mit ihrer Tätigkeit als Sekretärin bei. Nach Dienstschluss lernt sie an einer Abendschule zeichnen. Nach dem Krieg studiert sie drei Jahre an der Londoner Hochschule für Kunst und Gewerbe. Im Anschluss daran lebt sie als freie Malerin und Textildesignerin. Ab 1952 unterrichtet sie an einer Gewerbeschule. Gleichzeitig prüft sie Theaterstücke und übersetzt deutsche und französische Texte für die englische Rundfunkanstalt BBC, in der sie bald ihre eigene Kinderserie moderiert. Schon zu dieser Zeit veröffentlicht sie erste Kinderbücher, in denen, wie in vielen späteren auch, Katzen die Helden sind. 1954 heiratet sie den durch seine Sciencefiction-Sendungen bekannt gewordenen Autor Nigel Kneale. Mit ihm, ihren zwei Kindern, einer bekannten Schauspielerin, einem selbst als Autor hervorgetretenen Sohn, und vielen Katzen lebt sie in London.

Weltberühmt wurde Kerr mit ihrer ↗autobiografischen, von Heinrich ↗Bölls Frau Annemarie meisterhaft ins Deutsche übersetzten Romantrilogie *Als Hitler das rosa Kaninchen stahl* (1973), *Warten bis der Frieden kommt* (1975) und *Eine Art Familientreffen*. Mit diesen drei ungemein erfolgreichen Romanen versucht sie, ohne dabei Nachhilfeunterricht in Geschichte und Geschichtsverständnis erteilen zu wollen, ihre eigenen Erfahrungen als Flüchtlingskind, als Heranwachsende in einer fremden, ihr nicht immer freundlich begegnenden Umwelt und schließlich ihre Verwirklichung als junge, selbstbewusste Frau wiederzugeben. Indem sie sich ihre bösen Träume von der Seele schrieb, konnte Judith Kerr diese Vergangenheit bewältigen. Mit der Darstellung der Konsequenzen staatlicher Totalität möchte sie gleichzeitig vor ihrer immer möglichen Wiederholbarkeit warnen.

Sarah Kirsch

* 16. 4. 1935 *in Limlingerode/Harz*

Ingrid Bernstein, wie sie mit Mädchennamen hieß, wuchs als Tochter eines Mechanikers in Halberstadt auf. Nach dem Abitur studierte sie in Halle Biologie. 1960 heiratete sie den Schriftsteller Rainer Kirsch, von dem sie sich fünf Jahre später aber wieder scheiden ließ. 1963 erhielt sie ein zweijähriges Stipendium am Literaturinstitut Johannes R. Becher in Leipzig. Danach lebte sie als freie Schriftstellerin in Ost-Berlin. Wegen ihres Eintretens für Wolf Biermann und gegen dessen Ausbürgerung (↗Dichtung unserer Zeit) wurde sie ihrer Mitgliedschaft im Schriftstellerverband enthoben. 1977 ging sie nach West-Berlin und lebt seit 1983 in der Nähe von Bremen. Für ihr Werk ist sie mehrfach mit hohen Auszeichnungen geehrt worden; zuletzt 1996 mit dem Georg-Büchner-Preis der Deutschen Akademie für Sprache und Dichtung in Darmstadt. Ihre sensiblen Gedichte erregten im Westen schon früh Aufmerksamkeit. Nach ihrem ersten Lyrikband *Landaufenthalt* (1967) erschien 1969 die erste Sammelausgabe ihrer Gedichte, der weitere nachfolgen sollten. Kirschs kritische Beurteilung der Verhältnisse in der DDR zeigen sich vor allem in ihren kurzen, satirischen Prosastücken, die unter dem Titel *Die ungeheuren bergehohen Wellen auf See – Erzählungen aus der ersten Hälfte meines Landes* (1987) zusammenfassend veröffentlicht wurden. Sarah Kirsch sieht sich in der Tradition der ↗Romantiker (Novalis oder Joseph Freiherr von ↗Eichendorff). Ihre stilistischen Vorbilder sucht sie dagegen in der Gegenwart, bei Peter Huchel, Johannes Bobrowski oder Ingeborg ↗Bachmann. In ihren vielfältigen lyrischen Werken, wie *Drachensteigen* (1979), *Schneewärme* (1989) oder *Erlkönigs Tochter* (1992), liefert häufig die Natur den Vergleich für die Zustände des lyrischen Ichs, die auch ins Groteske und Surreale umschlagen können. Deutlich spürbar ist darin eine Neigung zum Kleinen, zur Idylle. Diese oftmals melancholische Hinwendung begleitet das lyrische Ich jedoch nicht unkritisch. Ihre von Krisen begleitete USA-Reise reflektiert sie als lyrischer Erlebnisbericht im Stile von *Alice im Wunderland* in *Erdreich* (1982). In ihren Erzählungen *Irrstern* (1986) und *Schwingrasen* (1991) und ihrem Gedichtband *Katzenleben* (1984) setzt sich diese Haltung ebenso fort wie die lyrische Rhythmisierung der Sprache. In der ↗autobiografischen Chronik *Allerlei-Rauh* (1988) erzählt sie Erlebnisse, die im *Sommerstück* von Christa ↗Wolf Entsprechungen haben. Sarah Kirsch schrieb auch ↗Hörspiele, Gedichte und Erzählungen (*Zwischen Herbst und Winter,* 1975) für Kinder.

Heinrich von Kleist

* 18. 10. 1777 *in Frankfurt/Oder*
† 21. 11. 1811 *am Wannsee bei Potsdam*

Seine Vorfahren waren Offiziere gewesen – und so war es selbstverständlich, dass auch Heinrich von Kleist mit fünfzehn Jahren in die preußische Armee eintrat. Mit sechzehn nahm er bereits am Rheinfeldzug teil, mit zwanzig war er Offizier. Doch nach zwei weiteren Jahren quittierte er den Dienst. Er wollte nicht länger Exerziermeister in einer Armee sein, deren Drill ihm als »ein lebendiges Monument der Tyrannei« erschien. In dieser schweren Zeit vertraute er sich seiner Schwester Ulrike an. Ihr war er zeitlebens aufs Engste verbunden, enger als seiner Verlobten Wilhelmine von Zenge, von der er sich später trennte.

Zunächst begann er in Frankfurt an der Oder Jura zu studieren um damit ein Amt im Staatsdienst erlangen zu können; sein ihm ausgestelltes Erbe hatte er bis dahin schon verbraucht. Unterbrochen wurde das Studium durch eine Reise nach Würzburg, über deren Zweck viel gerätselt wurde: private Probleme oder ein dienstlicher Geheimauftrag? Wir wissen es nicht. Um diese Zeit begann er seine dichterische Begabung zu erkennen. Im Jahr 1801 brach er sein Studium ab und floh aus seinem bisherigen Leben. Mit der Schwester reiste er zunächst nach Paris. Später weilte er als Gast von Wieland in der Schweiz, wo er das einfache Leben eines Landmanns führen wollte. Über Deutschland und Italien gelangte er schließlich wieder (1803) nach Frankreich und erlitt seinen ersten Zusammenbruch: »Ich habe keinen anderen Wunsch als bald zu sterben.« Der Gedanke an Selbstmord taucht nicht zum ersten Mal auf. Wild und fantastisch sind auch die Pläne der folgenden Monate: Mit der Armee Napoleons wollte er nach England übersetzen und mit dem ganzen Heer unter dem Feuer englischer Kriegsschiffe untergehen – »ein unendlich prächtiges Grab«, wie er sich vorstellte.

Als sich seine abenteuerlichen Pläne zerschlugen, kehrte er 1804, äußerlich ruhiger und heiterer, nach Preußen zurück. Im Gepäck trug er seine erste dramatische Dichtung, die blutige Tragödie *Die Familie Schroffenstein.* Während der kurzen Zeit, die Kleist nun als preußischer Beamter in Königsberg in Ostpreußen verbrachte, vollendete oder entwarf er seine bedeutendsten Werke. Hier entstand das ↗Lustspiel *Der zerbrochene Krug,* in dem der Dorfrichter Adam über einen Vorfall zu richten hat, bei dem er selbst der eigentlich Schuldige ist. Daneben entstand die Tragödie *Penthesilea* (1808), die an die griechische Sagenwelt anknüpft. Die Königin Penthesilea fühlt sich – zu Unrecht – in ihrer leidenschaftlichen Liebe zu dem Helden Achilles getäuscht und tötet in wilder Raserei den Geliebten und dann sich selbst. In dem romantisch-mittelalterlichen Ritterschauspiel *Das Käthchen von Heilbronn* (1810) dagegen ist sich Käthchen ihres Gefühls unwandelbar sicher. Durch ihre hingebungsvolle Liebe gewinnt sie den Geliebten schließlich allen äußeren Widerständen zum Trotz. Auch in dem ↗Lustspiel *Amphitryon* siegt am Ende das echte und absolut verlässliche Gefühl einer Frau: Alkmene, die Gattin Amphitryons, lässt sich von Jupiter, egal wie raffiniert dieser auch vorgeht, nicht zur Untreue verführen.

Die Hoffnung Kleists, von der Dichtung auch leben zu können, erfüllte sich nur in sehr bescheidenem Maße. Anerkennung fand er mit seinen Erzählungen, vor allem mit *Michael Kohlhaas,* der Geschichte eines rechtschaffenen Mannes, den sein Rechtsgefühl »zum Räuber und Mörder« werden lässt. Die Zeitschriften, die Kleist herausgab (›Phöbus‹, ›Berliner Abendblätter‹), hatten jedoch wenig Erfolg. Auch für seine ↗Dramen konnten die meisten Zeitgenossen kein Verständnis aufbringen und Kleists Versuch, mit ↗Goethe in Verbindung zu treten, endete ebenfalls mit einer Enttäuschung. *Der zerbrochene Krug* (1803, gedruckt 1811) wurde auf der Bühne in Weimar ein Misserfolg. Ohne Widerhall blieb auch sein hasserfüllter, literarischer Kampf gegen Napoleons Herrschaft über Deutschland. Von seinem letzten Bühnenstück, *Prinz Friedrich von Homburg,* dessen Stoff der preußischen Geschichte entnommen ist, erfuhr die Öffentlichkeit erst Jahre nach dem Tod des Dichters. Mit einem Abschiedsbrief, verfasst »am Morgen meines Todes«, wandte er sich ein letztes Mal an seine Schwester Ulrike: »Die Wahrheit ist, dass mir auf Erden nicht zu helfen war.« An einem Novembertag des Jahres 1811 erschoss er sich, gemeinsam mit der mit ihm befreundeten Henriette Vogel, am Wannsee bei Potsdam. Trotz der Bemühungen der Romantiker wurde er erst um 1900 als der bedeutendste Dramatiker des 19. Jahrhunderts erkannt und gewürdigt.

Siegfried Lenz

* 17. 3. 1926 *in Lyck/Ostpreußen*

Bei der Frage nach zeitgenössischen Dichtern wird er in einem Atemzug mit ↗Böll und ↗Grass genannt. Die Millionenauflagen seiner Bücher zeigen, dass er darüber hinaus zu den meistgelesenen Autoren der Gegenwart gehört. Offensichtlich schätzt man die einfache, ungekünstelte Art seines Erzählens hoch ein und vertraut der Ehrlichkeit in der Wiedergabe des alltäglichen Lebens mit all seinen Schwierigkeiten und Problemen. Lenz stammt aus Lyck in Ostpreußen, der ehemals östlichsten Provinz des früheren Deutschen Reichs. Man nannte die »kleine Stadt zwischen zwei Seen« die »Perle Masurens«, eine reizvolle Landschaft, die von Deutschen und Polen bewohnt war. Lenz behielt seine Heimat, die ihm nach dem Zweiten Weltkrieg verloren ging und heute unter polnischer Verwaltung steht, im Herzen; seine Erinnerungen an Kindheit und Jugend, die er schreibend verarbeitet, sind in den schnurrigen Erzählungen der Sammlung *So zärtlich war Suleyken* (1955) festgehalten. Auch der ↗Roman *Heimatmuseum* (1978) ist voll von ↗Schwänken und ↗Anekdoten aus dieser alten, verloren gegangenen Lebenswelt, setzt sich zugleich aber ernsthaft mit dem Problem »Heimat« auseinander. Die Erfahrungen der Jugendzeit prägen sein ganzes Leben, dass z. B. die Alten immer wieder von Krieg und Schlachten erzählten und sich am Sieg Hindenburgs über die Russen im Ersten Weltkrieg berauschten, obwohl dieser Krieg doch längst verloren war, dass sich dabei besonders der Geschichtslehrer hervortat und die Invaliden am hartnäckigsten davon redeten. Oder dass der Gefechtslärm von den Truppenübungsplätzen rings um die Stadt die ganze Idylle zerstörte, dass die Schulkinder beim Besuch Hitlers dem »Führer« mit Kornblumensträußchen zuwinken und auf Handzeichen jubeln mussten. Dann wurde es auch für ihn ernst: Als Hitlerjunge wurde er im »Wehrertüchtigungslager« auf den Waffendienst vorbereitet. Als der Krieg ausbrach, stand der Dreizehnjährige am Straßenrand und sah den Abmarsch der Soldaten, die »das

Land überfielen, aus dem bis dahin Holzflößer zu uns gekommen waren«. Nach dem Notabitur wurde er kurz vor Kriegsende noch zur Marine eingezogen. Er war damals »Augenzeuge der großen Flucht aus dem Osten und des Untergangs vieler Schiffe«. Als ein Kamerad standrechtlich erschossen wurde, setzte Lenz sich von der Truppe ab und verbarg sich in dänischen Wäldern vor seinen Verfolgern. Nach dem Krieg wird Hamburg seine zweite Heimat. Er will Lehrer werden. Sein Studium finanziert er als Schwarzhändler (mit Nähnadeln, Zwiebeln und Alkohol) und als Blutspender. Um Kohlen für den Ofen zu sparen blieb er oft im Bett und las Bücher. Als die Tageszeitung ›Die Welt‹ ihn 1950 als Redakteur anstellte, änderte sich mit einem Schlag alles. Er gab das Studium auf. Doch auch bei der ↗Zeitung blieb er nicht lange. Seit 1951 lebt Lenz als freier Schriftsteller in Hamburg und auf der dänischen Insel Alsen. Schon sein erster Roman *Es waren Habichte in der Luft* (1951), der die Verfolgung des Einzelnen durch den kommunistischen Machtapparat schildert, war ein Erfolg. Vom Alltag handelt *Der Mann im Strom* (1957): Inmitten der Konsum- und Freizeitwelt der Jugend kämpft ein Alter um seinen Arbeitsplatz. Vom Altern eines Sportlers handelt *Brot und Spiele* (1959), das *Stadtgespräch* (1963) nimmt das Thema der Vergangenheitsbewältigung auf, den gewaltsamen Widerstand gegen ein faschistisches Regime. Als einer der wichtigsten Romane der Nachkriegszeit erzielte die *Deutschstunde* (1968) internationale Aufmerksamkeit. Der junge Siggi Jepsen muss 1954 eine Strafarbeit über das Thema »Die Freuden der Pflicht« schreiben. Dabei vergegenwärtigt er sich, wie sein Vater, ein obrigkeitsgläubiger Polizist in Norddeutschland, im Jahr 1943 aus reiner Pflichterfüllung schuldig wurde: Mit aller Strenge versuchte er das gegen den Maler Nansen erlassene Malverbot durchzusetzen. Hier arbeitete Lenz alles auf, was ihn bedrückte: Ein Stück nationalsozialistischer Vergangenheit wird vor allem denen, die die Zeit nicht erlebten, vorgestellt. Lenz' Stärke liegt aber besonders in der kleineren Form, in der Erzählung. Sein Vorbild ist Ernest Hemingway (↗USA). In den Erzählbänden *Jäger des Spotts* (1958), *Das Feuerschiff* (1960), *Der Spielverderber* (1965) steht der Einzelne, der Einsame, der Außenseiter vor Grenzsituationen; die humorigen, den Schwarzmarkt der Nachkriegsjahre schildernden *Lehmanns Erzählungen* (1964) und *Der Geist der Mirabelle* (1975) versöhnen hingegen mit dem Leben. Seine letzten Werke sind die Romane *Die Klangprobe* (1990) und *Die Auflehnung* (1994).

Gotthold Ephraim Lessing

* 22. 1. 1729 *in Kamenz (Oberlausitz)*
† 15. 2. 1781 *in Braunschweig*

Der junge Gelehrte heißt eines von Lessings ↗Lustspielen. Ein junger Gelehrter war der Sohn des Pfarrers von Kamenz in Sachsen selbst. Schon der siebenjährige Knabe ist auf dem Kinderporträt, das uns erhalten ist, von gelehrten Büchern umgeben. Als er später die berühmte Fürstenschule St. Afra in Meißen besuchte, erkannte einer seiner Lehrer bald: »Es gibt kein Gebiet der Gelehrsamkeit, das sein rühriger Geist nicht begehrte und ergriffe.« Mit fünfzehn Jahren verließ er die Schule, auf der es für ihn nichts mehr zu lernen gab. »Die Lectiones, die anderen zu schwer werden, sind ihm kinderleicht«, urteilte der Rektor der Schule.

Lessing ging nach Leipzig um dort Theologie zu studieren. Leipzig war eine elegante, lebenslustige Stadt, in der ein ungezwungenes, geselliges und künstlerisches Leben herrschte. Der junge Gelehrte suchte und fand Anschluss an das ↗Theater und begann für die Bühne zu schreiben – sehr zum Kummer der frommen Eltern, für die die Welt der Schauspieler eine Welt der Unmoral war. Schließlich kehrte er der Theologie ganz den Rücken und ging nach Berlin um dort das Leben eines freien Schriftstellers zu führen, ein unruhiges, von vielen Kämpfen erfülltes Leben.

Berlin war um 1750 der Mittelpunkt der deutschen ↗Aufklärung. Der preußische König Friedrich II., selbst Schriftsteller und aufgeklärter Philosoph, versammelte gerne geistreiche Dichter um sich, wenn auch ausschließlich französische, wie z. B. Voltaire. Die deutschen, darunter auch Lessing, fanden keine Beachtung. Dennoch blieb er in Berlin, da ihn eine enge Freundschaft mit dem preußischen Offizier und Dichter Ewald von Kleist und den Berliner Aufklärern Moses Mendelssohn und Friedrich Nicolai verband. Sein »rühriger Geist« beschäftigte sich mit jedem Fach: Neben literaturkritischen und philosophischen Arbeiten schrieb er das Trauerspiel *Miss Sara Sampson* (1755). Es begründete das, an englische Vorbilder angelehnte, deutsche bürgerliche Trauerspiel. Aufsehen erregend daran war, dass die tragische Heldin einer bürgerlichen Familie entstammte, während diese Rolle früher ausschließlich hoch gestellten Personen aus fürstlichen oder wenigstens adeligen Kreisen vorbehalten war. Nach einer abgebrochenen London-Reise lebte Lessing wieder in Berlin und entfaltete dort eine intensive Tätigkeit als Kritiker und ↗Dichter. Zusammen mit Friedrich Nicolai gab er die kritische Wochenschrift ›Briefe, die Neueste Litteratur betreffend‹ heraus, in der sie die zeitgenössische Literatur einer strengen, oft harten Kritik unterzogen um damit den Geschmack des Publikums zu bilden. Er schuf sich damit aber auch manchen Feind. Daneben entstanden einige ↗Dramen, Dramenentwürfe, ↗Übersetzungen und ↗Fabeln.

Im Jahre 1760, mitten im Krieg zwischen Preußen und Österreich, trat er als Sekretär in den Dienst des preußischen Kommandeurs in Breslau, wo er sich am geselligen Leben der preußischen Offiziere beteiligte. Die Erfahrungen des Krieges verarbeitete er in der Charakterkomödie *Minna von Barnhelm,* in der die hohle Soldatenehre als bloßer Schein entlarvt wird, die durch die Liebe aber glücklich und versöhnlich überwunden werden kann.

Als die Versuche im Dienst des Preußenkönigs unterzukommen scheiterten, ging Lessing 1767 als Dramaturg (↗Theater) an das neu gegründete Deutsche Nationaltheater in Hamburg. Seine glänzenden Kritiken, gesammelt in der *Hamburgischen Dramaturgie,* brachten ihm Ärger und manche Anfeindung. Als sich das ganze Unternehmen als Fehlschlag erwies, stand er wieder mittellos und ohne feste Bleibe da, bis ihm die Stelle des Bibliothekars in Wolfenbüttel angeboten wurde. Nach einigem Zögern griff er zu und fand eine bescheidene, aber sichere Existenz für den Rest seines Lebens. Hier entstand das mustergültige Trauerspiel *Emilia Galotti,* das sich gegen die Willkür der Mächtigen richtet. Hier focht er auch seinen letzten großen literarischen Kampf aus, diesmal mit der unduldsamen protestantischen Geistlichkeit Hamburgs. Als ihm in dieser heftigen Fehde von seinem Landesherrn ein Schreibverbot auferlegt wurde, griff er zu anderen Waffen: Sein Schauspiel *Nathan der Weise* (1779) verkündet Kerngedanken der Aufklärung und der beginnenden ↗Klassik: Toleranz, Versöhnlichkeit, Menschlichkeit. Dennoch war sich auch Lessing darüber im Klaren, dass er damit mehr ein Ideal verkündete und weniger die Wirklichkeit beschrieb. Doch er gab die Hoffnung nicht auf, dass »der Mensch das Gute tun wird, weil es das Gute ist«. Nach nur einem einzigen Ehejahr (1777/78) starb seine Frau Eva, geb. König, bei der Geburt ihres ersten Kindes. Lessing vereinsamte immer mehr. Drei Jahre später, 1781, starb auch er.

Martin Luther

* 10. 11. 1483 *in Eisleben*
† 18. 2. 1546 *ebenda*

»Ich bin eines Bauern Sohn. Vater, Großvater und Ahn sind rechte Bauern gewesen«, sagte Luther einmal über seine Herkunft. Doch der Vater wandte sich bald dem Bergbau zu und brachte es zu Ansehen und Wohlstand; den Sohn bestimmte er zur juristischen Laufbahn. Er schickte ihn zunächst auf die Lateinschule, eine rechte Prügelschule, wie sich Luther später erinnert. Fröhlicher und freier ging es an der Universität Erfurt zu. Doch im Jahre 1505 änderte sich Luthers Leben von Grund auf durch das unmittelbare Erleben eines Blitzschlages. Er trat in ein Kloster ein, wurde später Priester und schließlich Professor der Theologie in Wittenberg.

Dort wurde er mit einem »Schlag« berühmt: Mit den 95 Thesen – das sind Lehrsätze – begann er 1517 den Kampf gegen kirchliche Missstände, der sich bald zu heftigen, oft sehr groben literarischen Angriffen gegen den Papst und die alte Kirche steigerte. Als Luther sich weigerte seine neuen Lehren zu widerrufen, wurde er 1521 von Papst und Kaiser durch Bannspruch aus der Kirche ausgeschlossen. Seine Schriften wurden verboten und dennoch wurden sie überall gedruckt und begeistert gelesen. Sie waren Dokumente der Sprachgewalt Luthers.

Da für Luther allein die Bibel Grundlage des christlichen Glaubens war, begann er sie auf der Wartburg ins Deutsche zu übersetzen. Er versprach sich davon eine größere Breitenwirkung. 1522 erschien das *Neue Testament,* 1534 war auch die Übersetzung des *Alten Testamentes* vollendet. Jetzt fanden auch die einfachen Leute Zugang zur Heiligen Schrift, denn Luther schrieb so, dass es alle verstehen konnten. Er war der Überzeugung, dass man den Leuten »auf das Maul sehen, wie sie reden, und danach dolmetschen« müsse. Durch die Kraft und den Bilderreichtum ihrer Sprache wirkte die Luther-Bibel weit über den religiösen Bereich hinaus. Die Wirkung von Luthers Werk auf die deutsche Sprache und Dichtung lässt sich bis in unser Jahrhundert verfolgen (↗ Schrift- und Umgangssprache).

Den richtigen Ton fand er auch in seinen zahlreichen Predigten und vor allem in seinen Kirchenliedern, von denen *Ein feste Burg ist unser Gott* wohl am bekanntesten wurde. Mit der Geschichte *Vom Wolf und Lämmlein* und anderen lehrhaften Tiergeschichten nahm er die alte Form der Fabel wieder auf. Nicht zuletzt durch seine umfangreiche literarische Tätigkeit übte er bis zu seinem Tod einen starken Einfluss auf die junge protestantische Kirche aus.

Heinrich Mann

* 27. 3. 1871 *in Lübeck*
† 12. 3. 1950 *in Santa Monica (Kalif.)*

Er wuchs, wie sein jüngerer Bruder Thomas, in der großbürgerlichen Welt der Hansestadt Lübeck auf, stand ihr aber später ablehnend gegenüber. In einem seiner frühen Werke, *Im Schlaraffenland. Roman unter feinen Leuten,* schuf er eine böse ↗Satire auf die Lebensweise und die Sitten der reichen Oberschicht. Noch deutlicher fällt seine Kritik an der Verlogenheit der wilhelminischen Gesellschaft in dem ↗Roman *Professor Unrat* (1905) aus. Er wurde 1930 mit Marlene Dietrich unter dem Titel ›Der blaue Engel‹ verfilmt. Das Drehbuch schrieb ↗Zuckmayer. Professor Rat, von den Schülern »Unrat« genannt, ist die Karikatur eines Gymnasiallehrers, der aus Hass und Rachsucht nicht nur seine Schüler quält, sondern allmählich eine ganze Stadt tyrannisiert, ehe er selbst ein unrühmliches Ende findet. In dem Roman *Die kleine Stadt* (1909) verarbeitet Heinrich Mann Erinnerungen an einen längeren Italienaufenthalt und legt gleichzeitig ein Bekenntnis für ein demokratisches Gemeinwesen ab. Leidenschaftlich kämpfte er gegen manche verhängnisvollen Erscheinungen der deutschen Kaiserzeit: die großspurige Selbstüberschätzung der Deutschen und die Unterwürfigkeit gegenüber der Obrigkeit. Der Roman *Der Untertan* (1918), Teil 1 der Trilogie *Das Kaiserreich,* ist eine scharfe, endgültige Abrechnung mit dem kaiserlichen Deutschland vor dem Ersten Weltkrieg. Dagegen setzte er auf die friedliche deutsch-französische Zusammenarbeit und auf eine demokratische und soziale Entwicklung in Deutschland. Voller Hoffnung, aber mit wachsender Sorge verfolgte er die Entwicklung der jungen deutschen Republik. Als Hitler 1933 an die Macht kam, floh Heinrich Mann, durch den französischen Botschafter gewarnt, nach Frankreich, wo er längst seine geistige Heimat gefunden hatte. Dort entstand sein großes Werk über den französischen König Heinrich IV. (1553–1610), *Jugend* und *Vollendung des Königs Henri Quatre,* der für ihn den idealen Herrscher verkörperte. In Deutschland hatte man seine Bücher 1933 auf den Scheiterhaufen geworfen. Als 1940 die deutschen Truppen auch in Frankreich einmarschierten, fand er eine neue Zuflucht in Kalifornien, in einer ihm völlig fremden Welt. Im Jahre 1950 erwog er, da er sich seit langem sozialistischen Gedanken verbunden fühlte, nach Deutschland zurückzukehren, und zwar nach Ost-Berlin. Doch im gleichen Jahr starb er in Santa Monica. Zu seinen Werken, die im Gegensatz zu denen seines Bruders weithin recht unbekannt geblieben sind, gehören neben den Romanen auch ↗Novellen, ↗Dramen und ↗Essays.

Thomas Mann

* 6. 6. 1875 *in Lübeck*
† 12. 8. 1955 *in Kilchberg bei Zürich*

Buddenbrooks, Verfall einer Familie, das ist der Titel von Thomas Manns erstem, 1901 erschienenem ↗Roman. Der Autor, kaum 26 Jahre alt, wurde mit einem Schlag zur literarischen Berühmtheit. Er erzählte darin vom Aufstieg und Niedergang einer Lübecker Kaufmannsfamilie durch vier Generationen hindurch. Dass er dabei seine Vaterstadt Lübeck und manche Geschichte der Familie Mann zum Modell nahm, war unverkennbar: Erinnerungen an seine eigene Kindheit und Jugend, an den herrischen Vater, den Großkaufmann und angesehenen Bürger, an die musikalisch begabte Mutter, die aus einer brasilianischen Familie stammte, an Feste und Ferienwochen, aber auch an die schulischen Sorgen und Ängste. Als der Vater 1891 starb, zog die Familie nach München. Thomas folgte, nachdem er nicht ohne Mühe seinen Schulabschluss erreicht hatte. München wurde fortan für 40 Jahre zum Mittelpunkt seines Lebens.

Zunächst war er Volontär bei einer Versicherungsgesellschaft. Daneben studierte er an der Universität. Doch nach dem großen Erfolg der *Buddenbrooks* und seiner frühen ↗Novellen *(Der kleine Herr Friedemann,* 1898*)* entschied er sich ganz für das Leben des Schriftstellers. Sein literarischer Ruhm und die Heirat mit der aus der hochgebildeten und vermögenden Familie Pringsheim stammenden Katia erlaubten ihm einen großzügigen Lebensstil zu entfalten. In dieser Zeit entstand der Roman *Königliche Hoheit* (1909), ein modernes ↗Märchen oder, wie Thomas Mann selbst sagte, der »Versuch eines Lustspiels in Romanform«. Es handelt von der Liebe eines deutschen Prinzen zu einer amerikanischen Milliardärstochter. Unter den Novellen aus dieser Zeit ragen besonders *Der Tod in Venedig* (1913) und *Tonio Kröger* (1914) hervor, in denen die Hauptfiguren den Zwiespalt zwischen Künstlerleben und Bürgertugenden darstellen. Ein immer wiederkehrendes Thema bei Thomas Mann.

Der Erste Weltkrieg bedeutete einen tiefen Einschnitt im Leben des Dichters. Die gesicherte Welt des

Bürgertums geriet ins Wanken, deshalb stand er den neuen Verhältnissen zunächst sehr zurückhaltend gegenüber. Doch wenig später bekannte er sich zum demokratischen Staat. Im Roman *Der Zauberberg* (1924) enthüllte der »Zauberer«, wie ihn zwei seiner Kinder, Erika und Klaus, die später auch angesehene Schriftsteller wurden, bewundernd nannten, die Fragwürdigkeit dieses europäischen Bürgertums in den Jahren vor dem Ersten Weltkrieg. Seit diesem Roman war Manns internationale Geltung unbestritten. Seine weltliterarische Bedeutung wurde bestätigt, als er 1929 mit dem Nobelpreis für Literatur ausgezeichnet wurde.

Schon bald geriet er in scharfen Gegensatz zum aufkommenden Nationalsozialismus. Er war auf einer Vortragsreise im Ausland, als Hitler an die Macht kam, und kehrte daraufhin nicht mehr nach Deutschland zurück, sondern ging in die Schweiz und 1938 mit seiner Familie nach Amerika. Nachdem er sich öffentlich gegen die Nazidiktatur ausgesprochen hatte, beschlagnahmten die Deutschen sein Vermögen und bürgerten ihn aus. In Amerika wurde er zum allgemein anerkannten kämpferischen Vertreter eines anderen, humanen Deutschlands in der Tradition ↗Goethes. Für die Welt war er und blieb er der berühmteste lebende deutsche Autor. In Amerika entstand der heitere Goethe-Roman *Lotte in Weimar* (1939) und als spätes Hauptwerk der Roman *Doktor Faustus* (1947), die Lebensgeschichte eines genialen Komponisten. Er vollendete auch das »Riesenwerk« *Joseph und seine Brüder* (1933–1943), in dem die Josephsgeschichte aus dem Alten Testament zu einem vierteiligen Romanzyklus ausgestaltet wurde.

Nach dem Zweiten Weltkrieg kehrte Thomas Mann nach Europa, nicht aber nach Deutschland zurück. Von 1952 bis zu seinem Tod lebte er in der Schweiz. Aber er mied Deutschland nicht ganz. So hielt er – politisch neutral zwischen West und Ost – zum 200. Geburtstag Goethes (1949) die Festansprache in der Goethe-Stadt Weimar. In den letzten Jahren widmete er sich erneut dem früh begonnenen heiteren Roman *Bekenntnisse des Hochstaplers Felix Krull* (1954), den er allerdings nicht mehr abschließen konnte. In der Form eines Abenteuerromans erzählt Mann die Geschichte von Felix Krull, der durch den Bankrott seines Vaters um seine bisherige gesellschaftliche Stellung gebracht wird. Dank seiner Liebenswürdigkeit, schauspielerischen Fähigkeiten und krimineller Energie kann er sich hochdienen um schließlich doch noch in der Welt der Reichen seinen Platz zu finden. Mann entlarvt hier die bürgerliche Welt aus der Sichtweise eines kriminell werdenden Menschen.

Conrad Ferdinand Meyer

* 11. 10. 1825 *in Zürich*
† 28. 11. 1898 *in Kilchberg bei Zürich*

Meyer stammte aus einer der vornehmsten Züricher Familien, so dass ihm eine glänzende Zukunft gesichert schien. Der Junge war hoch begabt und der Reichtum der Familie erlaubte es ihm, ohne finanzielle Sorgen zu leben. Doch nach dem frühen Tod des Vaters litt er stark unter der strengen Erziehung seiner fanatisch gläubigen Mutter. Meyer wurde übernervös und musste sich bereits in jungen Jahren für einige Zeit in eine Anstalt begeben. Nach der Schule, die er wegen seiner Nervenkrise nur mit Mühe hinter sich gebracht hatte, begann er ein Jurastudium. Die Malerei und Literatur interessierten ihn aber mehr. Dieser Zwiespalt, verschärft durch den Selbstmord der Mutter (1856), führte erneut zu einer Krise, die Meyer durch einen längeren Aufenthalt in Lausanne und Reisen (nach Paris, München, Rom und Venedig) zu überwinden hoffte. Er wollte nun Maler werden, aber die ersten Misserfolge entmutigten ihn. Daraufhin wandte er sich der Literatur zu, mit der es ihm zunächst ähnlich erging. Eine erste Gedichtsammlung fand keine Anerkennung. Erst ein zweiter Versuch war erfolgreicher. Meyer wusste jetzt immerhin, wo seine Begabung lag. Noch schwankte er, ob er Deutsch oder Französisch schreiben sollte, die politischen Ereignisse beschleunigten dann aber seine Entscheidung: Der Krieg von 1870/71 zwischen den deutschen Staaten und Frankreich, der mit dem Sieg der Deutschen endete und zur Gründung des Kaiserreiches führte, beeindruckte Meyer so sehr, dass er sich für die deutsche Sprache entschied. In den folgenden Jahren entstanden seine bedeutendsten Werke. Etwa ab 1890 zog er sich mehr und mehr zurück, er musste wieder von Nervenärzten behandelt werden; 1898 starb er, als großer Schriftsteller anerkannt, aber innerlich vereinsamt. Äußerlich gesehen verlief Meyers Leben ohne größere Ereignisse. Für ihn selbst bedeutete es aber fast immer Kampf. Dieses Ringen um Form beginnt schon beim Sprachlichen. Er überarbeitete seine Gedichte immer und immer wieder und ging in ihnen von einem Grundgedanken, einer bestimmten Vorstellung, einem ↗Motiv aus, das erst langsam sprachliche Gestalt annahm. Das Ergebnis sind Gedichte, die z. T., vollendet in Form und Gestalt, zu den besten der deutschen Literatur gehören, z. B. *Der römische Brunnen.* Geschult hatte Meyer seine Sprache an der französischen Literatur, aus der er auch übersetzte. Er war in beiden Sprachen zu Hause und es gelang ihm, die Klarheit, die man dem Französischen nachrühmt, auch in seinen in deutscher Sprache verfassten Prosawerken wirksam werden zu lassen. Mustergültig erreichte er diese Wirkung in der ↗Novelle. Meyer besaß einen ausgeprägten Sinn für das Dramatische – wenn er auch, zu seinem eigenen Bedauern, kein ↗Drama schrieb –, was zur Novelle mit ihrer straffen, zielgerichteten Form sehr gut passte. Dazu kam die Fähigkeit, das Denken und Handeln der Menschen zu analysieren und auch aus eigenem Erleben zu zeigen, wie seelische Konflikte, Leidenschaften und äußere Ereignisse zusammenwirken können, bis eine Katastrophe unausweichlich wird. Schon Meyers erste Novelle, *Das Amulett* (1873), ist hierfür ein Beispiel, auch *Der Heilige* (1880) oder *Die Leiden eines Knaben* (1883) wären hier zu nennen, während in der *Hochzeit des Mönchs* (1884) das Wollen des Menschen an der Unentrinnbarkeit des Schicksals scheitert. Diese schicksalhaften Verstrickungen brachten Meyer zu der Frage nach Verantwortung und Schuld, die in *Jürg Jenatsch* (1876) im Mittelpunkt der »alten Bündnergeschichte« steht. Jenatsch muss erkennen, dass er, schuldig geworden, für die erstrebte Freiheit seiner Heimat mit dem Leben zahlen muss. *Die Versuchung des Pescara* (1887) spielt im Italien des 16. Jahrhunderts. Der kaiserliche Feldherr Pescara soll auf die Seite der Gegner seines Herrn gezogen werden. Er durchschaut ihre eigennützigen Motive, die sie hinter großen Worten verstecken, erkennt aber auch, wie fragwürdig seine eigene Haltung ist. Wahrheit und Lüge, Recht und Unrecht sind nicht ohne weiteres zu trennen. Jede Entscheidung ist gleichzeitig gut und böse, richtig und falsch. Trotzdem bleibt der Mensch in jedem Falle für sein Handeln verantwortlich. Es ging Meyer um die Entscheidungsmöglichkeit des Menschen. Deshalb spielen viele seiner Novellen in Zeiten des Umbruchs, z. B. der ↗Renaissance oder Reformation, in denen keine festen Ordnungen dem Menschen die Entscheidung erleichtern. Zu diesem Themenkreis gehören auch die Novellen *Gustav Adolfs Page* (1882) und *Angela Borgia* (1891). *Der Schuss von der Kanzel* (1877) und *Plautus im Nonnenkloster* (1882) zeigen dagegen eine Wendung ins Heitere.

Eduard Mörike

*8.9.1804 *in Ludwigsburg*
†4.6.1875 *in Stuttgart*

Mörike wurde als Sohn eines herzoglichen Leibarztes in der schwäbischen Dichterstadt Ludwigsburg geboren. Der zarte, oft kränkelnde Junge zeigte schon früh ein träumerisches Wesen und eine Neigung zum Geschichtenerzählen und Dichten. Mit dreizehn Jahren verlor er den Vater und wurde ein Jahr später von der Mutter auf die neu gegründete Klosterschule nach Urach geschickt, wo man ihn, weil er ein schlechter Schüler war, nur »auf dem Gnadenweg« aufnahm. Hier blieb er vier Jahre und kam dann 1822 an das berühmte Stift in Tübingen um dort Theologie zu studieren. Schon damals bereiteten ihm schriftstellerische Arbeiten mehr Vergnügen als das Studium. Bald verband ihn eine enge Freundschaft mit gleich gesinnten Gefährten, die später auch als Schriftsteller und Dichter hervortreten sollten, so mit dem gleichaltrigen Wilhelm Waiblinger, dessen Gedichte er später herausgab, und mit David Friedrich Strauß, der zu einem Wegbereiter kritischer theologischer Forschung wurde. Die unglückliche Liebe zu Maria Meyer, verewigt als Peregrina in vielen seiner Lieder, hätte ihn beinahe aus der vorgesehenen Berufsbahn geworfen. Nach bestandenem Examen wurde er dann acht Jahre lang als Vikar von einem Ort zum anderen versetzt, bis er schließlich doch – fast gegen seinen Willen – eine Pfarrstelle in Cleversulzbach in der Nähe von Heilbronn erhielt. Hier lebte er von 1834 bis 1843 zusammen mit der Mutter und der Schwester Klara in dem Pfarrhaus, in dem auch die Mutter und die Schwester ↗Schillers eine Zeit lang gewohnt hatten. Obgleich es wahrscheinlich die schönsten Jahre in Mörikes Leben waren, belastete das Pfarramt den Dichter doch so stark, dass er schließlich nach dem Tod der Mutter »aus gesundheitlichen Gründen« um Versetzung in den Ruhestand bat.

Von 1843 an begann er erneut ein unstetes Leben, wechselte häufig den Wohnsitz und konnte nirgends Ruhe finden. In Bad Mergentheim lernte er Margarete von Speeth, die Tochter eines bayerischen Offiziers, kennen und heiratete sie. Dieser Ehe entstammten zwei Töchter. Um seine karge Pension aufzubessern hielt er in den Jahren zwischen 1851 und 1866 Literaturvorlesungen am Katharinenstift, einer Mädchenschule in Stuttgart. Nach 1856 schrieb Mörike kaum mehr etwas. Von 1871 an wohnte er wieder in Stuttgart, wo er einsam und kränkelnd in dürftigen Verhältnissen starb.

↗Goethe wurde schon seit den Tübinger Jahren zu seinem großen Vorbild und dessen Roman *Wilhelm Meister* regte ihn an selbst einen Künstlerroman zu schreiben. Mit diesem *Maler Nolten* (1832) schuf er das dichterische Spiegelbild seines eigenen Lebens, die Geschichte eines jungen Mannes, der sich im Leben nicht zurechtfinden kann und den ein geheimnisvolles Schicksal mit einer dämonischen Zigeunerin verbindet, die seine Verlobung zerstört, erst die Braut und schließlich den jungen Künstler in den Tod treibt. In dem ↗Roman finden sich auch einige der schönsten Gedichte Mörikes. Sein erster Gedichtband erschien 1838 und machte ihn über die Grenzen seiner Heimat hinaus allgemein bekannt.

Seit Goethe hatte in Deutschland keiner mehr Gedichte geschrieben, die so poetisch und formvollendet die Natur besingen. Schon seine Gedichtanfänge beweisen dies: »Ein Stündlein wohl vor Tag«, »Frühling lässt sein blaues Band / wieder flattern durch die Lüfte«, »Im Nebel ruhet noch die Welt« oder »Gelassen stieg die Nacht ans Land«. Es verwundert darum nicht, dass sie schon zu Lebzeiten Mörikes von Komponisten wie Schumann, Wolf und Brahms vertont wurden. Daneben schuf er so eindrucksvolle ↗Balladen wie die vom *Feuerreiter* oder von *Schön-Rohtraut.* Beschaulichkeit und liebenswerter Humor kennzeichnen seine »Idyllen«, breit ausmalende Gedichte, in denen er beispielsweise vom *Alten Turmhahn* erzählt, den der Schieferdecker vom Kirchturm holt und der auf dem Kachelofen im Pfarrhaus seinen Ruhesitz findet.

Mit Humor und Anmut ist das ↗Märchen vom *Stuttgarter Hutzelmännlein* (1853) geschrieben, in dem ein Liebespaar die Geschenke eines Kobolds erprobt und die schöne Nixe Lau im Blautopf von Blaubeuren ihren Gemahl versöhnt. In der ↗Novelle *Mozart auf der Reise nach Prag* (1856) erzählt Mörike einen Tag aus dem Leben Mozarts, der zur Uraufführung seiner Oper *Don Juan* nach Prag reist, und obwohl er einen beschwingten Abend im Schloss eines Grafen erlebt, seinen frühen Tod vorausahnt. Mörike beschreibt damit einen Augenblick höchster Spannung. Mozart hat den Gipfel seiner Kunst erreicht. Nur der Tod ist noch als weitere Perspektive sichtbar. So entsteht ein Charakterbild des Komponisten von überzeugender innerer Wahrheit.

Johann Nepomuk Nestroy

* 7. 12. 1801 *in Wien*
† 25. 5. 1862 *in Graz*

Der Vater, ein angesehener Anwalt in Wien, hatte ihn für das juristische Studium bestimmt. Doch Johann Nepomuk warf bald die Bücher hin um sich ganz seiner Leidenschaft für das ↗Theater und für die Musik zu widmen. Als Sänger stand er auf der Bühne des Hoftheaters; als Sänger und Komiker hatte er in Amsterdam große Erfolge. Doch der Versuch, als Komiker in Österreich Fuß zu fassen, endete zunächst mit einem Fehlschlag: Als Nestroy in einem Provinztheater vom polizeilich genehmigten Text abwich und sich von der Bühne herab über den Polizeidirektor lustig machte, erhielt er Bühnenverbot und musste die Stadt verlassen. Von da an hatte die Polizei immer ein wachsames Auge auf ihn. Den Schauspieler zog es zurück in seine Heimatstadt, in die Hauptstadt Wien. Aber der Anfang war schwer, denn gerade zu dieser Zeit feierte Ferdinand ↗Raimund seine Triumphe als Komiker. Doch Nestroy schaffte den Durchbruch und wurde zum zweiten großen Komiker Wiens, dem bei späteren Reisen auch das Publikum in München, Hamburg und Berlin zujubelte. Kein Wunder, dass die beiden Humoristen zu Rivalen um die Gunst des Publikums wurden. Wie Raimund tat auch Nestroy den Schritt vom Schauspieler zum Theaterdichter, der sich seine komischen Rollen selbst schuf. Er war ein unerschöpflicher Schreiber, ein wahrer Stückelieferant, der es auf 83 Theaterstücke gebracht haben soll. Einer der großen Volltreffer war *Der böse Geist Lumpazivagabundus oder Das liederliche Kleeblatt* (1835). Wie bei Raimund greift die Geisterwelt in das Leben der Menschen ein, aber bei Nestroy müssen sich die guten Geister geschlagen geben. Später verzichtete Nestroy ganz auf alles Zauberwesen und wandte sich der derberen »Lokalposse mit Gesang« zu. Seine Menschentypen stammen aus Wien und seiner Umgebung und sprechen darum deren Dialekt. Diese Possen sind Stücke von kräftiger Komik und drastischem Sprachwitz, aber auch voll hintergründiger Ironie und ernüchternder Skepsis. Die Handlung darf ruhig unwahrscheinlich sein; unglaubliche Verwechslungen spielen eine große Rolle.

Zu ebener Erde und ersten Stock oder Die Launen des Glücks (1838) heißt eine dieser Possen, bei der die Reichen arm und die Armen reich werden. Besonders turbulent geht es in der Posse *Einen Jux will er sich machen* zu. Das Verwechslungsspiel wird so weit getrieben, dass jeder jeden für den Falschen hält. Bis zu seinem Tod spielte Nestroy seine eigenen Schöpfungen auf der Bühne.

Christine Nöstlinger

* 13. 10. 1936 *in Wien*

Christine Nöstlinger wuchs in einfachen Verhältnissen in einem Wiener Vorort auf. Dennoch konnte sie eine höhere Schule besuchen und legte die Maturaprüfung (= Abitur) ab. Im Anschluss daran studierte sie an der Wiener Akademie für angewandte Kunst Gebrauchsgrafik. Seit dieser Zeit arbeitet sie an verschiedenen Magazinen und Zeitschriften mit. Zwischenzeitlich war sie auch für den Österreichischen Rundfunk tätig. Für ihre ersten Kinderbücher, wie *Die feuerrote Friederike* (1970), schuf sie noch Text und Bild selbst. Nachdem sie aber lediglich wegen ihrer fantasievollen, dabei sozialkritischen Texte, nicht wegen ihrer Illustrationen gelobt wurde, beschränkte sie sich von da an auf ihre schriftstellerische Begabung. Anerkennung erhielt sie schon früh mit dem Deutschen Jugendliteraturpreis (1973) für ihr Buch *Wir pfeifen auf den Gurkenkönig* (1972). Darin beschreibt Nöstlinger die fantastischen Gestalten der Gurkinger, gurkenähnlichen Kellerwesen, die ihren gemeinen, hinterlistigen und dabei absoluten Gehorsam fordernden König Kumi-Ori verjagen. Deshalb bittet dieser die Familie Hogelmann um politisches Asyl. Sein Antrag führt zu großen Verwicklungen in der sechsköpfigen Familie. In diesem und dem sich an Jugendliche richtenden autobiografischen Bericht *Maikäfer, flieg* (1973), in dem sie die Lebensbedingungen eines achtjährigen Mädchens während der letzten Kriegs- und ersten Nachkriegsjahre in Wien schildert, wird deutlich, worum es Nöstlinger in vielen ihrer Bücher geht: um den Versuch, anhand eigener negativer Erfahrungen, Kindern und Jugendlichen bei ihrer Selbstbehauptung und Selbstfindung zu helfen und ihnen Wege aus Konflikten (*Ilse Janda,* 1974) und Unterdrückung (in der Familie, in der Schule, durch Politik u. a.) aufzuzeigen. Christine Nöstlinger will damit ein Mehr an Menschlichkeit, Friedfertigkeit und Vorurteilslosigkeit (*Der schwarze Mann und der große Hund,* 1973) erreichen. Da sie über Dinge schreibt, die sie kennt, einschließlich der Figuren ihrer Fantasie (*Hugo, das Kind in den besten Jahren,* 1983), sind ihre Schilderungen der dargestellten Umwelt und Lebensbedingungen realistisch, treffsicher und ehrlich. Wie ein Zusammenleben von Erwachsenen und Kindern aussehen könnte, zeigt sie in *Eine mächtige Liebe* (1991) und *Einen Vater hab ich auch* (1994). Daneben hat sie in überzeugender Weise eine alte Kinderbuchgestalt für die heutige Zeit wieder belebt: *Der neue Pinocchio* (1988). Viele ihrer Bücher wurden verfilmt.

Otfried Preußler

* 20. 10. 1923 *in Reichenberg/Böhmen*

Otfried Preußler stammt aus dem böhmischen Vorland des Isergebirges, wo seine Vorfahren seit dem 15. Jahrhundert als Glasmacher ansässig waren. Seine Eltern waren Lehrer. Er selbst wurde gleich nach dem Abitur Soldat und geriet 1944 in sowjetische Kriegsgefangenschaft, aus der er erst nach fünf Jahren nach Bayern entlassen wurde. Hier hatte sich die inzwischen aus der angestammten Heimat vertriebene Familie wieder zusammengefunden. Preußler war bis 1970 Volksschullehrer, seitdem lebt er als freier Schriftsteller in Haidholzen bei Rosenheim.
Seine Geschichten erzählt er mit Vorliebe »Menschenkindern«; dem »besten und wichtigsten Publikum, das es auf der Erde gibt«. In ihnen greift er bewusst auf die erzählerische Tradition seiner Heimat, auf ihre Gestalten und Sagenmotive zurück. So in *Der kleine Wassermann* (1956), *Die kleine Hexe* (1957) oder in *Der Engel mit der Pudelmütze* (1985). Er wendet sich dagegen, Kinderliteratur als »verlängerten Arm der Schule« misszuverstehen. Gleichwohl gehen von seinen Büchern, die er den Lesern als »Spielplätze für die Fantasie« anbietet, starke pädagogische Wirkungen aus, so auf dem Gebiet der Leseförderung, der literarischen Erziehung, des gestalterischen Ausdrucks. In seinen Geschichten verbinden sich Fantasie und Wirklichkeit. Niemals lässt er einen Zweifel daran, dass er auch im persönlichen Leben »an die Möglichkeit eines guten Endes« glaubt. Es mag sein, dass gerade deshalb seine mit augenzwinkerndem Humor erzählten Bücher wie *Der Räuber Hotzenplotz* (1962 u. ff.), *Bei uns in Schilda* (1958) oder *Das kleine Gespenst* (1966) bereits in der dritten Generation gern gelesen werden.
In seinem Jugendroman *Krabat* (1971), der auf einer wendischen Sage fußt, schafft es der jugendliche Held, einen das personifizierte Böse verkörpernden Zauberer in einer Mühle kraft seines Willens, mit dem Beistand eines Freundes und der aufopfernden Liebe eines Mädchens zu überwinden. In Preußlers von barocker Fabulierlust getragenen einzigem Erwachsenenroman *Die Flucht nach Ägypten* (1978) lässt er die Welt der Weihnachtskrippen in seiner nordböhmischen Heimat auf unnachahmliche Weise lebendig werden.
Preußler ist auch einer der meistgespielten Autoren des zeitgenössischen Kindertheaters. Seine Werke haben bisher eine deutsche Gesamtauflage von 12 Millionen erreicht und liegen in 270 fremdsprachigen Ausgaben vor. Für die wichtigsten Bücher erhielt er zahlreiche nationale und internationale Auszeichnungen.

Wilhelm Raabe

* 8. 9. 1831 *in Eschershausen*
† 15. 11. 1910 *in Braunschweig*

Raabe wurde in dem kleinen Ort Eschershausen geboren, später zog die Familie nach Wolfenbüttel, wo er das Gymnasium besuchte, das er aber ohne Abschluss verließ. Auch eine Lehre als Buchhändler brach er vorzeitig ab. Er ging nach Berlin um an der Universität als Gasthörer sein Wissen zu erweitern. Hier entstand sein erster größerer ↗Roman, *Die Chronik der Sperlingsgasse,* der 1857 erschien. Das Buch hatte Erfolg und ermöglichte Raabe ein Leben als freier Schriftsteller. Er unternahm eine längere Reise durch Deutschland, lebte einige Zeit in Stuttgart und zog 1870 nach Braunschweig. Dort starb er 1910, von der Umwelt kaum noch beachtet. Das umfangreiche Werk Raabes umfasst zahlreiche Romane, Erzählungen und ↗Novellen. Den größten Anklang fand er mit der *Chronik der Sperlingsgasse* und dem *Hungerpastor* (1864). In diesen Büchern, in denen er der alten Zeit nachtrauert, erzählt Raabe von kleinen Leuten, von Armut und Not, aber auch von Bewährung und der Kraft des Guten. In späteren Werken war er weniger versöhnlich. Raabe war ein scharfer Beobachter und ehrlicher Erzähler. Er zeigte die Menschen mit ihren Schwächen und Fehlern. Und noch etwas ließ ihn die Gunst vieler Leser verlieren: Er sah Menschlichkeit und Güte nicht bei den erfolgreichen Menschen, sondern eher bei den Außenseitern, Sonderlingen und bei alten Menschen, die die Welt durchschaut haben und nichts mehr von ihr erwarten. Diese Gestalten zeigen Raabes Form von Humor: eine ironische Überlegenheit, hinter der aber Liebe und Verständnis stehen. Ein gutes Beispiel dafür ist die ↗Kriminalerzählung *Stopfkuchen* (1891). Außenseiter der Gesellschaft erweisen sich hier als die besseren Menschen, während sich hinter der scheinbaren Ehrbarkeit Hass, Neid und Mord verstecken. Raabe entlarvte aber nicht nur die Spießbürger, die an ihren Vorurteilen hängen und sogar zu Verbrechen fähig sind, sondern er griff auch die an, die von Fortschritt und moderner Zeit redeten und dabei nur ihren eigenen Vorteil meinten. Solche Wahrheiten wollten viele Leser nicht hören. Auch gefiel ihnen Raabes Erzählweise nicht: Er schaltete sich als Erzähler ein, gab Kommentare und schweifte scheinbar vom Thema ab (überraschend, wie viel Ähnlichkeit Raabe hierin mit modernen Autoren hat). So tat man ihn als überholten Sonderling ab. Dabei sind Werke wie *Abu Telfan* (1868), *Horacker, Der Schüdderump* (1870), *Alte Nester* oder *Die Akten des Vogelsangs,* auch *Die schwarze Galeere* (1861) und *Das Odfeld* (1888) von zeitloser Gültigkeit.

Ferdinand Jakob Raimund

* 1. 6. 1790 *in Wien*
† 5. 9. 1836 *in Pottenstein*

Eigentlich sollte er eine höhere Schulbildung erhalten, doch nach dem frühen Tod des Vaters, eines Drechslermeisters in Wien, schickte man den Vierzehnjährigen zu einem Zuckerbäcker in die Lehre. Damit begann, unbeabsichtigt, die Theaterlaufbahn des großen Schauspielers und Theaterdichters Ferdinand Raimund (eigentlich F. Raimann). Der Junge musste nämlich im ↗Theater während der Pausen Süßigkeiten verkaufen und hatte so reichlich Gelegenheit die Theaterereignisse miterleben. Als er achtzehn war, lief er dem Zuckerbäcker einfach davon und schloss sich einer umherziehenden Schauspielertruppe an. Ein paar Jahre später war er wieder in Wien und spielte fortan an den viel geliebten Vorstadttheatern, wo sich das theaterbegeisterte einfache Volk unterhalten ließ. Man erwartete eine unkomplizierte Handlung voll komischer Situationen mit viel Musik und Gesang, freute sich über raffinierte Bühnentricks und genoss das Auftreten von Geistern und Zauberern. Raimund fand bald allgemeine Anerkennung als Volksschauspieler, er stieg zum künstlerischen Direktor auf und wurde schließlich der gefeiertste Komiker Wiens. Bei seinen Theaterreisen wurde er auch in München, Hamburg und Berlin umjubelt. Mit den Stücken, die er zu spielen hatte, wurde er allerdings immer unzufriedener. »Es ist zum Verzweifeln, was man für Schmierereien lesen muss«, beklagte er sich und begann deshalb seine eigenen Stücke zu schreiben. Sie entstanden aus der Tradition der Zaubermärchen, in denen überirdische Kräfte, Feen, Zauberer und Geister den Guten zum Sieg über das Böse verhelfen, so in *Das Mädchen aus der Feenwelt oder Der Bauer als Millionär* (1826). Diese Welt verknüpfte Raimund mit der gewohnten Komik der älteren Volksstücke, mit Musik und Gegebenheiten aus dem wirklichen Leben seiner Zuschauer. Vor einem humoristischen Hintergrund zeigen seine noch heute gespielten Stücke wie *Der Alpenkönig und der Menschenfeind* (1828) und *Der Verschwender* (1834) so ernste Themen wie Vergänglichkeit, Wahrheit und Treue. Die Lieder, die darin vorkommen, wurden oft zu ↗Volksliedern, z. B. *Brüderlein fein* oder *Das Hobellied.* Trotz der gefürchteten Konkurrenz des jüngeren Dichters ↗ Nestroy war Raimund beruflich äußerst erfolgreich. Privates Glück blieb ihm allerdings versagt. In panischer Angst von einem vermeintlich tollwütigen Hund gebissen worden zu sein erschoss er sich.

Rainer Maria Rilke

*4. 12. 1875 *in Prag*
† 29. 12. 1926 *in Val Mont bei Montreux*

In dem Gedicht *Selbstbildnis aus dem Jahre 1906* zeichnet Rilke ein gutes Porträt von sich selbst. Sein Vater, ehemaliger Unteroffizier, war Eisenbahnbeamter, die Mutter stammte aus einer Kaufmannsfamilie und strebte vergeblich nach höherem gesellschaftlichen Rang. In Prag fühlte sich Rilke zwischen Deutschen und Tschechen heimatlos (»Mich rührt so sehr böhmischen Volkes Weise«), ein Gefühl, das sich nach der Trennung der Eltern noch verstärkte. Er kam 1886 auf die Kadettenschule in St. Pölten und wollte Offizier werden, wurde aber 1891 aus Gesundheitsgründen entlassen. Daraufhin holte er das Abitur nach und studierte in Prag, München und Berlin Philosophie, Kunst und Literatur. 1897 lernte er die emanzipierte Schriftstellerin und Nietzsche-Freundin Lou Andreas-Salomé kennen, mit der er zweimal Russland besuchte (1899 und 1900) und die tiefe Religiosität und Innerlichkeit dieses Landes in sich aufnahm. Dabei begegnete er auch dem schon greisen Dichter Leo Tolstoi (↗Russland). Produktives Ergebnis aus dieser Zeit waren das *Stundenbuch* (1905) und das *Buch vom lieben Gott*. Es sind Bücher der Gottsuche; Rilke sieht die Menschheit wieder auf dem Wege zu Gott, einem Gott der Innerlichkeit, der in allen Dingen des Lebens gesucht wird.

In *Die Weise von Liebe und Tod des Cornets Christoph Rilke* (1906) beschrieb er in betörend klingender Prosasprache die tragisch erfüllte Sehnsucht eines jungen adligen Reiteroffiziers während der Türkenkriege nach Liebe, heldischer Erfüllung und seinen Tod im Kampf gegen den Feind. Diese kleine Dichtung wurde vor allem von jungen Menschen begeistert aufgenommen. Ungewollt wurde sie aber auch zu einer Verherrlichung von Opferbereitschaft und Heldentod während der zwei Weltkriege.

1901 lebte Rilke, eingeladen von dem Jugendstil-Maler Heinrich Vogeler, in der Künstlerkolonie Worpswede bei Bremen. Dort heiratete er die Bildhauerin Clara Westhoff, löste sich aber wieder von Frau und Tochter, für die er auch finanziell nicht sorgen konnte. In dem Buch *Worpswede* suchte er Leben und Wollen der dortigen Menschen vorzustellen. 1902 erschien der Gedichtband *Buch der Bilder* (»Ich lernte, wie schlicht alles ist, und wurde reif, vom Schlichten zu sagen«). Bis 1914 hielt sich Rilke in Paris auf, anfangs als Sekretär des Bildhauers Auguste Rodin, über den er 1903 eine ↗Biografie verfasste. Dank seiner engen inneren Bindung an Frankreich gelangen dem Dichter in der Folgezeit ungemein einfühlende Übersetzungen französischer Lyrik.

Die *Neuen Gedichte* (1907/08) begründeten Rilkes Ruhm als eines großen Sprachkünstlers. In ihnen versuchte der Dichter die Gegenstände und Dinge des Lebens und ihr inneres Wesen, ihre Struktur und ihr Gepräge im Gedicht gegenständlich darzustellen. Wegen dieses sensiblen und hellsichtigen Blickes auf die Dinge hat man die Gedichte dieser Periode »Dinggedichte« genannt: *Archaischer Torso Apollos* (»Wir kannten nicht sein unerhörtes Haupt«), *Der Panther* (»Sein Blick ist vom Vorübergehn der Stäbe / so müd geworden, dass er nichts mehr hält. / Ihm ist, als ob es tausend Stäbe gäbe/ und hinter tausend Stäben keine Welt«) und *Das Karussell* (»Mit einem Dach und seinem Schatten dreht / sich eine kleine Weile der Bestand«). Die Dinge sprechen zum Menschen, sie verändern ihn: »Du musst dein Leben ändern.« Die folgende Sammlung *Das Marienleben* wurde von Paul Hindemith vertont. Während seines Pariser Aufenthalts schrieb Rilke seinen einzigen ↗Roman *Die Aufzeichnungen des Malte Laurids Brigge* (1910). Hier bricht er bewusst mit dem realistischen Roman des 19. Jahrhunderts. Das fingierte Tagebuch eines jungen, heimatlos gewordenen Dänen, der in Paris als Dichter zu leben versucht, spiegelt in oft grausamen Bildern das Erlebnis der verzehrenden Großstadt. Dabei wirft Rilke die Frage auf, wieso der Mensch »trotz Erfindungen und Fortschritten an der Oberfläche des Lebens geblieben ist«.

Nach kurzem Kriegsdienst im Ersten Weltkrieg stand Rilke unter einem lähmenden Schock. Er verließ Deutschland und lebte ab 1921, abgeschottet von der Öffentlichkeit und finanziell unterstützt von einer Gönnerin, in der Schweiz in einem alten Turm bei Muzot. 1923 waren noch die *Duineser Elegien* und die *Sonette an Orpheus* entstanden. Die Elegien zeigen seine Verzweiflung am Menschen, an dessen Ungenügen und Gebrochenheit. Die Sonette rühmen Orpheus (↗Antike), der es durch Gesang versteht, die seelenlos gewordenen Dinge wieder zum Leben zu erwecken. Die Dichtung wird ihm zur Rettung der vergänglichen Welt. 1926 stirbt Rilke an Leukämie.

Joseph Roth

* 2. 9. 1894 *in Brody (Ostgalizien)*
† 27. 5. 1939 *in Paris*

In einem kleinen Ort im äußersten Osten des alten Österreichs, nahe der russischen Grenze, wurde Joseph Roth als Kind einer jüdischen Familie geboren. Er hat das karge, weite Land und die Welt des Ostjudentums, die Armut der Menschen und ihren Glauben später immer wieder in seinen Romanen beschrieben. Nach dem Abschluss der Schule ging er nach Wien um zu studieren. Mit Ausbruch des Ersten Weltkrieges, 1914, meldete er sich freiwillig zur österreichischen Armee und geriet später in russische Gefangenschaft. Als er 1918 zurückkehrte, war das alte Österreich zerstört und zerfallen. Joseph Roth nahm das Studium nicht wieder auf. Stattdessen arbeitete er zunächst als Journalist in Wien, dann als Korrespondent der ›Frankfurter Zeitung‹, für die er u. a. seine Russlandreise beschrieb, in Berlin. Bald darauf begann er ein unruhiges Wanderleben, das ihn in viele Länder Europas führte. Gleichzeitig schrieb er, mit Vorliebe in Cafés und Kneipen, seine ↗Romane. In einem seiner frühen Werke, *Die Rebellion* (1924), schildert er das Los eines Kriegsversehrten in Wien. Der Roman *Hiob* ist die Geschichte eines armen jüdischen Lehrers aus Roths Heimat, der, vom Leben schwer geprüft, an Gott verzweifelt, im Alter aber zum Glauben zurückfindet. Besonders berühmt wurde der später auch verfilmte Roman *Radetzkymarsch* (1932), mit dem Roth der versunkenen Welt des alten Österreichs ein großes dichterisches Denkmal setzte. Die Schicksale der Familie von Trotta verbinden sich durch drei Generationen mit der Geschichte des langsam sterbenden Österreichs, bis zum Tod des alten Kaisers Franz Joseph und des letzten Freiherrn von Trotta. Eine Art Fortsetzung von *Radetzkymarsch* ist der Roman *Die Kapuzinergruft* – die Geschichte einer Seitenlinie der von Trottas bis zum Einmarsch der Deutschen in Österreich 1938.

Schon frühzeitig hatte Joseph Roth die Bedrohung empfunden, die von der wachsenden Macht des Nationalsozialismus ausging. Mit dem Deutschland Hitlers, in dem er als Jude mit Verfolgung rechnen musste, wollte er nichts zu tun haben. Wie eine Vorahnung des eigenen Schicksals klingen die Titel früherer Werke: des Romans *Flucht ohne Ende* (1927) und des Aufsatzes *Juden auf Wanderschaft* (1927). So lebte er seit 1933 ständig in Paris. Aus Verzweiflung über die Lage Europas und aus privaten Sorgen verfiel er immer mehr dem Alkohol. Die Erzählung *Die Legende vom heiligen Trinker* entstand in dieser Zeit. Noch ehe der Zweite Weltkrieg ausbrach, starb er in einem Pariser Armenhospital.

Hans Sachs

* 5. 11. 1494 *in Nürnberg*
† 19. 1. 1576 *ebenda*

Der Sohn eines Schneiders besuchte die Lateinschule und ging nach deren Abschluss bei einem Schuster in die Lehre. Nach langjähriger Wanderschaft ließ er sich als Schuhmachermeister in Nürnberg nieder. Er und sein Werk sind untrennbar mit seiner Heimatstadt und mit dem so genannten »Meistersang« (↗Renaissance und Reformation), den er bei dem Weber Nunnenbeck erlernte, verbunden. Seine Person und Bedeutung stellten ↗Goethe in dem Gedicht *Hans Sachsens poetische Sendung* (»in Froschpfuhl all das Volks verbannt, / das seinen Meister je verkannt«) und Richard Wagner in seiner Oper *Die Meistersinger von Nürnberg* heraus. Meistersinger waren in Zünften organisierte, bürgerliche Autoren, die nach Feierabend ihr Handwerkszeug mit der Feder vertauschten. Ihnen galt Dichtung ebenso wie ihr Handwerk als erlernbare Kunst, als handwerkliche Fertigkeit, die bestimmten Gesetzen unterworfen war. Auch Sachs musste in seinen Meisterliedern diese Vorgaben beachten: Form (↗Schrift- und Umgangssprache), ↗Reim, Vers und ↗Strophe waren genau vorgeschrieben. Das Gleiche galt auch für die »Weise«, die dem Text zugeordnete Melodie. Zudem überwachten beim Vorsingen der Lieder so genannte »Merker« die genaue Einhaltung dieser Regeln. Sachs war sehr belesen und als Autor ungemein produktiv. Man zählt über 4000 verschiedene Werke von ihm: neben geistlichen und weltlichen Gedichten *(Meisterlieder)* lustige und lehrhafte Theaterstücke (so genannte Fastnachtsspiele und »comedies«), Fabeln und Prosadialoge. Seine Stoffe entnahm er der Bibel, den Schriften der ↗Antike, Volksbüchern, Erzählsammlungen (Boccaccios *Decamerone,* ↗Novelle) und ↗Sagen. Mit seinem Werk wollte Sachs auf vielfältige Weise seine Zeitgenossen durch Unterhaltung belehren. Diese Auffassung vom Dichten hinderte ihn aber nicht daran, kritisch seine Meinung zu aktuellen Fragen zu äußern: In einem langen Preisgedicht, *Die Wittembergisch Nachtigall,* ergriff er schon 1523 engagiert für ↗Luther Partei – der Nürnberger Rat erteilte ihm daraufhin sogar Schreibverbot: Der Schuster solle gefälligst bei seinem Leisten bleiben! Obwohl noch einige Fastnachtsspiele in Lesebüchern zu finden sind *(Der fahrende Schüler im Paradies),* entsprechen viele dieser Dichtungen nicht mehr dem heutigen Verständnis von Literatur.

Friedrich von Schiller

* 10. 11. 1759 *in Marbach am Neckar*
† 9. 5. 1805 *in Weimar*

Es ist kein Zufall, dass die Jugendgeschichte Friedrich von Schillers als Stoff für Erzählungen, Romane und Schauspiele diente und sogar verfilmt wurde. Als Sohn eines württembergischen Wundarztes und Offiziers stammte er aus einfachen Verhältnissen. In Marbach am Neckar kann man heute noch das bescheidene Haus besichtigen, in dem Schiller geboren wurde. Nach dem Besuch der Schulen in Lorch und Ludwigsburg hatte er eigentlich Theologie studieren wollen, aber Herzog Karl Eugen von Württemberg, der die Geschicke seiner Untertanen nach eigenem Gutdünken willkürlich bestimmte, schickte den begabten Jungen im Alter von dreizehn Jahren auf die »Karlsschule«, wo er Medizin studieren sollte. Schiller war zwar ein tüchtiger Student, litt aber schwer unter dem Druck und dem sturen Drill, der an dieser Militärakademie herrschte. Kritisch beobachtete er das despotische Verhalten des Herzogs und schrieb sich den angestauten Groll gegen dessen Regierungsweise schließlich 1781 in seinem ersten ↗ Drama *Die Räuber* vom Herzen. Das Werk wurde bei seiner Erstaufführung im »Ausländischen« ein ungeheurer Erfolg. Da eine hierfür nötige Reise gegen den Willen des Herzogs geschah, wurde Schiller arretiert. Vor weiterer Bestrafung floh er nach Mannheim, wo er ein ganzes Jahr bei relativ gutem Gehalt als Theaterdichter angestellt war. In dieser Zeit verfasste er eine Reihe von Gedichten und mehrere Schauspiele, wie *Kabale und Liebe* (1784), eine erneute Anklage gegen die Willkür der Fürsten, und *Don Carlos* (1787), sein erstes Schauspiel in Jamben (↗ Metrik), die er fortan für alle seine Tragödien verwendete.

1787 wollte er sich in Weimar niederlassen, da er hoffte dort in der Nähe von ↗ Goethe, Wieland und ↗ Herder Anregungen für sein literarisches Schaffen zu finden. Dieser Versuch schlug zwar fehl, aber nach der Veröffentlichung eines Geschichtswerkes über die *Geschichte des Abfalls der Vereinigten Niederlande von der spanischen Regierung* erhielt er durch die Vermittlung Goethes eine Professur für Geschichte an der Universität im nahe gelegenen Jena. Seine durch Not, Sorgen und übermäßige Arbeit zerrüttete Gesundheit hinderte ihn an einer regelmäßigen Lehrtätigkeit. Erst durch ein Stipendium von 1000 Talern, das ihm dänische Freunde für drei Jahre vermittelten, besserte sich seine wirtschaftliche Lage, er heiratete und konnte sich unbeschwerter als je zuvor seinen wissenschaftlichen Studien und seinen Dichtungen widmen. Im Studium und in der Auseinandersetzung mit den Schriften des Philosophen Immanuel Kant gelangte er zu philosophischen Erkenntnissen, die auch sein künstlerisches Schaffen beeinflussten. In mehreren Schriften wie *Über Anmut und Würde* (1793) und *Über naive und sentimentalische Dichtung* (1795) legte er die Ergebnisse dieser Einsichten nieder.

Die große Wende in seinem Leben kam 1794, als sich endlich die von ihm ersehnte Freundschaft mit Goethe anbahnte. Der geistige Austausch zwischen den beiden Dichtern, der sich anfangs in zahlreichen Briefen, später in engen persönlichen Kontakten niederschlug, spornte ihn zu dichterischen Höchstleistungen an. In den nun folgenden elf Jahren bis zu seinem Tod schrieb er eine Reihe bedeutender Werke. Dazu zählen Gedichte wie *Das Lied von der Glocke,* das 1823 von Beethoven vertonte *An die Freude, Der Spaziergang* und seine berühmtesten ↗Balladen *Der Ring des Polykrates, Die Bürgschaft* und *Die Kraniche des Ibykus,* in denen er mit Vorliebe geschichtliche Stoffe verarbeitete. 1799 übersiedelte er mit seiner Familie von Jena nach Weimar um in noch engerem Kontakt mit Goethe stehen zu können. Nun entstanden seine Meisterdramen. Im Gegensatz zu seinen frühen Werken, die dem ↗Sturm und Drang zugerechnet werden und in denen er mit der Anklage gegen Willkür und Gewalt seine Gefühle sprechen ließ, griff er in diesen Werken, die zusammen mit den gleichzeitigen Dichtungen Goethes den Höhepunkt der deutschen ↗Klassik bildeten, historische Stoffe auf. In ihnen beschäftigte er sich zugleich aber auch mit dem Problem um die innere Freiheit der Menschen. Nach dreijähriger Arbeit vollendete er 1799 *Wallenstein.* Die breit angelegte, gewaltige Handlung dieses ↗Dramas (drei Teile mit elf Akten) gestaltet das Schicksal des Feldherrn und seinen, aus einem zögernden Willen heraus erwachsenen Verrat. Es folgten die Dramen *Maria Stuart, Die Jungfrau von Orleans, Die Braut von Messina* und schließlich 1804 *Wilhelm Tell,* das den Kampf der Schweizer gegen die Unterdrückung schildert. Die letzten Lebensjahre des Dichters waren von Krankheit und Sorgen überschattet. Bei seinem Tode war er in Deutschland bekannter und beliebter als sein Freund und Vorbild Goethe.

Anna Seghers

* 19. 11. 1900 *in Mainz*
† 1. 6. 1983 *in Ost-Berlin*

Sie fühle sich nur als Aufschreiberin, sagte Anna Seghers einmal lapidar von ihrer schriftstellerischen Arbeit, aber sie war eine ungemein engagierte Aufschreiberin! Eigentlich hieß sie Netty Radvanyi und stammte aus Mainz, wo der Vater als Antiquitätenhändler und Kunstsachverständiger tätig war. Zunächst studierte sie Kunstgeschichte in Köln und Heidelberg. Ihre Doktorarbeit schrieb sie über Rembrandt. Danach aber wandte sie sich schon bald der Schriftstellerei zu. Ihr Lebensweg änderte sich völlig, als sie 1928 im Alter von siebenundzwanzig Jahren in die Kommunistische Partei und den Bund proletarisch-revolutionärer Schriftsteller eintrat. Im gleichen Jahr erhielt sie für ihre erste Erzählung *Der Aufstand der Fischer von St. Barbara* den angesehenen Kleist-Literaturpreis. In lose aneinander gereihten Szenen erzählt sie hier von dem vergeblichen Aufstand eines Fischerdorfes gegen die Ausbeutung der Reeder. Die ursprüngliche Menschlichkeit, die alle ihre Werke durchzieht, ist auch hier schon gegenwärtig. Als kompromisslose Gegnerin des Nationalsozialismus musste sie nach Hitlers Machtantritt, wie viele andere Schriftsteller, Deutschland verlassen, wo ihr Leben bedroht war und ihre Bücher verboten und verbrannt wurden. Ihr Weg in die Emigration führte zuerst nach Paris und 1941 weiter nach Mexiko. Dort veröffentlichte sie 1942 nach *Der Kopflohn* (1933) und *Die Rettung* (1937) ihren, noch in Paris begonnenen, wohl bedeutendsten ↗Roman *Das siebte Kreuz*. Er ist das erste Werk, das mit der Schilderung der Flucht von sieben Häftlingen aus einem Konzentrationslager einem breiten Leserkreis im Ausland die Menschen verachtenden Zustände in diesen Lagern vor Augen führte: eine schonungslose, in ihrer einfachen, klaren Sprache tief beeindruckende Anklage gegen den Terror der Nationalsozialisten. 1947 kehrte Anna Seghers nach Deutschland zurück und ließ sich in Ost-Berlin nieder, da sie nicht mehr gegen, sondern für eine Gesellschaftsordnung schreiben wollte, wie sie sagte. Bald zählte sie zu den bedeutendsten Schriftstellern der jungen DDR, wurde Vorsitzende des Schriftstellerverbandes und erhielt zahlreiche hohe literarische Auszeichnungen. Ihre Romane und Erzählungen spiegelten von da ab ihr starkes gesellschaftspolitisches Engagement. Dazu gehören vor allem die beiden Romane *Die Entscheidung* (1959) und *Das Vertrauen* (1968), die beide in einem Stahlwerk in der ehemaligen DDR spielen.

Anna Seghers starb 83-jährig in Ost-Berlin.

Adalbert Stifter

* 23. 10. 1805 *in Oberplan*
† 28. 1. 1868 *in Linz*

Stifter stammte aus dem südböhmischen Oberplan. Diese Landschaft wird später in seinen Erzählungen und ↗Romanen immer wieder sichtbar. Nach dem Tod des Vaters wurde er am Gymnasium der oberösterreichischen Benediktinerabtei Kremsmünster aufgenommen. Schon hier schwärmte er für ↗Schiller, übersetzte griechische und römische ↗Klassiker, zeigte Talent fürs Zeichnen und Malen und ebenso Interesse für die Sternwarte der Abtei. Deshalb war er bald als Nachhilfelehrer gefragt. Nach der Matura (= Reifeprüfung) studierte er in Wien Jura und beschäftigte sich nebenbei mit Naturwissenschaften, Mathematik und Geschichte. Wegen seiner Redegewandtheit wurde er bald Mittelpunkt eines reichen, adeligen Freundeskreises, der ihn als Nachhilfelehrer von Haus zu Haus empfahl. Der Zufall machte ihn als Dichter bekannt. Eine adelige Gönnerin entdeckte die Niederschrift einer Erzählung und ließ sie veröffentlichen: *Der Condor.* Die Schilderung vom Start eines Luftschiffs war mit einem Schlag die literarische Sensation in Wien, die weitere Aufträge nach sich zog. In diesen Erzählungen, die er später unter dem Titel *Studien* herausgab *(Das Heidedorf, Der Hochwald, Abdias, Brigitta),* beschreibt Stifter die durch Stolz, Leidenschaft, Eifersucht gefährdeten Beziehungen der Menschen zueinander, während die Natur die Ordnung Gottes widerspiegelt. Er traf sich mit ↗Grillparzer, Lenau und ↗Eichendorff, wurde Hauslehrer bei Fürst Metternich und verkehrte in den Kreisen des Hochadels ohne seine fortschrittliche, freiheitliche Gesinnung zu verbergen. Zum Schulinspektor ernannt, wollte er die Jugend für mehr Freiheit durch Bildung gewinnen. Für sie schrieb er den Erzählband *Bunte Steine.* In seinem großen Bildungs- und Erziehungsroman *Der Nachsommer* (1857) ordnen sich die Menschen dem »sanften Gesetz« der Menschlichkeit unter. Schwer krank und fast vergessen starb Stifter müde und verbittert nach einem Selbstmordversuch.

Theodor Storm

* 14. 9. 1817 *in Husum*
† 4. 7. 1888 *in Hademarschen*

Storm war der Familientradition gefolgt und studierte Jura in Kiel und Berlin. Erst hier fand er den Weg zum eigenen Schreiben. In Gemeinschaftsarbeit mit seinem Freund, dem Historiker Theodor Mommsen, und dessen Bruder Tycho entstand 1843 das *Liederbuch dreier Freunde*. Aber erst als er nach Abschluss des Studiums in seine Geburtsstadt Husum zurückkehrte, schrieb er seine ersten ↗Novellen, darunter *Immensee*, die ihn bekannt und berühmt machte. Sie eröffnet die Reihe der so genannten Erinnerungsnovellen, in denen Storm sehnsuchtsvoll auf vergangene Tage zurückschaut.
Nach seinen eigenen Worten ist sein Erzählen aus der ↗Lyrik geboren. Deshalb übt das Musikalisch-Stimmungsvolle, die schlichte Einfachheit in Form und Aussage in seinen Erzählungen auch einen eigenartigen Reiz auf den Leser aus. Sein *Weihnachtslied* und *Knecht Ruprecht* begeisterten ebenso wie das *Oktoberlied, Abseits, Die Stadt, Meeresstrand* und das humorvolle Gedicht *Von Katzen* Generationen von Lesern. Obwohl er sich sonst nicht zu gesellschaftlichen und politischen Problemen äußerte, protestierte er öffentlich gegen die Besetzung von Schleswig durch die Dänen. Er wurde daraufhin seines Amtes enthoben und musste Husum verlassen. Erst nach dem für die Dänen verloren gegangenen Krieg kehrte Storm 1864 als Landvogt zurück. Nun begann auch seine große Zeit als Dichter; es entstanden u. a. die Novellen *Viola tricolor, Aquis submersus, Carsten Curator, Hans und Heinz Kirch* oder *Bötjer Basch.* Sein Einfühlungsvermögen in junge Menschen zeigen auch die Novelle *Pole Poppenspäler* und das ↗Märchen *Der kleine Häwelmann.* Untrennbar mit Storms Namen verbunden bleibt sein Meisterstück *Der Schimmelreiter* (1888), die kunstvoll in eine Rahmenhandlung eingebettete Geschichte Hauke Haiens, der sich aus ärmlichen Verhältnissen zum Deichgrafen emporarbeitet und bei einem Dammbruch Frau, Kind und schließlich auch sein eigenes Leben verliert.

Erwin Strittmatter

* 14. 8. 1912 *in Spremberg/Niederlausitz*
† 31. 1. 1994 *in Dollgow/Gransee*

Strittmatter wuchs als Sohn eines Bäckers in der Niederlausitz auf. Nach Realgymnasium, Bäckerlehre und verschiedenen Hilfstätigkeiten trat er der sozialistischen Arbeiterjugend bei. Seine Erinnerungen daran verarbeitete er in dem Entwicklungsroman *Ochsenkutscher* (1950). 1934 wurde er verhaftet und bei Kriegsausbruch zum Militärdienst eingezogen. Kurz vor dem Ende des Krieges desertierte er. Danach arbeitete er u. a. als Amtsvorsteher. Seit 1954 lebte er als freischaffender Schriftsteller in Dollgow.

Seine Komödie *Katzgraben. Szenen aus dem Bauernleben* (1954), von ↗Brecht angeregt und von dessen Berliner Ensemble uraufgeführt, ist das erste Stück, das den »modernen Klassenkampf auf dem Dorf auf die Bühne« bringt. Aus der Sicht eines Jugendlichen schildert er in der später verfilmten Erzählung *Tinko* (1954) ein ähnliches Thema. Zur Vermittlung des Klassenkampfes suchte Strittmatter neue Wege der Darstellung des »sozialistischen Realismus« (so genannter Bitterfelder Weg). Grundlage hierfür sind die volkstümlichen Formen, wie Blankvers (↗Reim), ↗Schwank und der ↗Schelmenroman. Im Verlauf der 60er Jahre rückte er aber immer weiter davon ab. Seine Sprache wurde poetischer, nicht zuletzt durch die Aufnahme fantastischer und traumhafter Elemente, durch die Beschwörung von »Poesie und Schwerelosigkeit der Kindheit«. Dies deutet sich schon in dem Schauspiel *Die Holländerbraut* (1961) an, in dem er das Schicksal der Taglöhnerin Hanna Tainz und die Bedeutung von privaten und politischen Konflikten für Staat und Gesellschaft schildert. Mit seinem Roman *Ole Bienkopp* (1963) vertieft er dieses Thema. Er zeigt darin, wie Selbstverantwortlichkeit an staatlichem Widerstand scheitert. Diese Problematisierung der Rolle des Einzelnen in der Gesellschaft führte zu einer heftigen Debatte, ähnlich der um Christa ↗Wolfs *Der geteilte Himmel.* Neben seinem bekanntesten Entwicklungsroman *Der Wundertäter* (1957–1980) schrieb er Kurzprosa, Kinder- und Jugendbücher. In seinen Kindheitserinnerungen *Der Laden* (1983) schildert er eindringlich, wie auch die scheinbar »heile« Welt der Provinz vom Nationalsozialismus durchsetzt wurde.

Auch seine Frau Eva (geb. 8. 2. 1930) ist als freischaffende Schriftstellerin tätig. Mit den märchen- und traumhaften Elementen und verfemten Inhalten (»Und Schwäne sind auch tabu / und die Rosen hat Rilke vernichtet«) ihrer Gedichte und Kinderbücher hob sie sich von einem Großteil der angepassten Mitglieder ihres Schriftstellerverbands ab.

Ludwig Thoma

*21. 1. 1867 *in Oberammergau*
† 26. 8. 1921 *in Rottach am Tegernsee*

Wer die Jugend Ludwig Thomas mit den Ereignissen gleichsetzen möchte, die wir alle aus seinen köstlichen *Lausbubengeschichten* oder aus *Tante Frieda* kennen, der täuscht sich etwas. Sicher wird manche Erinnerung an unbeschwerte Jugendtage mit in die Geschichten eingeflossen sein, aber mindestens auch ebenso viel Fantasie. Von den Sorgen und Nöten der Familie Thoma erfahren wir nur ganz wenig. Der Vater, ein Förster, war früh gestorben. Er hatte die Mutter mit sieben Kindern unversorgt zurückgelassen. Ludwig wurde von einem Verwandten zum andern, von Kostplatz zu Kostplatz herumgeschoben. Er besuchte deshalb die Gymnasien in Landstuhl (Pfalz), Neuburg an der Donau, Burghausen, München und Landshut. Trotz dieser widrigen Umstände schaffte er das Abitur.

Nach dem Jurastudium in Erlangen und München ließ er sich zuerst in Dachau, danach in München als Rechtsanwalt nieder. Einige Skizzen aus dem Volksleben, die er damals niederschrieb, erzielten einen Achtungserfolg, richtig bekannt wurde er aber erst durch seine Mitarbeit an der 1896 gegründeten satirischen Zeitschrift ›Simplizissimus‹. In Gedichten und Geschichten kritisierte er unter dem ↗Pseudonym Peter Schlemihl ebenso geistvoll wie schonungslos spießbürgerliche Scheinmoral und Engstirnigkeit. Dies prangerte er auch im *Briefwechsel des bayerischen Landtagsabgeordneten Josef Filser* an, einer ↗Satire in Briefform, die immer wieder nachgeahmt, in ihrer witzig-ironischen Art aber nie erreicht wurde. Auch die Komödie *Die Lokalbahn* wurde 1902 begeistert aufgenommen. Die beiden ↗Romane *Andreas Vöst* (1906) und *Der Wittiber* (1911), vor allem aber auch die erschütternde Bauerntragödie *Magdalena* (1912) bewiesen sein dichterisches Format und zeigten, dass er mehr war als nur der in ganz Deutschland geschätzte, geistvolle Kritiker in der Lederhose. Er ließ sich nun als freier Schriftsteller in Rottach am Tegernsee nieder. Am Ersten Weltkrieg nahm er als Sanitäter teil, erkrankte aber lebensgefährlich und kehrte in die oberbayerische Heimat, in sein geliebtes Haus auf der Tuften, zurück. Hier entstanden so gegensätzliche Werke wie die heitere Sommergeschichte *Altaich,* die auch noch heute viel gelesene ↗Legende *Heilige Nacht* und sein dritter großer Bauernroman *Der Ruepp,* der ein Jahr nachdem Thoma seinem Krebsleiden erlag, erschien.

Kurt Tucholsky

* 9. 1. 1890 *in Berlin*
† 21. 12. 1935 *in Hindås (Schweden)*

Tucholsky wurde als Sohn eines Kaufmanns in Berlin geboren. Dort besuchte er auch das Gymnasium und studierte dann Rechtswissenschaften. Schon 1913 war er als junger Mann Mitarbeiter bei der ›Schaubühne‹, einer Zeitschrift für Kultur und Politik, die er 1926 unter dem jetzigen Namen ›Weltbühne‹ als Herausgeber übernahm. Nach der Teilnahme am Ersten Weltkrieg arbeitete er 1923 für kurze Zeit in einer Bank, übersiedelte aber dann ein Jahr später nach Paris, wo er als freier Schriftsteller lebte; 1929 ließ er sich in Schweden nieder. Tucholsky schrieb unter mehreren, den Inhalten der Bücher oder Artikel entsprechenden ↗Pseudonymen, wie Kaspar Hauser, Peter Panter, Theobald Tiger und Ignaz Wrobel. Er war gleichermaßen kritischer Journalist wie einfühlender, sprachgewandter Dichter und Satiriker. Mit Erich ↗Kästner und Walter Mehring zusammen schuf er das moderne Großstadtchanson (Chanson = Lied für das Kabarett), in dem er häufig im Berliner Dialekt (↗Mundart) das Spießbürgertum und dessen doppelte Moral bloßstellte: »Denn, so umm September rumm denn kriejn se wacklije Beene – die Fliejen nämlich. Denn rummeln se so und machen sich janz kleene. Nee – fliejn wolln se nich mehr...« Auf Wunsch seines Verlegers schrieb er beschwingte Skizzen über das Berliner Alltagsleben in den 20er Jahren *(Ein Ferngespräch)*, gelegentlich auch Naturbilder *(Die fünfte Jahreszeit)* und Gedichte *(Oller Mann, Mutters Hände)*. Er erwies sich auch als liebenswürdiger, humorvoller Erzähler, so mit dem ↗Roman *Rheinsberg. Ein Bilderbuch für Verliebte* (1912) und besonders mit der später verfilmten ungewöhnlichen Liebesgeschichte *Schloss Gripsholm* (1931). Seine Sprache war geistreich und geschliffen, manchmal auch schnoddrig oder von beißender Schärfe und Treffsicherheit. Nicht zu Unrecht wird sein Stil mit dem ↗ Heines verglichen. In der ›Weltbühne‹ stritt er für einen pazifistischen linken Humanismus, er bekämpfte den Militarismus, die Korruption in der Justiz und die Parteilichkeit der Presse. Mit Schärfe geißelte er die geistige Unbeweglichkeit der Journalisten. Die Schwächen der Weimarer Republik, die um ihr Leben kämpfte, tadelte er witzig-satirisch, verteidigte aber heftig ihren demokratischen und menschlichen Kern. Dafür verbrannten die Nazis 1933 seine Bücher und bürgerten ihn aus. Aus Verzweiflung über die Zustände in Deutschland beging er 1935 in Hindås (bei Göteborg/Schweden) Selbstmord.

Ludwig Uhland

*26. 4. 1787 *in Tübingen*
† 13. 11. 1862 *ebenda*

Jurist, Dichter, Hochschullehrer, Politiker – das sind Stationen im Lebens- und Schaffensweg Uhlands. Er stammte aus einer alten schwäbischen Familie in Tübingen, wo er die Schule besuchte und schon mit vierzehn Jahren an der Universität Rechtswissenschaften zu studieren begann. Nach Abschluss des Studiums und einer längeren Bildungsreise trat er 1810 als Justizbeamter in den Staatsdienst. Aber diese Arbeit behagte ihm wenig, denn sein Interesse und seine Liebe gehörten der deutschen Literatur. Schon als Student hatte er Verbindungen und Freundschaften mit bekannten süddeutschen Dichtern der ↗Romantik geknüpft. Mit siebzehn schrieb er selbst seine ersten Gedichte. Bekannt wurde er vor allem durch seine zahlreichen ↗Balladen, wie *Des Sängers Fluch* oder *Schwäbische Kunde,* und Romanzen. Manche seiner Lieder, wie *Droben stehet die Kapelle* oder *Des Knaben Berglied,* wurden damals viel gelesen und gesungen. Sein *Lied vom guten Kameraden* und *Der Wirtin Töchterlein* wurden sogar zu ↗Volksliedern. Seine historischen Schauspiele sind daneben weitgehend in Vergessenheit geraten. 1814 schied Uhland aus dem Staatsdienst aus und wurde Rechtsanwalt in Stuttgart. In den folgenden Jahren wandte er sich immer mehr der Politik zu. 1829 wurde er zum Professor für deutsche Sprache an der Universität Tübingen ernannt. ↗Goethes Befürchtung, dass der Politiker Uhland den Dichter aufzehren werde, bewahrheitete sich leider. Sein dichterisches Schaffen begann um diese Zeit zu versiegen, da er sich weitgehend auf seine Tätigkeit als Hochschullehrer und Politiker konzentrierte. So wirkte er als Abgeordneter in der Württembergischen Ständekammer und 1848 in der Frankfurter Nationalversammlung, wo er durch sein Eintreten für die Zugehörigkeit Österreichs zum Deutschen Reich und für ein deutsches Wahlkaisertum berühmt wurde. Nach dem Scheitern des Frankfurter Parlaments gehörte der Zweiundsechzigjährige zu den wenigen Politikern, die in der heimischen Ständekammer die parlamentarischen Rechte bis zuletzt zu verteidigen suchten und erst dem von der württembergischen Regierung eingesetzten Militär weichen mussten. Die letzten Jahre seines Lebens widmete er ausschließlich seinen wissenschaftlichen Arbeiten. Hohe Ordensauszeichnungen, die ihm zugedacht wurden, lehnte er aus Überzeugung ab. Hoch geachtet und in der Öffentlichkeit geschätzt starb er mit fünfundsiebzig Jahren in Tübingen.

Walther von der Vogelweide

*um 1170
† um 1230 *(Würzburg?)*

Es gibt wenige berühmte Dichter, deren Lebensweg sich so schwer verfolgen lässt wie der Walthers. Schon Geburtsjahr und Ort sind uns nicht genau bekannt. Wahrscheinlich stammt er aus Südtirol und wurde um 1170 geboren. In einem seiner Gedichte betont er seine Herkunft als Ritter, aber auch das steht nicht zweifelsfrei fest. Immerhin weiß man, dass er als junger Mann an den Hof der Babenberger Herzöge nach Wien kam, wo er in Reinmar von Hagenau einen kundigen Lehrmeister in der Kunst des Minnesangs (↗Ritterliche Dichtung) fand, mit dem er sich aber später überwarf. Er scheint überhaupt ein etwas eigenwilliger und schwieriger junger Mann gewesen zu sein, denn auch mit dem Herzog geriet er in Streit und musste seinen Hof verlassen. Von da an begann für Walther ein unstetes Wanderleben, in dem er immer aufs Neue auf wohlwollende Gönner angewiesen war. Die Mildtätigkeit eines dieser Gönner verschaffte uns auch das einzige genaue Lebenszeugnis Walthers, denn im Rechnungsbuch des Bischofs von Passau ist vermerkt, dass er am 12. November 1203 Walther einen Pelzrock im Werte von 5 Solidi (Goldstücke) schenkte.

Seinen Dienstherren stellte Walther, als Gegenleistung für ihre finanzielle Unterstützung, sich und seine Dichtung zur Verfügung. In der Überzeugung der Rechtmäßigkeit seines Anspruchs unterstützte er Philipp von Schwaben, einen Staufer, in seinem Kampf gegen den Welfen Otto um die deutsche Königskrone. Es entstanden die so genannten Kaisersprüche (für Philipp) und die gegen die päpstliche Politik und deren Favoriten Otto gerichteten drei Papstsprüche. In diesen politischen Spruchgedichten, die durch ihre Formkunst zur anerkannten Gattung der ↗ritterlichen Dichtung wurden, kommentierte Walther die Verhältnisse, klagte an, beschwor und spottete, so dass seine Stimme bald gefürchtet, aber auch geachtet und im ganzen Reich aufmerksam gehört wurde. Aus manchen Bemerkungen in diesen Sprüchen lassen sich auch

die Stationen von Walthers Lebensweg einigermaßen verfolgen. Zu den berühmtesten dieser politisch orientierten Gedichte zählt wohl jenes, dessen Anfangszeilen »Ich saz ûf eime steine, / und dahte bein mit beine; / dar ûf satzt ich den ellenbogen; / ich héte in mîne hant gesmogen; / daz kinne und ein mîn wange« auch den Anlass zum Bild des Dichters in zwei mittelalterlichen Handschriften (s. vorherige Seite) gab.
Sicher weiß man, dass er sich nach 1198 im Gefolge König Philipps von Schwaben aufhielt. Nach dessen Ermordung 1208 schloss sich Walther, beeinflusst vom Thüringer Landgrafen, dem Welfen Otto IV. an. Als dieser aber 1214 im Kampf gegen den jungen Staufer Friedrich II., den Neffen Philipps, unterlag und die Krone verlor, vollzog Walther noch einmal eine politische Wendung und kehrte wieder auf die staufische Seite zurück. Aus seinen Gedichten weiß man, dass er das nicht wegen eines persönlichen Vorteils tat, sondern um sich immer nur für einen starken König einzusetzen, der die Interessen des deutschen Reiches gegen den Papst durchsetzen konnte.
Aber Walther war nicht nur ein politischer Dichter, sondern auch der bedeutendste Minnesänger seiner Zeit. Er schrieb Lieder, die sich in Inhalt und Ton den strengen Regeln des höfischen Minnesangs mit dem Lobpreis edler Frauen anpassten (hohe Minnedichtung), aber auch ganz natürliche, innige, einfache Naturgedichte und Liebeslieder für Frauen, die nicht dem Hof angehörten (so genannte Mädchenlieder), wie *Unter der Linde* oder *Könnt ihr schauen, welche Wunder, sind dem Mai beschert.* In ihnen ist von adeligem Standesbewusstsein nichts zu spüren. Walther sieht die geliebte Frau im Frühling, freut sich gleichermaßen über sein Liebesglück wie über die Wunder der Natur und vergleicht auf reizvolle Weise die Blumen und Blüten mit der Schönheit der Frauen. Aber trotz aller Anerkennung und Wertschätzung, die er überall genoss, blieb er letztlich doch abhängig von der Gnade seiner Herren. Erst Kaiser Friedrich II. erbarmte sich des inzwischen fünfzigjährigen Dichters und schenkte ihm ein kleines Gut in oder bei Würzburg. Walther musste nun nicht mehr den Winter fürchten, hatte endlich »sein Lehen«, wie er in einem Dankgedicht jubelt. Hier konnte er die letzten Lebensjahre bis zu seinem Tod um 1230 wenigstens ohne materielle Sorgen verbringen, wenn ihn auch weiterhin die Sorgen um die politische und religiöse Entwicklung im Reich bedrückten. Sein Grab in Würzburg ist verschollen, aber noch heute gilt das Wort des Bamberger Dichters Hugo von Trimberg: »Her Walther von der Vogelweide, swer des vergaeze, der taet mir leide.«

Peter Weiss

* 8. 11. 1916 *in Nowawes bei Berlin*
† 10. 5. 1982 *in Stockholm*

Das ganze Leben dieses in Nowawes bei Berlin geborenen Autors ist durch starke Spannungen gekennzeichnet. Schon sein Verhältnis zu den Eltern charakterisiert er selbst als »peilend zwischen Aufruhr und Unterwerfung«. Einen Bruch bedeutete für ihn das Jahr 1934: Die Familie – der Vater war Jude – musste emigrieren. Stationen des Exils waren London, Prag, die Schweiz und schließlich Schweden, wo Weiss seit Kriegsende als schwedischer Staatsbürger bis zu seinem Tode lebte. Weiss arbeitete zunächst vorwiegend als Maler und Grafiker. Erst in der Nachkriegszeit begann er teils in Schwedisch, teils in Deutsch zu schreiben. Auch als Filmemacher wurde er in den fünfziger Jahren bekannt. Im Jahre 1964 brachte ihm das ↗ Drama *Die Verfolgung und Ermordung Jean Paul Marats dargestellt durch die Schauspielgruppe des Hospizes zu Charenton unter Anleitung des Herrn de Sade* einen weltweiten Bühnenerfolg. In dem Stück führt er »Theater im Theater« vor. Die Darstellung auf verschiedenen Zeit- und Spielebenen mit unterschiedlichen Versformen, ähnlich der Schnittweise im Film, ermöglicht ihm eine vieldeutige Gesamtaussage. Kurz nach diesem erfolgreichen Bühnenspiel wandte sich Weiss dem »schmuckloseren« Dokumentartheater zu. In seinem szenischen Oratorium *Die Ermittlung* (1965) macht er die Bühne zum politischen Tribunal: Er montiert Dokumente und Protokolle des damaligen Auschwitz-Prozesses, um damit zum Ausdruck zu bringen, dass der Hitler-Faschismus in der Bundesrepublik noch weiterlebt. Diese Vorstellung verstärkt Weiss in seinen nächsten Stücken (ganz aktuell damals der stark antikapitalistische *Viet Nam Diskurs,* 1968). »Parteiliches Theater« nannte er diese Stücke, in denen er blanke Propaganda für die revolutionäre Veränderung der Gesellschaft im Sinne des Sozialismus betrieb. In seinen letzten Lebensjahren begann sich Peter Weiss allerdings wieder von diesem einseitigen Weltbild zu entfernen. Sein dreiteiliger ↗ Roman *Die Ästhetik des Widerstandes* (1975–1981) zeigt wieder mehr den kritisch-nachdenklichen als den auf rasche Veränderung der Gesellschaft drängenden Autor. In Weiss' letztem Lebensjahr wurde *Der neue Prozess,* seine Bearbeitung des Kafka-Romans, uraufgeführt; Kafka hatte schon seine frühen Erzählungen (z. B. *Abschied von den Eltern,* 1961) stark beeinflusst. Mitten in dieser neuen Phase des Umbruchs, geehrt mit dem Georg-Büchner-Preis (1983), starb Peter Weiss überraschend in seiner Wahlheimat Stockholm.

Franz Werfel

* 10. 9. 1890 *in Prag*
† 26. 8. 1945 *in Beverly Hills (Kalifornien)*

Werfel stammte aus einer wohlhabenden jüdischen Familie in Prag, besuchte in seiner Vaterstadt das Gymnasium und studierte dann an der berühmten deutschen Karls-Universität (↗Humanismus). Schon mit neunzehn Jahren schrieb er seine ersten Gedichte, die ihn rasch mit den Literaten des »Prager Kreises« bekannt machten. ↗Kafka gehörte ebenso dazu wie Max Brod oder der Journalist Egon E. Kisch. 1911 wurde Werfel Lektor (↗Buch) bei einem Verlag für moderne Literatur in Leipzig. Nach dem Ersten Weltkrieg übersiedelte er dann nach Wien, musste aber 1938 wegen seiner Herkunft Österreich verlassen, emigrierte erst nach Paris und gelangte 1940 durch abenteuerliche Flucht über die Pyrenäen nach Spanien und über Portugal in die USA, wo er sich in Beverly Hills (Kalifornien) niederließ. Hier starb er kurz nach Ende des Zweiten Weltkriegs ohne die Heimat wieder gesehen zu haben.

Werfel war ein sehr vielseitiger Autor. Seine erste große Gedichtsammlung erschien schon 1911 und wies ihn als einen formgewandten ↗Lyriker aus. Auch als ↗Dramatiker trat er sehr bald hervor; im Lauf der Zeit verfasste er mehrere Schauspiele, von denen *Jacobowsky und der Oberst* am bekanntesten wurde. Diese 1944 erschienene »Komödie einer Tragödie«, wie er das Werk selbst nannte, schildert die turbulente Flucht eines polnischen Juden im Zweiten Weltkrieg aus Frankreich. Viele Leser kennen vor allem die ↗Romane Franz Werfels: *Die 40 Tage des Musa Dagh,* die nach tatsächlichen Ereignissen gestaltete Geschichte vom ausweglosen Schicksalskampf der christlichen Armenier gegen die Türken, und *Der veruntreute Himmel,* die Erzählung von einer frommen böhmischen Magd, die sich einen Platz im Himmel erkaufen möchte, indem sie das angebliche Theologiestudium eines ihrer liederlichen Neffen finanziert. Sein bekanntester Roman wurde aber *Das Lied von Bernadette* (1941), die Lebensbeschreibung des Schäfermädchens Bernadette von Soubirous, dem in Lourdes die Muttergottes erschienen war. Werfel hatte gelobt ihre Geschichte zu erzählen, wenn ihm die Flucht vor den Nazis nach Amerika gelänge. Dieses Buch lässt deutlich Werfels Hinwendung zum Katholizismus erkennen. Sein letzter Roman, *Stern der Ungeborenen,* spielt um das Jahr 100000 (↗Sciencefiction). Ironisch erzählt er hier von einer technisierten Welt, in der jeder Sinn für ewige Werte verloren gegangen ist.

Christa Wolf

* 18. 3. 1929 *in Landsberg/Warthe*

Nach dem Besuch der Schule in ihrer Vaterstadt übersiedelte Christa Wolf 1945 nach Mecklenburg, trat nach dem Abitur der SED bei und studierte in Jena und Leipzig Germanistik. Anschließend arbeitete sie u. a. als Lektorin bei dem Jugendbuchverlag »Neues Leben«. 1951 heiratete sie den Germanisten Gerhard Wolf. Seit 1962 als freie Schriftstellerin tätig, gilt sie als eine der bedeutendsten Vertreterinnen der DDR-Literatur. Ihre Werke wurden mit zahlreichen nationalen und internationalen Preisen ausgezeichnet.

Über kaum eine andere Schriftstellerin wurde aber nach der »Wende« so gegensätzlich und emotional diskutiert. Ausgangspunkt dieser Debatte war ihre Rolle als informelle Mitarbeiterin der STASI, die sie zugab, aber unter den Bedingungen der Situation dieser Zeit betrachtet sehen wollte. Auch mit ihrer Mitgliedschaft im Zentralkomitee der SED machte sie sich keine Freunde. Doch selbst in der ehemaligen DDR war sie nicht unumstritten. Ihr wurden »Subjektivismus« und »Weltflucht« (vor der sozialistischen Realität und Rückzug ins Private, ↗ Strittmatter) vorgeworfen. Äußerer Anlass war die Veröffentlichung der Erzählung *Der geteilte Himmel* (1963), ein Vorahnen des Berliner Mauerbaus. In diesem Werk, wie auch in *Kindheitsmuster* (1976) und *Sommerstück* (1989), stellt sie Fragen nach den Möglichkeiten der Selbstverwirklichung des Einzelnen in der sozialistischen Gesellschaft (Rückzug oder aktive Mitarbeit) und dem Verhältnis der Lebensweisen in der DDR und BRD. Als Mittel hierzu dienen ihr, wie in *Nachdenken über Christa T.* (1968), mit dem sie in der Bundesrepublik schlagartig bekannt wurde, der innere Monolog und Rückblenden. Damit vermag sie ihre »subjektive Authentizität« zum Ausdruck zu bringen und verantwortungsvoll Stellung zu beziehen. Dies gelingt ihr in besonderem Maße in ihrem bedeutendsten Werk, dem knappen Monolog *Kassandra* (1983), dessen Grundfrage lautet: Wann Krieg beginnt, kann man wissen, wann aber beginnt der Vorkrieg? *Störfall* (1987) ist eine Rekonstruktion des Tages, an dem sich die Kunde von Tschernobyl, das Bangen um das Schicksal des Bruders, alltägliche Verrichtungen, Gedankliches und Selbstbeobachtungen mischen. Eine historische Frauengestalt, die Romantikerin Caroline von Günderode (von ↗ Arnim), und deren fiktive Begegnung mit ↗ Kleist schildert sie in *Kein Ort. Nirgends* (1979). Dass vor allem Frauen es sind, denen sie eine zukünftige Sicherung des Weltfriedens und die Lösung globaler Probleme zutraut, macht Christa Wolf immer wieder deutlich.

Wolfram von Eschenbach

* um 1170 in Eschenbach
† um 1220 ebenda

In einer berühmten mittelalterlichen Liederhandschrift, die in der Universitätsbibliothek Heidelberg aufbewahrt wird, gibt es ein Bild des Dichters Wolfram von Eschenbach. Es zeigt einen stolzen Ritter neben seinem Pferd; der Helm verdeckt sein Gesicht, so dass man nicht erkennen kann, wie er wirklich ausgesehen hat. Aber auch über sein Leben weiß man nur wenige Einzelheiten. Wolfram stammte aus Franken, so viel ist sicher. Er wurde um 1170 in dem kleinen Städtchen Eschenbach (heute Wolframseschenbach bei Ansbach) geboren und war somit ein Altersgefährte ↗Walthers von der Vogelweide. Im Gegensatz zu diesem wird seine ritterliche Herkunft nie bestritten. Er stammte aus einer unbegüterten niederen Adelsfamilie und war wie Walther auf die Gunst reicher Herren angewiesen, die er mit seiner Dichtung unterhielt und deren Milde und Großzügigkeit er darin pries. Da ihre Gunst und finanziellen Möglichkeiten nicht lange hielten, musste er mit seiner Familie ein unstetes Wanderleben führen. Auch er war am Hof des Landgrafen von Thüringen, wo die Begegnung mit Walther auf der Wartburg später den Anlass zur ↗Sage vom Sängerkrieg gab. Wertvolle Unterstützung fand er vor allem bei den Grafen von Dürne, die auf dem Wildenberg im Odenwald wohnten. Dort begann Wolfram um 1200 auch sein Hauptwerk, an dem er zehn Jahre arbeitete. Es ist das große Versepos von *Parzival* und dessen Suche nach dem Gral. Wolfram kannte die Geschichte aus einem unvollendeten Werk des altfranzösischen Dichters Chrétien de Troyes, beruft sich aber mehrfach auch auf einen anderen geheimnisvollen südfranzösischen Gewährsmann. Doch schrieb er keineswegs von diesem ab, sondern schuf ein eigenständiges Werk von 24812 Versen, eine der bedeutendsten Dichtungen des Mittelalters, die ein ungemein farbiges Bild ritterlichen Lebens und Strebens gibt (↗Ritterliche Dichtung). Heute kennen viele die Geschichte von Parzival, der in der Stunde der Bewährung versagt, weil er ritterliche Lebensformen über das einfache Gebot der Menschlichkeit stellt und erst nach harter Bewährung den Weg zur Gralsburg findet, nur durch die Oper Richard Wagners (↗Realismus), der sie nach ↗Motiven des Wolframschen Werkes schuf. Wolfram selbst begann noch zwei Dichtungen, die Geschichten von *Willehalm* und *Titurel,* die er aber nie vollendete. Er starb bald nach 1220 und wurde in Eschenbach begraben, wo man noch bis zum 16. Jahrhundert sein Grab kannte, das heute aber verschollen ist.

Carl Zuckmayer

* 27. 12. 1896 *in Nackenheim*
† 18. 1. 1977 *in Visp (Wallis)*

Sein Geburtsort Nackenheim liegt am Rhein, nicht weit von Mainz, in einer Landschaft, in der der Dichter Carl Zuckmayer ein Leben lang tief verwurzelt war und die auch zum Schauplatz mancher seiner berühmtesten Werke wurde. Nach dem Ersten Weltkrieg, den er als Freiwilliger mitgemacht hatte, versuchte er es u. a. mit dem Studium der Naturwissenschaften in Heidelberg. Er brach es jedoch bald ab um sich ganz seiner Leidenschaft fürs ↗Theater zu widmen. Ein wechselhaftes Wanderleben begann, das ihn schließlich nach Berlin führte, wo er zusammen mit ↗Brecht als Dramaturg am Deutschen Theater arbeitete.
Zu dieser Zeit war er bereits als Dichter hervorgetreten. Der große Erfolg stellte sich mit dem ↗Lustspiel *Der fröhliche Weinberg* (1925) ein. Schauplatz ist ein Weingut in Rheinhessen zur Zeit der Weinlese. Den Inhalt umreißt ein Kritiker mit einem Satz: »Es passiert nichts anderes, als dass ein rüstiger Vater noch einmal ein Mädchen fürs Herz findet und dass seine Tochter einen Laffen im Stehkragen stehen lässt, um einem Rheinschiffer an den kragenlosen Hals zu fallen.« Publikum und Kritik waren begeistert. Da wagte es endlich wieder einer, ein richtig derbes Volksstück auf die Bühne zu bringen, das einfach Vergnügen machen sollte ohne auf literarische oder politische Zeitströmungen zu achten.
Nach diesem Erfolg lebte Zuckmayer zeitweise in Henndorf, nahe bei Salzburg, blieb aber weiterhin dem Theaterleben in Berlin eng verbunden. In seiner ↗Autobiografie, die 1966 unter dem Titel *Als wär's ein Stück von mir* erschien, gibt er uns ein anschauliches Bild von dieser Zeit. In Berlin erlebten auch seine folgenden Stücke, deren Stoffe wiederum aus dem Leben des Volkes gegriffen sind, ihre Uraufführung. Das Schauspiel *Schinderhannes* spielt in Rheinhessen zur Zeit Napoleons. Der Titelheld war ein berühmter Räuberhauptmann, eine Art Robin Hood, der die Reichen ausplünderte und die Armen verschonte. Am Ende wird er dennoch

verraten und in Mainz hingerichtet. Das Seiltänzerstück *Katharina Knie* ist ein etwas sentimentales Zeitstück, das die Schicksale eines kleinen Wanderzirkus in einem pfälzischen Städtchen vorführt.

Einer der ganz großen Erfolge Zuckmayers wurde 1930 *Der Hauptmann von Köpenick – Ein deutsches Märchen,* das zu Beginn unseres Jahrhunderts in und um Berlin spielt. Das ↗Märchen ist die wahre Geschichte des Schusters Voigt, der als entlassener Strafgefangener in die Mühlen der Behörden gerät, weil er keine Papiere hat. Er existiert sozusagen nicht mehr. Erst als er in einer alten Hauptmannsuniform auftritt, gilt er wieder etwas und kann sogar das Rathaus von Köpenick vorübergehend besetzen. Das Stück ist eine herrliche ↗Satire auf die Obrigkeitsgläubigkeit der Deutschen, die auch auf die nationalsozialistische Zeit anwendbar werden sollte.

Zuckmayer wurde durch die Machtergreifung Hitlers aus der bisherigen Bahn geworfen. Er floh in letzter Minute in die Schweiz und ging dann in die USA. Er hätte in Hollywood arbeiten können. Doch da er den Erfolgsrummel nicht mochte, pachtete er sich in dem US-Staat Vermont eine Farm um dort als Bauer zu leben. Seine Frau Alice Herdan-Zuckmayer hat die schweren Jahre in ihrem Buch *Die Farm in den grünen Bergen* geschildert. Es war nicht nur die harte Arbeit, die Zuckmayer jetzt weitgehend von der Dramendichtung abhielt. Er brauchte das deutschsprachige Publikum und das bekam er erst nach Ende des Zweiten Weltkriegs wieder. Als Beamter der amerikanischen Regierung, zuständig für Kulturangelegenheiten, kehrte Zuckmayer 1946 nach Deutschland zurück. In seinen späten Theaterstücken verarbeitete er die aufwühlenden Ereignisse der Hitlerzeit. So stellt *Der Gesang im Feuerofen* (1950) das Gericht über einen Franzosen dar, durch dessen Schuld Mitglieder der französischen Widerstandsbewegung den Tod fanden. Mit den Erzählungen, die er damals und später schrieb, hat er nie den Erfolg seiner frühen Bühnenstücke erreicht, vielleicht mit Ausnahme der ↗Novelle *Die Fastnachtsbeichte* (1959), einer Kriminalgeschichte im Trubel des Mainzer Karnevals. Ein Bühnenstück war jedoch in den USA entstanden, das wie kaum ein anderes nach dem Zweiten Weltkrieg Aufsehen erregte: *Des Teufels General.* Obwohl der Fliegergeneral Harras, angelehnt an den berühmten Kampfflieger Udet, kein Anhänger Hitlers ist, hat er diesem widerspruchslos gedient und ihm zu seinen militärischen Erfolgen mitverholfen. Zuckmayer zeigt in diesem Stück das Scheitern individuellen Widerstands in totalitären Systemen. 1958 ließ sich Zuckmayer in Saas-Fee (Schweiz) nieder; er starb 1977 in Visp im Kanton Wallis.

Stefan Zweig

* 28. 11. 1881 *in Wien*
† 23. 2. 1942 *in Petrópolis bei Rio de Janeiro (Brasilien)*

Die Welt von gestern. Erinnerungen eines Europäers ist der Titel eines der bekanntesten Werke von Stefan Zweig. Die Welt von gestern – das war für Zweig eine Welt der Geborgenheit in der Zeit vor dem Ersten Weltkrieg. Er erinnert sich wehmütig an das alte Österreich und an Wien, wo er als Sohn einer sehr reichen jüdischen Familie aufwuchs. Ab 1919 lebte Zweig in Salzburg in einer hoch kultivierten, luxuriösen Umgebung. Doch auch diese Welt war bedroht. Schon Jahre vor dem Einmarsch der Deutschen in Österreich (1938) ging er nach England und später nach Brasilien. Aber es gelang ihm nicht mehr, in einer veränderten Welt und anderen Sprache Fuß zu fassen. »Nach dem sechzigsten Jahr bedürfte es besonderer Kräfte um noch einmal zu beginnen. Und die meinen sind durch die langen Jahre heimatlosen Wanderns erschöpft«, schrieb er in einem Abschiedsbrief. Im Februar 1942, als Hitler auf dem Höhepunkt seiner Macht zu sein schien, ging Zweig zusammen mit seiner Frau freiwillig in den Tod.

Der Autor Stefan Zweig war schon früh erfolgreich und der Erfolg blieb ihm sein Leben lang treu. Schon mit zwanzig Jahren erschien sein erster Gedichtband. Sein Gesamtwerk umfasst neben Gedichten auch ↗Romane, ↗Novellen, ↗Dramen, ↗Biografien und ↗Übersetzungen aus anderen europäischen Literaturen. Er hatte ein sicheres Gespür für interessante und packende Stoffe; sein farbiger, dramatischer Stil kam den Wünschen und Erwartungen vieler Leser entgegen. Er war ein Meister der Novellendichtung. Berühmt wurde die *Schachnovelle* (1942). Doch viel populärer, vor allem bei jungen Lesern, war das Bändchen *Sternstunden der Menschheit* aus dem Jahr 1927 mit seinen knappen, dramatischen Geschichtserzählungen geworden. Sternstunden sind schicksalsvolle historische Augenblicke von weit tragender Bedeutung, sei es die Eroberung von Konstantinopel durch die Türken oder der Untergang des Polarforschers Scott im Eis der Antarktis. Zu den geschichtlichen Werken zählen auch die Biografien interessanter Persönlichkeiten der europäischen Geschichte, wie etwa der französischen Königin *Marie Antoinette*, der schottischen Königin *Maria Stuart* oder des ersten Weltumseglers *Magellan*. *Baumeister der Welt* heißt eine Sammlung von neun europäischen Dichterbiografien (darunter ↗Hölderlin und ↗Kleist), mit der Zweig bewies, dass für ihn Europa trotz aller nationalen und religiösen Gegensätze eine geistige Einheit bildet.

V. Literaturen anderer Länder und Kulturkreise

Orient
Antike
Italien
Spanien
Frankreich
England
Skandinavien
Russland
Polen und Tschechien
USA
Lateinamerika

Orient

Wer hat nicht schon einmal das eine oder andere ↗Märchen aus *1001 Nacht,* die *Geschichte von Ali Baba und den 40 Räubern* oder das Märchen von *Aladin und die Wunderlampe* gehört? Damit kennt man schon ein Stück orientalischer Dichtung, sogar ein sehr altes, wenn auch bei weitem nicht das älteste. Denn aus dem Orient stammen die frühesten Dichtungen der Menschheit. Es bleibt eine merkwürdige Tatsache, dass man in Europa über ein Werk wie etwa die *Märchen aus 1001 Nacht* so genau Bescheid weiß, während man nur wenig Zugang zur modernen Literatur der orientalischen Völker hat, von der zudem auch kaum gute ↗Übersetzungen vorliegen.
Eine der ältesten Dichtungen, die man überhaupt kennt, ist wohl das *Gilgamesch-Epos,* das um 1800 v. Chr. im Zweistromland, dem Land zwischen Euphrat und Tigris, aufgezeichnet wurde. Es ist auf zwölf Keilschrifttafeln erhalten geblieben, die von den Archäologen in der ↗Bibliothek von Ninive entdeckt wurden, und erzählt die Geschichte von König Gilgamesch, einem Abkömmling der Götter, der gegen Ungeheuer kämpfte und das Kraut der Unsterblichkeit suchte. Göttersagen, Märchen und Abenteuermotive mischen sich in dieser im Lauf von Jahrhunderten immer weiter ausgestatteten Erzählung zu einer Einheit.
Im alten Ägypten entstanden um die gleiche Zeit die ersten Märchen, vor allem aber Dichtungen, die sich mit dem Gericht der Götter über die Seelen der Toten und deren Fortleben im Jenseits beschäftigten. Neben diesen *Totenbüchern* wurden die ältesten romanhaften Lebens- und Reisebeschreibungen verfasst. Um 1350 v. Chr. dichtete der Pharao Echnaton einen der schönsten Gesänge der Weltliteratur, das Preislied auf den Gott Aton. Echnaton besingt darin die lebensspendende Kraft der Sonne und ihre Wirkung auf die Natur. Der gleiche Gedanke wurde später noch einmal im 105. Psalm des *Alten Testaments* und ähnlich auch im *Sonnengesang* des heiligen Franziskus von Assisi (↗Italienische Literatur) aufgenommen.
Zu den bedeutendsten Werken der orientalischen Literatur gehört das »Buch der Bücher«, wie die Bibel manchmal genannt wird. Sie besteht aus dem *Alten* und dem *Neuen Testament,* aus denen fast jeder Ausschnitte kennt. Die verschiedenen Texte des *Alten Testaments* gehen auf eine jahrhundertelange

Überlieferung zurück. In diesem Teil der Bibel wurden religiöse Texte und Gesetze, Mythen, historische Berichte und Dichtungen zu einer Einheit verschmolzen. Auch aus anderen orientalischen Werken wurden Stellen entnommen. So wird die Geschichte von Noah und der Sintflut erstmals im *Gilgamesch-Epos* erwähnt. Als nachbiblisches Hauptwerk des Judentums wird um 500 n. Chr. der *Talmud* (hebr.: Lehre) abgeschlossen. Er vereint den jüdischen Rechts- und Religionskodex mit dessen häufig erzählerischer, witziger und unterhaltender Auslegung.

Auch im *Koran,* dem heiligen Buch des Islam, sind dem Propheten Mohammed im 7. Jahrhundert n. Chr. vor allem in den Gebeten Stellen voll dichterischer Aussagekraft zum Lobpreis Allahs gelungen.

Schon zu dieser Zeit kann man die Erzählkunst Arabiens in der Sammlung *1001 Nacht* erleben, sie entstand schon um das Jahr 1000 n. Chr. und enthält persische, indische, ägyptische und arabische Dichtungen. Die in Europa so beliebten Märchen bilden nur einen kleinen Teil dieser Sammlung. Mehr als 300 Dichtungen, Heldenerzählungen, Märchen, Liebesgeschichten und Tierfabeln wurden in der bekannten Rahmenhandlung von der Märchen erzählenden Prinzessin Scheherezade zusammengefasst.

Die bekannteste und älteste Literatur des Orients ist die Persiens. Schon im 1. Jahrtausend v. Chr. wurden in dem berühmten *Zend-Awesta* religiöses Wissen und Gebete des Religionsstifters Zarathustra aufgezeichnet. Die Kuhhäute, auf denen die Texte niedergeschrieben waren, sollen bei einem Brand zerstört worden sein, aber die Gedanken Zarathustras wurden mündlich weiter überliefert und um 500 n. Chr. neu aufgezeichnet. Ihre Blüte erlebte die persische Literatur im Mittelalter. Der Dichter Ferdausî (um 940–1020) erzählte im *Schāh-Nāmé,* dem Königsbuch, in »zweimal 60000 Zeilen« die große Geschichte der persischen Könige, und Omar der Zeltmacher (um 1100) und der Dichter Hafis aus Schiras (um 1350) schrieben Verse, die so schön waren, dass sie in Übersetzungen im ganzen Abendland bekannt wurden und Goethe zu seinem *West-östlichen Divan* anregten. In heutiger Zeit sorgte vor allem die Auseinandersetzung um die *Satanischen Verse* für Aufsehen, in denen der Iraner Salman Rushdie eine Neuinterpretation des Islam versucht. Als weitere Autoren dieses Kulturkreises sind der Türke Nazim Hikmet und der ägyptische Nobelpreisträger Nagib Machfus erwähnenswert. Auch moderne israelische Autoren wie Ephraim Kishon erlangten bei uns Beachtung.

Antike

Unter Antike versteht man den Zeitraum zwischen der Einwanderung der Griechen (um 2000 v. Chr.) über den Balkan nach Griechenland bis zum Ende des Weströmischen Reiches 476 n. Chr. Die griechisch-römische Kultur wird dabei als Einheit gesehen.

Die erste Epoche der griechischen Kultur reicht von Homer bis zu den Perserkriegen (500–478 v. Chr.). Am Anfang steht der Mythos, die Überlieferung und symbolische Verdichtung von Göttern und Helden. Die Erzählungen bieten Zugang zu tiefen Lebenseinsichten (so etwa der tragische und vergebliche Versuch des Ikaros fliegend ein neues Lebenselement zu erschließen). Dieser Sagenstoff hat bis in die Gegenwart hinein zu dichterischen Deutungen angeregt. Deshalb können auch Leser von heute in den großen ↗Sagen und ↗Epen des klassischen Altertums Ansatzpunkte für gegenwärtige Fragen und Probleme finden.

Mit den im 8. Jahrhundert v. Chr. von Homer geschriebenen Epen *Ilias* und *Odyssee* beginnt die große epische Dichtung des Abendlandes. In der *Ilias* schildert Homer den Verlauf und die Hintergründe des Trojanischen Krieges. Er erzählt von dem trojanischen Helden Hektor und der warnenden Seherin Kassandra, von der zehnjährigen Belagerung Trojas durch den Griechenfürsten Agamemnon, Achill und den listigen Odysseus, der schließlich mit dem hölzernen Pferd die lang umkämpfte Stadt Troja besiegt. Odysseus' Irrfahrten und Abenteuer während der zehn Jahre dauernden Heimkehr schildert Homer in der *Odyssee*.

Der Dichter Hesiod (um 700 v. Chr.) fasste in seinen Schriften die Göttermythen zusammen. Um 600 v. Chr. beginnt der Mensch sich von den Bindungen des Mythos zu lösen und sich selbst als Persönlichkeit zu erkennen. Ausdruck dieses neuen Weltbildes sind die schönen Lieder der Lyriker Alkaios und Sappho, die ihre Gefühle und Erlebnisse in Gedichten darstellen. Äsop schildert in seinen ↗Fabeln im Gewande der Tiere die Empörung der kleinen Leute, die sich gegen Unterdrückung und Gewalt wehren.

Die sich von göttlichen Schöpfungsmythen befreienden Menschen beginnen ihre Neugierde auf andere Gebiete auszuweiten. Hier ist der Beginn der Naturwissenschaften anzusiedeln. Thales fragt als erster Mensch nach der Herkunft der Natur, ohne dabei eine religiös-mythologische Deutung vorauszusetzen. Er erklärt, kühn vereinfachend, alles bestehe aus Wasser in verschiedenen Dichtezuständen. Damit ist der Beginn der Philosophie geschaffen. Weitere Erklärungen folgen: Für Pythagoras ist die Welt in Zahlenverhältnissen aufgebaut, Heraklit weist auf den ständigen Wechsel der Erscheinungen hin (»Alles fließt«). Demokrit stellt später die revolutionäre These auf, alles bestehe aus Atomen.

Die zweite Periode der griechischen Literatur umfasst die Zeit von 500 bis 300 v. Chr. Nach den Perserkriegen übernimmt Athen die geistige Führung in Hellas. Hier entwickelt sich auch die ↗Tragödie, die den handelnden Menschen in schicksalhafter Verstrickung zeigt. So schildert Aischylos in den *Persern* Übermut und Bestrafung des Perserkönigs durch die verloren gegangene Schlacht von Salamis. In der *Orestie* vollzieht Orest Blutrache an der eigenen Mutter, weil diese seinen Vater ermordet hatte. Für diese Tat wird er von den Rachegeistern so lange verfolgt, bis ihn die Göttin Athene von ihnen befreit. Der Mensch muss schuldig werden, nur dann erlöst ihn die göttliche Ordnung. Der berühmteste Tragödiendichter war Sophokles, der in der *Antigone* den Widerstand eines Mädchens gegen staatliches Unrecht und ihren moralischen Sieg über den Machthaber noch im Tode darstellt. Im *König Ödipus* beweist der Mensch seine Größe dadurch, dass er die eigene unbewusste Freveltat (Vatermord; Ehe mit der Mutter) Stück um Stück aufdeckt und sein Schicksal, das die Götter ihm in ihrer überragenden Macht zugedacht haben, auf sich nimmt.

Der dritte große Tragiker, Euripides, richtet seinen Blick auf die Rätsel der Menschenseele und die Unerforschlichkeit des Schicksals, so wenn *Medea* die eigenen Kinder tötet, um sich an deren Vater zu rächen, oder wenn in den *Troerinnen* der Dämon des Krieges Besiegte und Sieger mit gleicher Geißel trifft.

Athen führt auch das ↗Lustspiel, die Komödie, zur Vollendung, etwa in dem Stück *Die Vögel* von Aristophanes, in dem geschildert wird, wie sich zwei Menschen der Welt durch die Flucht in ein Märchenreich entziehen.

In Griechenland entstand auch die wissenschaftlich-kritische Geschichtsschreibung. Herodot berichtete von den Perserkriegen und ihrer Vorgeschichte, Thukydides beschrieb den Peloponnesischen Krieg und erforschte die Gesetzmäßigkeiten historischen Geschehens. Xenophon schilderte in der *Anabasis* den abenteuerlichen Zug von 10000 Griechen durch Persien.

In der Philosophie befragte Sokrates die Menschen unerbittlich nach den Grundsätzen ihres Handelns. Platon schuf die Lehre von den Ideen, nach denen die Welt geschaffen und menschliches Handeln auszurichten sei. Aristoteles begründete die Lehre von der Logik und begriff die Welt als Produkt von Materie und schöpferischer Form.
Die Zeit von König Alexander dem Großen (356–323 v. Chr.) bis zur Regierung des Kaisers Augustus (63 v. Chr.–14 n. Chr.) bezeichnet man als die Hellenistische Periode. In der Philosophie wandte man sich nun der Bewältigung des privaten Lebens und Handelns zu. Diogenes fand die Freiheit in der Bedürfnislosigkeit. Der Philosoph Epikur riet seinen Anhängern im Verborgenen zu leben und sich nicht um die Politik zu kümmern. Die Stoiker verlangten ein vernunftbetontes, genaues Befolgen moralischer Regeln; nur auf diese Weise wäre der Mensch in der Lage seine innere Unabhängigkeit zu wahren.
In der letzten Epoche, der Zeit römischer Herrschaft bis zum Ausgang des Altertums, sank die Bedeutung Griechenlands stark ab. In der griechisch geschriebenen Literatur sind nur mehr zwei Historiker zu nennen: Flavius Josephus, der den Aufstand der Juden und die Zerstörung Jerusalems (70 n. Chr.) durch die Römer im *Jüdischen Krieg* schildert, und Plutarch, der viele Lebensbeschreibungen großer Männer des Altertums verfasste.
Die zweite führende Kultur der Antike, die römische, entwickelte sich etwas später. Zwar sind aus der Frühgeschichte des römischen Volkes (Gründung Roms der Legende nach durch Romulus 753 v. Chr.) nur wenige literarische Zeugnisse erhalten, doch lassen schon die Reste des zu dieser Zeit entstandenen Zwölftafelgesetzes erkennen, dass die Römer die Rechtsbegriffe auf den klarsten Ausdruck gebracht haben und so zum »Gesetzgeber aller Nationen« (↗ Herder) geworden sind.
In der Folgezeit, zwischen 240 und 80 v. Chr., öffneten sich die Römer dem starken Einfluss griechischer Kultur. Plautus schuf nach griechischen Vorbildern römische Lustspiele, so den *Miles Gloriosus* (Der ruhmreiche Soldat), in dem ein Angeber gründlich hereingelegt wird, oder die *Mostellaria,* eine Gespensterkomödie. Terenz führte die römische Komödie in Stücken wie z. B. *Der Selbstquäler* (ein Mann hat schlimme Gewissensbisse, weil er sich seinen Sohn durch harte Vorwürfe entfremdet hat) zur Vollendung. Quintus Ennius schrieb das erste Nationalepos der Römer, die *Annalen,* die die Geschichte von der Ankunft des trojanischen Helden Äneas auf italienischem

Boden bis zum Punischen Krieg aufzeigen. Von der Beschäftigung mit den praktischen Dingen des Lebens zeugt Catos Buch *Vom Landbau.*

Die Zeit der ausgehenden Römischen Republik und die Herrschaft des Augustus werden als die »goldene Zeit« der römischen Literatur bezeichnet. Marcus Tullius Cicero hält und veröffentlicht seine großen Reden gegen den Revolutionär Catilina, für den Feldherrn Pompeius und gegen Marcus Antonius. Cicero führt in vielen Werken die griechische Philosophie ein und wird zum größten ↗Übersetzer Roms. In seinen ↗Briefen lernt man ihn als sensiblen, geistreichen Menschen kennen. Als sein eigener Geschichtsschreiber tritt Julius Cäsar auf, der seine Feldzüge in Gallien und den Bürgerkrieg in Rom spannend schildert. Sallust beschreibt die Verschwörung des Catilina und deren Niederwerfung. Titus Livius behandelt in 142 Büchern die ganze römische Geschichte und weist auf die Tugenden hin, die Rom groß und die Erringung des Weltreiches möglich gemacht hatten.

Im Lehrgedicht des Lucretius *De rerum natura* wurde ein Weltbild frei vom Walten der Götter aus reiner Naturerkenntnis entworfen. Der Lyriker Catull schrieb hinreißend lebendig wirkende Liebesgedichte, in einem bis dahin noch nie gehörten Ton.

Vergilius Maro (Vergil) schuf mit der *Aeneis* das große Heldenepos der Römer, in dem er die Irrfahrten des Äneas und die Kämpfe der Trojaner um Latium schildert. Die Vorzeit Roms und die Frömmigkeit des Äneas werden als Ideal für die Gegenwart dargestellt. Horaz schrieb wunderbar ausgeformte ↗Lyrik und vermittelte in seinen ↗Satiren und Episteln Lebensweisheiten. Ovid schilderte in seinen *Metamorphosen* die Welt als ein Gebilde, das trotz Wechsels der einzelnen Erscheinungen die Stetigkeit des Weltganzen bewahrt.

Aus der so genannten »silbernen Zeit« der römischen Literatur (vom Tode des Augustus bis zum Tod des Kaisers Traianus 117 n. Chr.) ist der Dichter Petronius zu nennen, der in seinem tolldreisten *Satyricon* die Erlebnisse eines jungen Tunichtgutes schildert. Gegenpol des Petronius ist der Philosoph Seneca: Er will durch seine Schriften die Römer zu Moral und edler Menschlichkeit erziehen. Der Historiker Tacitus beschreibt mit klassischer Sachlichkeit die frühe Kaiserzeit. Seine *Germania* schildert Herkunft und Sitten der Germanen.

Die spätere und die ausgehende Antike (117–476 n. Chr.) bringen außer dem so genannten *Eselsroman* des Apuleius keine großen Werke mehr hervor. Latein als Sprache der Gelehrten behalten auch die frühchristlichen Kirchenväter bei, besonders Augustinus in seinem berühmten Werk vom *Gottesstaat.*

Italien

Die italienische Sprache ist aus dem Volkslateinischen der späten ↗Antike entstanden und wurde im Gegensatz zum Latein, das die Gelehrten schrieben, als Lingua volgare, als »Volkssprache«, bezeichnet. Zwar verfasste Marco Polo den Bericht über seine Reise nach Asien (1298) noch in französischer Sprache, doch setzte sich vom 13. Jahrhundert an das Italienische in der Literatur durch. Beispielhaft für diese Entwicklung wurde Franziskus von Assisi (1181–1226) mit seinem *Sonnengesang,* einer Lobpreisung der Schöpfung Gottes.

Am Ende des Jahrhunderts tritt Italiens größter Dichter Dante Alighieri (1265–1321) hervor. Er war Florentiner Bürgersohn und Mitglied des Stadtrates. 1295 erzählt er in seiner Dichtung *Das neue Leben* (La vita nuova) die Geschichte seiner Liebe zu der früh verstorbenen Beatrice. Dantes größtes Werk aber ist die *Göttliche Komödie* (Divina Commedia), in der er seinen Weg zum Heil, zur Erlösung schildert. Auf dem Weg durch Hölle (Inferno) und Fegefeuer zum Berg der Läuterung (Purgatorio) begleitet ihn der römische Dichter Vergil, Symbol der irdischen Leitung des Menschen; den geläuterten Dichter jedoch führt Beatrice, Symbol der geistlichen Leitung, ins »Paradiso«, wo er die neun Himmel sieht und zur Anschauung der Gottheit gelangt. Auf der langen Wanderung begegnet er berühmten Gestalten aus Mythologie und Geschichte und erörtert mit ihnen die tiefsten Fragen der Philosophie und Theologie. Zugleich ist das Werk eine Zusammenfassung des spätmittelalterlichen Weltbildes in wunderbarer Sprache.

Oberitalien wurde zu Beginn des 14. Jahrhunderts das Zentrum eines neuen Interesses an der ↗Antike, ihrer Dichtung und Sprache. Der bedeutendste Vertreter dieser als ↗Humanismus bezeichneten Wiedererweckung wurde Francesco Petrarca (1304–1374). Berühmtheit erlangte er mit seinen auf Italienisch gedichteten *Sonetten an Laura.* In einem süßen neuen Stil (dolce stil nuovo) setzte er seiner Liebe zu der »Madonna Laura« ein Denkmal. Seine sich selbst genügende, ständig reflektierende Seelenbewegung beeinflusste die Lyrik der folgenden Jahrhunderte. Doch schon zu Lebzeiten feierte man ihn als das größte lebende Genie und so wurde er in Rom auf dem Kapitol feierlich zum Dichter gekrönt. Zum Kreis der Humanisten gehörte auch Gio-

vanni Boccaccio (1313–1375), der Schöpfer der europäischen ↗Novelle. Von 1348 bis 1353 entstand sein Hauptwerk *Decamerone* (Zehn-Tage-Werk). Zehn Damen und Herren, die vor der großen Pest (1348) auf ein Gut bei Florenz geflohen sind, erzählen sich innerhalb von zehn Tagen hundert Novellen, in denen die naive Lebens- und Liebesfreude über die Schrecken des Todes triumphiert. Die Geschichten des *Decamerone* bilden das erste große Werk der italienischen Kunstprosa. Die bekannte Ringparabel in ↗Lessings *Nathan der Weise* ist daraus entnommen.
In den Jahren 1375 bis 1475 setzte sich der Humanismus endgültig durch. Lorenzo Valla (um 1406–1457) trat für die Erneuerung des klassischen Lateins und dessen Aufnahme in die Schulen ein und wurde zum Wegbereiter der modernen kritischen Geschichtsbetrachtung. Ab 1475 bedienen sich die Renaissancedichter aller Literaturformen der Antike. So verfasste Ludovico Ariosto (1474–1533) das Ritterepos *Der rasende Roland,* das die Rolandsage mit den Fabeln der Tafelrunde von König Artus verknüpft.
In Anlehnung an die Epen Homers und Vergils beschrieb Torquato Tasso (1544–1595) in seinem Epos *Das befreite Jerusalem* die Eroberung Jerusalems im Ersten Kreuzzug. Christliches Gedankengut und heidnisch Sinnenhaftes verbinden sich darin: Den Christen steht Gott bei, den Heiden hilft der Satan. Die würdevolle Behandlung des Stoffes, die glänzende ↗Charakteristik der Hauptpersonen und die musikalische Schönheit der Verse heben dieses Epos (↗Epik) in den Rang eines Meisterwerks seiner Gattung, das durch die eingewebten Episoden einen zusätzlichen Reiz gewinnt. Das schicksalhafte Leben dieses Dichters hat ↗Goethe seinem ↗Drama *Torquato Tasso* zu Grunde gelegt. Neben dem Epos und der ↗Lyrik wird nun auch das ↗Lustspiel gepflegt. Es entsteht die so genannte Commedia dell'arte der italienischen Wanderbühnen mit ihren festen Typen (Prahler, Doktor, Diener, Gauner, Zofe) und einem relativ starren Handlungsschema. Sie beeinflusste ganz Europa, z. B. Molière in ↗Frankreich oder das englische und deutsche Lustspiel. Niccolò Machiavelli (1469–1527) beschrieb in seinem auch später noch grundlegenden Traktat *Der Fürst* (Il principe) die Erziehung der Fürsten. Er forderte die Herrschenden dazu auf, die Macht im Staat mit allen Mitteln auszuüben und zu erhalten, da nur ein starker Staat bestehen könne. Diese Lehre wurde vielfach übernommen.
Die hochinteressante Geschichte seines Lebens schrieb der streitbare Goldschmied Benvenuto Cellini (1500–1571) nieder; ↗Goethe übersetzte diese

↗Autobiografie ins Deutsche. Im Rokoko wandte sich Carlo Goldoni (1707–1793) aus Venedig gegen die »Commedia dell'arte« und stellte psychologisch motivierte Charaktere in den Mittelpunkt seiner über hundert Komödien. Sein bekanntestes Werk ist *Der Diener zweier Herren.*

Literatur und Leben gewannen neuen Gehalt durch die ↗Romantik und die politische Idee der Einigung Italiens. Beide Strömungen wirken in dem Roman *Die Verlobten* des Mailänders Alessandro Manzoni (1785–1873), dem ersten italienischen ↗Roman im heutigen Sinne. Er schildert ein lombardisches junges Bauernpaar, dessen Hochzeit sich durch Intrigen, Gewalt und Schicksalsschläge – nicht zuletzt verursacht durch die spanische Fremdherrschaft im 17. Jahrhundert – schier unüberwindliche Hindernisse in den Weg stellen. In dieser Liebesgeschichte lässt der Dichter ein ganzes Zeitalter mit seiner Gesellschaft und seinen politischen Ereignissen lebendig werden.

Der bedeutendste Lyriker im 19. Jahrhundert ist Giacomo Leopardi (1798–1837), der in vaterländischen Gedichten die alte Größe Italiens pries und das italienische Nationalgefühl stärkte. Ihm folgte der Nobelpreisträger Giosuè Carducci (1835–1907), der in antiken Versmaßen, *Odi barabare,* Italiens Landschaft und die Einigung durch den Freiheitskämpfer Garibaldi besang. Berühmt ist seine *Hymne an Satanas,* den antiken Erdgeist Italiens.

Das Drama der Neuzeit wird von Luigi Pirandello (1867–1936) geprägt. Er zeigt, dass es keine Möglichkeit gibt, den Menschen objektiv zu beurteilen, weil dieser sich in unterschiedlichen Situationen durch wechselnde Masken jeder Beurteilung entzieht. Dieser Konflikt zwischen Sein und Schein findet Ausdruck in dem Drama *Sechs Personen suchen einen Autor,* mit dem Pirandello das italienische Theater vom französischen Einfluss löste.

Der moderne Roman fand in Italien seine bedeutendste Ausformung in *Der Leopard* von Guiseppe Tomasi di Lampedusa (1896–1957), der vom Niedergang einer sizilianischen Adelsfamilie erzählt.

In heutiger Zeit erlangten die Romane von Alberto Moravia *(*1907–1990, *Gefährliches Spiel),* Carlo Levi *(*1902–1975, *Christus kam nur bis Eboli),* Umberto Eco *(*geb. 1932, *Der Name der Rose, Das Foucaultsche Pendel),* Cesare Pavese (1908–1950, *Die einsamen Frauen, Das große Feuer)* und Curzio Malaparte *(*1898–1957, *Die Haut)* und der Essay *Die Schule der Diktatoren* von Ignazio Silone (1900–1978) Bedeutung.

Spanien

Die ältesten Zeugnisse der spanischen Literatur sind Lieder aus dem 11. und 12. Jahrhundert und Heldenepen, deren wichtigstes *Cantar* (oder *Poema*) *del mío Cid (*Lied von meinem Cid) heißt. Es ist um 1150 entstanden und erzählt von Rodrigo Díaz de Vivar, einer geschichtlichen Persönlichkeit und ihrer Tapferkeit und unerschütterlichen Treue gegenüber dem König. In Spanien wurden damals viele Sprachen gesprochen: neben Spanisch – ursprünglich der Dialekt Kastiliens »Castellano« –, Provenzalisch, Latein, Arabisch und Hebräisch. So entstand im 12. und 13. Jahrhundert eine bedeutende Übersetzungsliteratur, die Spanisch zu einer vollendeten Literatursprache entwickeln half. Sie wurde nun auch für die neuen Literaturgattungen, z. B. Chroniken, Theaterstücke (meist religiösen Inhalts), ↗Satiren usw. verwendet. Als auf diese inhaltlich und sprachlich reiche Literatur die ↗Renaissance zu wirken begann, erreichte die spanische Literatur bald einen ihrer Höhepunkte, im »siglo de oro«, dem »goldenen Zeitalter«, etwa von 1550 bis 1680. Den unglaublichen Aufschwung des Theaters in dieser Zeit bewirkten vor allem drei Dichter: Lope de Vega (1562–1635), Tirso de Molina, ein ↗Pseudonym für Gabriel Téllez (um 1584–1648), und Calderón de la Barca (1600–1681). Die wichtigsten Dramentypen waren die »comedia«, ein dreiaktiges Versdrama, und das »auto sacramental«, das religiöse Themen in Kirchen, aber auch im Freien zur Aufführung brachte. In diese Zeit gehört auch der in zwei Teilen erschienene Roman *Der scharfsinnige Edle Herr Don Quijote de la Mancha* von Miguel de Cervantes Saavedra (1547–1616), eines der bekanntesten Bücher der Weltliteratur. Das Werk war von Cervantes ursprünglich als ↗Parodie auf die ↗Ritterromane gedacht, die in Spanien eine lange Tradition hatten und auch zu Cervantes' Lebzeiten noch ein begeistertes Publikum fanden. Diese Ritterromane brachten auch Don Quijote dazu, ein fahrender Ritter zu werden. Und weil er Traumwelt und Wirklichkeit nicht auseinander halten konnte, erlebte er die seltsamsten und lächerlichsten Abenteuer. Don Quijotes Gegenstück ist sein Knappe Sancho Pansa, ein schlauer Kerl, der auf seine Art die Schwierigkeiten des Lebens meistert. Schlauheit ist auch das Hauptmerkmal des »pícaro«, des Schelmen, nach dem eine ganze Romangattung dieser Zeit benannt wurde. Der erste Roman dieser Art, *Lazarillo de Tormes,* 1554 anonym erschienen, wurde auch der berühmteste und fand in Spanien und anderen Ländern viele Nachahmer. Im 18. Jahrhundert wurde der politische Abstieg Spaniens Hauptthema der Literatur. Zwar entstanden noch großartige mystische und religiöse Werke, insgesamt erstarrten aber Kirche und Staat in ihrer althergebrachten Form und unterdrückten jede ungewollte Regung. Eine gewisse Ausnahme bilden – vom Mittelalter bis in die Gegenwart – die Lieder, die unabhängig von literarischen Richtungen in diesem sangesfreudigen Land immer eine wichtige Rolle spielten und noch heute spielen und durch die Volksdichtung und die sehr lebendige Volksmusik immer wieder neue Impulse erhielten und erhalten. Aber die großen Geistesströmungen, die Europa im 18. Jahrhundert stark veränderten (z. B. die ↗Aufklärung), erreichten Spanien nicht oder nur schwach. Auch die ↗Romantik gewann erst spät – um die Mitte des letzten Jahrhunderts – einen gewissen Einfluss. Die zweite Hälfte des 19. Jahrhunderts brachte einen engeren Anschluss an Europa, es entstanden ↗realistische und ↗naturalistische Werke, besonders ↗Romane und Erzählungen, z. B. *Der Dreispitz* von Pedro Antonio de Alarcón y Ariza (1833–1891). Mit dem Verlust der letzten überseeischen Kolonie (Kuba 1898) wurde Spanien endgültig als Kolonialmacht verdrängt. Dies führte, richtungweisend durch die »1898er Generation«, zu einer Neubesinnung auf die eigene und europäische Tradition. Eine neue literarische Gruppierung entstand, der u. a. Miguel de Unamuno (1864–1936) und Antonio Machado y Ruiz (1875–1939) angehörten. Weitere Gruppen, wie die »Modernisten«, die sich um Ramón del Valle-Inclán (1866–1936) mit seinem berühmten Roman *Tyrann Banderas* scharten, und die Lyriker Pedro Salinas, Vincente Aleixandre, Federico García Lorca (1898–1936), der »Generation von 1927«, versuchten die Überwindung eines vordergründigen Realismus. Für die meisten von ihnen bedeutete der Spanische Bürgerkrieg (1936–1939) und die folgende Franco-Herrschaft das Exil, aus dem sie wie Fernando Arrabal (geb. 1932), Juan Goytisolo (geb. 1931) und Jorge Semprún (geb. 1923) zeit- und gesellschaftskritisch gegen dieses System anschrieben. Die im Land Gebliebenen, wie der Nobelpreisträger Camilo José Cela (geb. 1916), mussten zumindest mit der Zensur rechnen, für Lorca, den bedeutendsten Lyriker und Dramatiker Spaniens in diesem Jahrhundert, bedeutete es den Tod. Nach dem Ende der Franco-Diktatur 1975 setzte eine Auseinandersetzung mit der Vergangenheit ein, in deren Folge man sich der modernen Weltliteratur wieder öffnete und unterdrückte Dialekte (z. B. Katalanisch) erneut Geltung gewannen.

Frankreich

Das europaweite Reich Karls des Großen war zerfallen; seit der Mitte des 9. Jahrhunderts begann der westfränkische Reichsteil seinen eigenen geschichtlichen Weg zu gehen. Aber nur zögernd setzte sich in seiner Literatur auch die französische Sprache durch. Gewiss erzählte und sang man in Französisch, der Sprache des Volkes, aber was geschrieben wurde und erhalten blieb, war zunächst mit wenigen Ausnahmen in lateinischer Sprache verfasst. Erst gegen Ende des 11. Jahrhunderts gewann die französische Sprache in der christlichen ↗ritterlichen Dichtung an Bedeutung. Das *Rolandslied* greift auf eine geschichtliche Episode aus der Zeit Karls des Großen zurück und erzählt vom Untergang des Helden Roland und seiner Gefährten im Kampf für den christlichen Glauben. Anders die höfische ↗Epik des 12. Jahrhunderts: Sie schöpft aus der ↗Sage, vornehmlich aus keltischen Überlieferungen, die durch fantasievolle Erfindungen erweitert wurden. Den Mittelpunkt bilden König Artus und die Ritter der Tafelrunde. »Höfisch« heißt, dass diese Dichtung für den Vortrag an den Höfen des Adels bestimmt war. Sie spiegelt auch die höfisch-adeligen Lebensformen, zu denen die Verehrung einer idealen Frau (minne), die Treue zum Dienstherrn oder der Minnedame (triuwe) und diese bestätigende ritterliche Kämpfe (aventiure) gehören. Der berühmteste Ritter des höfischen Epos war Parzival (↗Wolfram von Eschenbach), der mehr als alle anderen auch den christlichen Ritter verkörperte. Neben dem Epos wurde, besonders an den Adelshöfen in Südfrankreich, eine kunstvolle Liebeslyrik gepflegt, die durch ritterliche Dichter und Sänger, die Troubadoure, verbreitet wurde.

Ganz anders klingen die Verse, die später der vagabundierende Student François Villon (1431–etwa 1463) aus eigenem Erleben schuf: aufsässige Lieder gegen Priester und satte Bürger, freie Liebesgedichte, ↗Balladen vom Galgen, dem Villon mehr als einmal nahe war. Wann genau und wie er ums Leben kam, weiß man nicht. Seine Gedichte sind geblieben, während die meisten Werke dieser Zeit heute vergessen sind.

Das gilt für vieles, was aus dem Geist der ↗Renaissance entstanden ist, besonders für die Dichtungen, die nach Vorbildern aus der ↗Antike geschaffen wurden. Überdauert aber hat das gewaltige Werk des gelehrten Arztes und ehemaligen Mönchs François Rabelais (um 1494–1553), der Doppelroman *Gargantua und Pantagruel*. Die beiden Titelhelden, Vater und Sohn, entstammen dem Geschlecht der Riesen. Sie sprengen nicht nur durch ihr Erscheinungsbild alles menschliche Maß, sondern vor allem durch ihre ungeheure Fresslust und Trinkfestigkeit. Lärmend und derb, aber im Grunde gutmütig, leben sie ein genussfrohes Leben. Der Roman ist gleichzeitig auch eine große ↗Satire, die keinen Stand verschont, auch nicht den Papst und seine Kardinäle.

Ein solches »Romanungetüm« war natürlich im 17. Jahrhundert, dem Jahrhundert der französischen ↗Klassik, nicht mehr denkbar. Der literarische Geschmack des neuen Zeitalters duldete kein Ausufern der Fantasie, keine Wundergeschichten und vor allem keine sprachlichen Derbheiten mehr. Maßgebend waren die Gebote der Vernunft und Regeln der antiken Dichtkunst (↗Metrik/Versmaß). Unter den literarischen Gattungen genoss das ↗Drama, vor allem die Tragödie, besondere Wertschätzung, während der ↗Roman auf eine tiefere Stufe gestellt wurde. Drei Dramendichter, die alle drei dem Hof Ludwigs XIV. (französischer König von 1661–1715) nahe standen, waren es, die das französische ↗Theater des 17. Jahrhunderts prägten. Pierre Corneille (1606–1684) und Jean Racine (1639–1699) führten die Tragödie und Jean-Baptiste Molière (1622–1673) die Komödie zu klassischen Höhen. Corneille schildert die Menschen, wie sie sind, Racine, wie sie sein sollten. Doch beider Tragödien wirken heute kühl, ihre Helden stehen uns fern.

Wahrhaft lebendig und bis heute auch auf deutschen Bühnen gespielt sind die Komödien Molières. Ehe er zum Dichter wurde, hatte er sich jahrelang als Schauspieler erprobt und dann später oft die Hauptrollen in seinen eigenen Stücken gespielt. Mit treffsicherem Witz gelang es ihm, das Publikum zum Lachen zu bringen, regte es dabei aber auch zum Nachdenken über menschliche Schwächen an. Die Typen, die er darstellte, hatte er in den Salons der Hauptstadt und am königlichen Hof selbst kennen gelernt. Dazu gehören *Der Geizige*, *Der eingebildete Kranke* und ganz besonders der frömmelnd heuchlerische *Tartuffe*.

Menschliche Fehler, wie Geiz und Heuchelei, beschreibt auch Jean de La Fontaine (1621–1695). Er erweckte die alte Form der Tierfabel (↗Fabel) zu neuem Leben. Den Tieren werden bestimmte Eigenschaften beigemessen und in der Verkleidung der Tiere darf über menschliche Schwächen gelacht werden, so zum Beispiel die Geschichten vom bösen Wolf, vom schlauen

Fuchs und vom Raben, von der fleißigen Ameise und der Grille und anderen mehr.

Im Zeitalter Ludwigs XIV., zu dessen Ruhm auch die französische Literatur ihren Teil beitrug, wurde Frankreich zur politischen und kulturellen Vormacht in Europa. Die französische Sprache wurde die Sprache der Höfe und der vornehmen Welt. Diese Stellung behauptete sie zum Teil auch noch im 18. Jahrhundert, als François Marie Voltaire (1694–1778) zum berühmtesten Schriftsteller der französischen und europäischen ↗Aufklärung wurde. Es gibt kaum ein Gebiet der Literatur, auf dem Voltaire nicht tätig gewesen wäre. Bekannt sind bis heute einige seiner satirischen Romane, vor allem *Candide oder Der Optimismus* (1759), in dem der gutgläubige Held, von Land zu Land getrieben, mit den Unvollkommenheiten und Grausamkeiten der Welt bekannt wird. Hier, wie in allen seinen Schriften, kämpft Voltaire mit eleganter und witziger Sprache für die menschliche Vernunft und ihre praktische Umsetzung. Nur mit deren Hilfe, nicht mit der von ihm als heuchlerisch angesehenen Kirche, könne man den ständigen Wechselfällen des Lebens begegnen. Sein Verstand und etwas Glück verhalfen ihm mittels Finanzspekulationen seine finanzielle und geistige Unabhängigkeit zu sichern.

Auch sein jüngerer Zeitgenosse Jean-Jacques Rousseau (1712–1778) wirkte im Geist der Aufklärung, aber er verkündete in seinen Romanen die Meinung, dass Zivilisation die Ursache aller Laster sei und der Mensch zu einfachen, natürlichen Verhältnissen zurückkehren müsse, und vertrat die Lehre von der ursprünglichen Gleichheit aller Menschen. Beide – Voltaire und Rousseau – galten und gelten durch ihre Schriften als Wegbereiter der großen Französischen Revolution.

Im nachrevolutionären Frankreich, zur Zeit der Herrschaft Napoleons über Europa, verstand es eine Frau, Germaine de Staël (1766–1817), in Frankreich zum ersten Mal Interesse für das literarische Leben der deutschen Nachbarn zu wecken. Sie verschaffte der deutschen ↗Romantik Einfluss auf die französische Literatur des 19. Jahrhunderts. Vom Geist der Romantik beseelt sind zum Beispiel auch die historischen Abenteuerromane Alexandre Dumas' (1802–1870) *Die drei Musketiere, Der Graf von Monte Christo* und der tragische, historische Roman *Der Glöckner von Notre Dame* von Victor Hugo (1802–1885). Mit einem anderen Roman, *Die Elenden,* versetzte Hugo seine Leser in eine ganz neue Welt, in die brodelnde moderne Hauptstadt Paris in der ersten Hälfte des 19. Jahrhunderts.

Das moderne Frankreich, seine Hauptstadt und seine Provinzen sind der Schauplatz des neuen ↗realistischen und später des ↗naturalistischen Romans; dargestellt werden alle Schichten des Volkes: von der immer noch sehr einflussreichen Aristokratie bis zu der neu aufkommenden Arbeiterschicht. Diese Entwicklung beginnt mit Stendhal, ↗Pseudonym von Henri Beyle (1783–1842), der in dem Roman *Rot und Schwarz* ein Bild der Gesellschaft in nachnapoleonischer Zeit entwirft, und reicht bis zu den Romanen Emile Zolas (1840–1902), die, wie zum Beispiel der Arbeiterroman *Germinal,* die Auswirkungen des industriellen Zeitalters spiegeln. Dazwischen stehen die Romane des Honoré de Balzac (1799–1850), der in einem vielbändigen Werk das Leben des zeitgenössischen Frankreich in allen Höhen und Tiefen bis hin zur Welt der großstädtischen Verbrechen in allen Nuancen schildert. *Verlorene Illusionen* und *Glanz und Elend der Kurtisanen,* die Geschichte vom Aufstieg und vom kläglichen Ende eines Provinzlers in Paris, seien als Beispiele genannt. Mit unpersönlicher Sachlichkeit schildert Gustave Flaubert (1821–1880), wie seine berühmte Titelheldin *Madame Bovary* aus der Enge der Provinz und der Eintönigkeit einer langweiligen Ehe hinaus in ein schöneres, erfülltes Leben drängt. Ihre Versuche, aus der bürgerlichen Ordnung auszubrechen, enden jedoch mit einer Katastrophe. Auch der Schriftsteller Guy de Maupassant (1850–1893) zeigt in seinen mehr als 250 ↗Novellen seine Abscheu vor jeder Durchschnittlichkeit. Voll heiterer Ironie und Humor sind dagegen die Bilder aus der Landschaft der Provence, die Alphonse Daudet (1840–1897) in seinen *Briefen aus meiner Mühle* erzählt. Berühmt wurde die Geschichte *Meister Cornilles Geheimnis.* Etwas fremd nehmen sich neben den realistischen Gegenwartsromanen des 19. Jahrhunderts die fantastischen Geschichten von Jules Verne (1828–1905) aus, deren Visionen sich, wie in der *Reise durch die Sonnenwelt,* in vielen Fällen erfüllt haben. Auch die *Reise um die Welt in 80 Tagen* war schon zu ihrer Zeit keine unerfüllbare Zukunftsvision mehr (↗Sciencefiction).

Es ist nicht möglich, hier auch nur überblicksweise eine Vorstellung vom Reichtum und der internationalen Bedeutung der französischen Literatur im 20. Jahrhundert zu vermitteln. Dies zeigen allein schon zwölf Nobelpreisträger für Literatur, die Frankreich hervorgebracht hat – mehr als irgendein anderes Land. Zwar ist manches einst preisgekrönte Werk und dessen Autor heute vergessen, doch beeindruckt die Zahl der heute noch bekannten Autoren. Die Lyriker des ausgehenden 19. Jahrhunderts, wie Stéphane Mallarmé

(1842–1898), Arthur Rimbaud (1854–1891), Paul Verlaine (1844–1896) und Charles Baudelaire (1821–1867), und die Schriftsteller Marcel Proust (1871–1922) und Alfred Jarry (1873–1907) bereiteten mit ihrer radikalen Absage an überkommene Form- und Inhaltsmuster nachfolgenden Generationen den Weg. Ihnen folgten in der Zeit zwischen den Weltkriegen die Erneuerungsversuche des Romans (André Gidé 1869–1951: »roman pure«) und der Lyrik (Paul Valéry 1871–1945: »poesie pure«). Auch die um André Breton (1896–1966) gescharten Surrealisten versuchten durch die Aktivierung des Unterbewusstseins neue Vorstellungsebenen und Darstellungsweisen zu erschließen.

Den Nerv der Nachkriegsgeneration trafen die im politischen Widerstand gegen den Nationalsozialismus tätigen Albert Camus (1913–1960), Jean-Paul Sartre (1905–1980) und Simone de Beauvoir (1908–1986). Vor allem in seinem an Melvilles *Moby Dick* (↗England) angelehnten Roman *Die Pest,* aber auch in *Der Fremde* stellt Camus das absurde Streben des von Gott verlassenen, auf sich selbst zurückgeworfenen Menschen nach individuellem Glück dar. Auch Sartre leugnete alle Jenseitigkeit und sah den Menschen voll verantwortlich für sein Handeln. Aus dieser Überzeugung heraus begründete er den »Existenzialismus«, der nicht nur eine philosophische Denkrichtung war, sondern auch persönliches, soziales und politisches Engagement, so 1968 in der Studentenbewegung, beinhaltete. In seinem Drama *Die Eingeschlossenen* (1944) finden sich drei Personen nach ihrem Tod in der »Hölle« wieder. Eingeschlossen in einem Raum sind sie gleichzeitig Peiniger ihrer selbst und der beiden anderen. Es gibt kein Entrinnen mehr. Ähnliches widerfährt den Personen in *Die Fliegen* und *Bei geschlossenen Türen.* Simone de Beauvoir war jahrzehntelang Sartres Lebensgefährtin und eine der erfolgreichsten Schriftstellerinnen ihrer Generation. Zu ihren zentralen Themen gehört die Stellung der Frau in einer von Männern bestimmten Welt. In *Das andere Geschlecht* (1949) analysiert sie die Probleme der Frauen in der Geschichte. Sie kommt dabei zu dem Ergebnis, dass die Gleichberechtigung der Frau bei weitem noch nicht verwirklicht ist. Ihre in die Zukunft weisenden Erwartungen, die heute als weitgehend selbstverständlich angesehen werden, lösten beim Erscheinen des Buches heftige Kontroversen und empörte Ablehnung aus. Eine weit beachtete Außenseiterrolle in diesem Kreis und in der Gesellschaft nahm Jean Genet (1910–1986) ein, der mit seinem öffentlichen Bekenntnis zu seiner Homosexualität Tabus aufbrach.

Einer der größten Bucherfolge nach dem Zweiten Weltkrieg war *Der kleine Prinz,* vielleicht weil das kleine Werk auch viele junge Leser fand. Es wurde von dem 1900 geborenen Antoine de Saint-Exupéry verfasst, der 1944 im Zweiten Weltkrieg als Flieger den Tod fand.

Lange Zeit wurde das Theaterleben, auch in Deutschland, durch die Dramen von Jean Anouilh (1910–1987) bereichert, der nach der Neugestaltung antiker Stoffe, z. B. *Antigone* und *Medea,* auch in der französischen Geschichte fündig wurde. Eines seiner meistgespielten Stücke war *Jeanne oder die Lerche,* in dessen Mittelpunkt Jeanne d'Arc, die Nationalheldin Frankreichs, steht. In den 50er und 60er Jahren waren französische Autoren unter den Schöpfern des so genannten absurden Theaters, das auf einen logischen Handlungsablauf und einen logisch voranschreitenden Dialog verzichtete. Bedeutung erlangten vor allem Eugène Ionesco (1912–1994) mit seinen Stücken *Die Nashörner* und *Die Stühle* und Samuel Beckett (1906–1989) mit *Warten auf Godot* und *Endspiel.* Eine glänzende Verfilmung trug nicht wenig zum Ruhm des Romans *Zazie in der Metro* von Raymond Queneau (1903–1976) bei. Zazie, eine freche Göre aus der Provinz, gerät für einen Tag in den Wirbel von Paris.

Einen entschiedenen Bruch mit den traditionellen Formen des Romans brachte der sogenannte Nouveau Roman (= der neue Roman) der 60er und 70er Jahre, zu dessen Schöpfern J. M. G. Le Clézio (geb. 1940), Marguerite Duras (1914–1996) und Alain Robbe-Grillet (geb. 1922) gehören. Le Clézio wandte sich später anderen Erzählformen zu; erst jüngst, 1989, erregten seine Romane *Wüste* und *Der mexikanische Traum* in Deutschland großes Aufsehen.

Trotz oder gerade wegen dieser Größen der französischen Literatur findet sich in jüngster Gegenwart kein französischer Autor, dem annähernd diese Bedeutung zugesprochen werden kann.

England

Um die Mitte des 5. Jahrhunderts landeten die germanischen Angeln und Sachsen in England. Als Eroberer vernichteten sie die einheimische Kultur und unterdrückten die keltische Sprache. An ihre Stelle setzten sie ihre germanische Sprache und germanische Überlieferungen. Gegen Ende des 6. Jahrhunderts fasste das Christentum Fuß.
Im 8. Jahrhundert schrieb ein Geistlicher das berühmteste Werk der altenglischen Literatur nieder: Das Heldenlied vom König *Beowulf*. Die noch in der germanischen Langzeile und im Stabreim (↗Reim) erzählte Geschichte mag einen historischen Kern haben, der allerdings von ↗Sage und ↗Märchen überdeckt ist. Beowulf überwindet in seiner Jugend die unheimlichen Moorgespenster; im Alter opfert er sich, ganz im christlichen Sinn, im Kampf mit einem Drachen für sein Volk.
Mit der Eroberung Englands durch die französisch sprechenden Normannen im Jahre 1066 wurde das Französische nun für Jahrhunderte die Sprache der Herrschenden, des Hofs, des Adels und der Literatur. Die ↗höfische, ↗ritterliche Dichtung wurde deshalb zunächst nur in der fremden und erst später in der inzwischen englischen Landessprache niedergeschrieben. Die in England entstandene, auf Mythen beruhende Artuschronik diente zunächst der Legitimierung, Herleitung und Festigung der normannischen Fremdherrschaft. Erst durch seine Aufnahme in Frankreich und Deutschland wurde dieser Stoff literarisiert. Die diesen Themenkreis behandelnden Ritterromane erfreuten sich bei Adeligen und Bürgerlichen großer Beliebtheit. Daneben fanden volkstümliche Balladen weite Verbreitung. Am bekanntesten wurde der Titelheld der Ballade *Robin Hood und der Mönch*. Seine unablässigen Kämpfe, die er und Little John mit dem Sheriff auszufechten hatten, wurden mehrfach verfilmt. Sie lassen noch einmal die Erinnerungen an den Widerstand der Engländer gegen die normannischen Eroberer lebendig werden.
Den Höhepunkt der mittelalterlichen Dichtung in England bildeten die Werke Geoffrey Chaucers (1340–1400). Er lebte in London und stand dem Hofe nahe. In seiner Sprache verschmolz er das Englische der Straße mit Elementen der Sprache des Hofs und schuf damit die Grundlagen der englischen Weltsprache. Sein Hauptwerk bildeten die kunstvoll in eine Rahmenerzäh-

lung eingebetteten *Canterbury-Geschichten*: Die aus 28 Vertretern der verschiedenen Stände zusammengesetzten Teilnehmer einer Wallfahrt zum Grab des heiligen Thomas Becket in Canterbury vereinbaren sich zum Zeitvertreib Geschichten zu erzählen (↗Italien, Boccaccio). Chaucer entwirft hier, alle Stilmittel aufgreifend, ein wirklichkeitsnahes Panorama des englischen Lebens.

Aus der Literatur der ↗Renaissance ragt besonders der Staatsroman *Utopia* (das heißt eigentlich »Nirgendland«) von Thomas Morus (1478–1535) heraus, ein Vorbild vieler ↗Utopien bis in unsere Zeit. Morus entwirft das Modell eines durchaus modern anmutenden Zwangs- und Versorgungsstaats, in dem zwar religiöse Toleranz, sonst aber die größte Unfreiheit herrscht.

Schon lange war London der Schauplatz eines regen Theaterlebens, als im Elisabethanischen Zeitalter (1558–1603) das englische ↗Theater einen Höhepunkt erlebte und mit William Shakespeare (1564–1616) eines der größten Theatergenies der europäischen Literaturgeschichte hervorbrachte. Neben ihm treten andere bedeutende Zeitgenossen, wie Christopher Marlowe (1564–1593), der erstmals den *Faust*-Stoff dramatisierte, zurück. Vom Leben Shakespeares weiß man recht wenig. Er stammte aus dem Städtchen Stratford-upon-Avon. Seinen Ruhm als Schauspieler und Dichter und ein ansehnliches Vermögen erwarb er sich aber in London. Aus dem riesigen Gesamtwerk des Dichters können nur einige ↗Dramen genannt werden, die seine Vielseitigkeit erahnen lassen: In den teils recht blutrünstigen Königsdramen werden die großen, aber auch Furcht einflößenden Gestalten der jüngeren englischen Geschichte lebendig. In eine halb sagenhafte Frühzeit führen *Macbeth,* ein Stück über einen Königsmörder und seine dämonische Frau, und *König Lear,* die Geschichte vom Untergang eines allzu vertrauensvollen Greises; und schließlich *Hamlet,* die Tragödie des nachdenklichen Prinzen, der den Mord an seinem Vater rächen muss. Viel lyrischer, aber ebenso tragisch endet die Liebesgeschichte von *Romeo und Julia.* Aus der großen Zahl der Komödien seien nur das Verwechslungsspiel *Komödie der Irrungen* und das Märchenspiel *Ein Sommernachtstraum* herausgegriffen. Die heitere Grundstimmung von *Der Kaufmann von Venedig* wird durch die Tragödie des Juden Shylock verdüstert. Diesem Zeitalter der Lebensfreude und des Theaters setzen im 17. Jahrhundert religiöse Vorbehalte einen vorläufigen Endpunkt.

Aus dem Geist der Aufklärung entstammen zwei Romane, die vor allem als Jugendbücher noch heute gelesen werden: *Robinson Crusoe* von Daniel

Defoe (1660–1731) und *Gullivers Reisen* von Jonathan Swift (1667–1745). In der zivilisationsfernen Welt der Südsee muss der schiffbrüchige Robinson neu lernen sein Leben zu meistern. Dieses Thema wurde so beliebt, dass es einer ganzen Gattung den Namen gab: Robinsonade (↗Utopie). Ebenso lesenswert ist Defoes Seeräuberroman *Bob Singleton.* Erstaunlich ist, dass *Gullivers Reisen* ein beliebtes Jugendbuch wurde, denn es handelt sich hier um eine scharfe, wenn auch zeitgebundene ↗Satire. Doch moderne Bearbeitungen haben dafür gesorgt, dass schwer verständliche Anspielungen hinter den Erlebnissen des Helden im Zwergenland Liliput und bei den Riesen von Brobdignag zurücktreten. Nachklänge des Abenteuerromans und des Robinsonmotivs finden sich noch bei Frederick Marryat (1792–1848). Wie auch sein wesentlich berühmterer Zeitgenosse Walter Scott (1771–1832) bezog er seine Stoffe aus der Geschichte. Scott wurde der eigentliche Schöpfer des neueren historischen ↗Romans. Er begann mit einer Sammlung geschichtlicher Balladen und wandte sich dann in Romanen der schottischen Vergangenheit zu. Bekannt wurde er vor allem durch den Ritterroman *Ivanhoe* aus der Zeit des ritterlichen Königs Richard Löwenherz (1189–1199). Wesentlich ist dabei nicht, ob diese Erzählung geschichtlich zu belegen ist, sondern dass der Autor mögliche Begebenheiten dieser Zeit erfasst hat.
Schonungslos weist Charles Dickens (1812–1870) auf die sozialen Missstände des 19. Jahrhunderts hin. Vor allem sind es zwei Kinderschicksale, die die Herzen der Zeitgenossen und späterer Leser bewegten. In *Oliver Twist* werden die Schrecken eines Waisenhauses, die Höhlen der Armen und die düsteren Gassen Londons, in denen sich dunkle Elemente herumtreiben, aufgezeigt. Der Held in *David Copperfield* erlebt in jungen Jahren alle Härten des Daseins: ein liebloses Elternhaus, eine tyrannische Schule, bitterste Armut und die Ausbeutung durch einen verbrecherischen Arbeitgeber, ein Thema, das auch in dem Roman *Harte Zeiten* aufgegriffen wird. Das Leben und die Gefahren auf hoher See und in den Kolonien beschreiben die Romane *Die Schatzinsel* von Robert Louis Stevenson (1850–1894), der *Taifun* von Joseph Conrad (1857–1924) und das später von Walt Disney verfilmte *Dschungelbuch* von Rudyard Kipling (1865–1936). Große Verbreitung fanden auch die Detektivromane von Sir Arthur Conan Doyle (1859–1930) mit seinem unvergesslichen Romanhelden *Sherlock Holmes.* Ebenso spannend sind die ↗Kriminal- und Detektivgeschichten der Agatha Christie (Pseudonym für Mary Mallowan, 1890–1976) wie *Mord im Pfarrhaus* und *Die Mausefalle.*

Den beiden Iren George Bernard Shaw (1856–1950) und Oscar Wilde (1854–1900) gelang mit ihren Gesellschaftskomödien die Wiederbelebung des englischen Theaters. Wilde schrieb daneben auch reizvolle Kunstmärchen wie etwa *Der selbstsüchtige Riese.* Shaws Komödie *Pygmalion* erlebte später als Musical *My Fair Lady* einen Welterfolg. Weltweite Beachtung fanden auch die Werke des in St. Louis geborenen T. S. Eliot (1888–1965): *The Waste Land* (Gedichte: *Das wüste Land,* 1922) und *Der Mord im Dom* (Drama 1935). In heutiger Zeit sorgt vor allem Tom Stoppard (geb. 1937) mit der Darstellung absurder Entfremdung des Menschen *(Travesties)* für Aufsehen. Ebenfalls irischer Abkunft ist der Dichter James Joyce (1882–1941). In seinem großen Roman *Ulysses* werden Erlebnisse, Erfahrungen und Empfindungen einer jüdischen Familie in Dublin während eines einzigen Tages im Jahr 1904 in einer Art »innerem Dialog« dargestellt. Diese auf einen Tag komprimierte Geschichte der Menschheit entspricht in ihren 18 Szenen bestimmten Teilen der Homerschen *Odyssee* (↗Antike), von der auch der Titel entlehnt ist. Auch Virginia Woolf (1882–1941) benutzte in ihren Romanen *(Nacht und Tag, Die Wellen)* den inneren Monolog um die Wirklichkeit in ihrem Bewusstsein spiegeln zu können. Ihr Haus in Bloomsbury, in dem auch ihr eigener Verlag untergebracht war, bildete den Mittelpunkt eines literarischen Kreises. Eine andere Frau, Katherine Mansfield (1888–1923), wurde die Begründerin der modernen englischen ↗Shortstory (Sammelband: *Das Gartenfest*, 1922).
Die Möglichkeiten der Zukunft werden in zwei utopischen Romanen (↗Utopie) des 20. Jahrhunderts durchgespielt. Aldous Huxley (1894–1963) entwirft satirisch eine *Schöne neue Welt*, in der die perfekte Beherrschung aller wissenschaftlichen und technischen Errungenschaften den völlig angepassten Menschen das totale, wenn auch genormte Glück gewährt. Düsterer sieht die Zukunft in George Orwells (1903–1950) Roman *1984* aus. Der alles beherrschende Staatsapparat unterdrückt jede individuelle Regung, selbst die Gedanken.
Mit Frauen- und aktuellen sozialkritischen Themen, wie den Rassenproblemen, beschäftigen sich die englisch schreibende Südafrikanerin und Nobelpreisträgerin (1991) Nadine Gordimer (geb. 1923) in *Fremdling unter Fremden* und die in Simbabwe aufgewachsene Doris Lessing (geb. 1919) in *Afrikanische Tragödie.* William Golding (1911–1993), Nobelpreisträger von 1983, greift in seinem Roman *Der Herr der Fliegen* noch einmal auf robinsonähnliche Motive zurück, doch im Gegensatz zu Defoe ist seine Deutung der menschlichen Natur pessimistisch.

Skandinavien

Die skandinavische Literatur erlebte ihre erste große Blütezeit im Mittelalter, am Rand der damals bekannten Welt, auf der fernen Insel Island. Um das Jahr 900 besiedelten norwegische Wikinger die Insel. Ihre alten germanischen Götter- und Heldengeschichten wurden mündlich weitergegeben. Erst mit der Christianisierung (um das Jahr 1000) begann man die Überlieferungen aufzuzeichnen.
Man unterscheidet heute drei Gattungen in der altisländischen Literatur: die Edda-Dichtung (wobei der Name »Edda« ungeklärt ist), die Skalden-Dichtung und die Saga-Dichtung (↗Sagen).
Die so genannte *Ältere Edda* oder *Lieder-Edda* enthält hauptsächlich alte germanische Götter- und Heldengedichte in der dichterischen Form der germanischen Langzeile mit dem Stabreim (↗Reim). Viele dieser Lieder werden inzwischen in modernen Sagenbüchern neu und verständlich nacherzählt, z. B. die Abenteuer des Gewittergottes Thor mit den Riesen und die Geschichten vom listigen Loki oder auch die Geschichten vom Helden Sigurd (↗Comic), die mit der germanischen Siegfried-Sage verwandt sind.
Eine höchst kunstvolle Dichtung pflegten die Skalden, Dichter und Sänger im Gefolge der Fürsten. Die *Jüngere Edda* oder *Prosa-Edda,* die ebenfalls Göttergeschichten enthielt, war für die Skalden eine Art Lehrbuch. Die *Sagas,* wie z. B. die erschütternde Geschichte des Geächteten Grettirs, erzählen von der Größe und Grausamkeit des Lebens und der Taten der isländischen Bauern. Doch es dauerte bis ins 19. Jahrhundert, ehe die skandinavische Literatur international Beachtung fand.
Es war zunächst ein dänischer Dichter, der weit über seine Heimat hinaus berühmt wurde: Hans Christian Andersen (1805–1875). Seine ↗Märchengestalten, mit denen er einen erzählerischen Gegenpart zur modernen Industriegesellschaft herstellen wollte, sind ebenso bekannt wie die der Brüder ↗Grimm (*Die Prinzessin auf der Erbse, Des Kaisers neue Kleider, Die kleine Seejungfrau).* Andersens Zeitgenosse Jens Peter Jacobsen (1847–1885) hatte es schwerer, sich mit seinen ↗Romanen, z. B. *Niels Lyhne,* durchzusetzen. Großen Einfluss auf seine Zeitgenossen übte dagegen das Werk des Schweden August Strindberg (1849–1912) aus, der besonders in seinen Dramen

Fräulein Julie und *Vater* und seinen Erzählungen und historischen Miniaturen schonungslos das Alltagsleben schildert.
Weltliterarischen Rang erreichte die norwegische Dichtung mit den ↗Dramen von Henrik Ibsen (1828–1906). Er wurde der Gesellschaftskritiker einer ganzen Epoche. So entlarvt er z. B. in *Stützen der Gesellschaft* die Heuchelei angesehener Bürger. Frauendramen, wie *Nora* oder *Die Wildente,* kritisieren die Unaufrichtigkeit in den Beziehungen zwischen Mann und Frau; *Gespenster* ist die Tragödie eines jungen Mannes, der an einer vom Vater vererbten Krankheit zu Grunde geht.
Begeistert gelesen, aber wegen seiner politischen Ansichten auch angefeindet war und ist Ibsens Landsmann Knut Hamsun (1859–1952). Den Grundstein seines Erfolges legte sein kleiner Roman *Hunger*, in dem Hamsun, alle literarischen Traditionen ablehnend, authentisch die elende Lage des Dichters selbst beschreibt, ehe dieser zu Ruhm und Ansehen kommt. Nach einem unsteten Wanderleben ließ Hamsun sich in Norwegen nieder. Von seinen großen Nordlandromanen sei vor allem *Segen der Erde* genannt, der von der Naturverbundenheit und von der Stärke des norwegischen Bauerntums erzählt. Für diesen Roman erhielt er 1920 den Nobelpreis. Ein großer literarischer Erfolg in der heutigen Zeit gelang seinem Landsmann Jostein Gaarder (geb. 1952) mit seinem Buch *Sophies Welt.* Diese populäre und unterhaltsame Einführung in die Philosophie wurde rasch zu einer Art Kultbuch, nicht nur bei jungen Erwachsenen.
Ebenso begeistert haben Generationen von jungen Lesern zuvor an der *Wunderbaren Reise des kleinen Nils Holgersson mit den Wildgänsen* von der schwedischen Dichterin Selma Lagerlöf (1858–1940) teilgenommen. Von großer epischer Kraft zeugen auch ihr Roman *Gösta Berling,* die Erzählungen wie etwa *Das Mädchen vom Moorhof* und die *Christuslegenden.*
Die große schwedische Kinderbuchautorin ist Astrid Lindgren (geb. 1907). Sie schuf mit ihrer *Pippi Langstrumpf* eine witzig-aufmüpfige Mädchenfigur und behandelte in *Mio, mein Mio, Die Brüder Löwenherz* und *Ronja Räubertochter* so schwierige Themen wie Tod und Verlust eines Menschen und wurde u. a. 1978 mit dem Friedenspreis des Deutschen Buchhandels ausgezeichnet.
Den Ausgangsort der skandinavischen Dichtung, die Insel Island, bringen die vorwiegend historischen oder ↗autobiografischen Romane und Erzählungen von Gunnar Gunnarson (1889–1975) wieder ins Gedächtnis.

Russland

Unter den großen europäischen Literaturen ist die russische die jüngste. Russland besaß allerdings schon eine mündlich überlieferte Volksdichtung von hohem Rang. Das wurde dem städtischen Lesepublikum erst bewusst, als Mitte des 19. Jahrhunderts der »russische Grimm«, Alexander Afanasjew (1826–1871) eine Sammlung russischer ↗ Märchen herausgab. Beifall fanden auch die in russischer Umgangssprache niedergeschriebenen Fabeln Ivan Krylows (1768–1844). Die eigentliche russische Dichtung begann aber erst mit Alexander Puschkin (1799–1837), der in seiner Lyrik, Prosa und im Drama neue Akzente setzte und damit zur europäischen Literatur aufschloss. Sein Roman *Die Hauptmannstochter* begründete den russischen Realismus, *Pique Dame* und *Der Postmeister* die russische ↗ Novelle, *Boris Godunow* die historische Tragödie. Trotz dieser Leistung blieb Puschkin im Ansehen seiner Leser bis heute der volkstümlichste Dichter Russlands. Sein Versroman *Eugen Onegin* nennt man ein »Lexikon des russischen Lebens«. Wie Puschkin beeinflusste auch Nikolaj Gogol (1809–1852) die weitere Entwicklung der russischen Literatur. Die Erzählungen *Abende auf dem Vorwerk von Dikanka* spiegeln die heimatliche ukrainische Folklore wider. Nach eingehendem Studium der russischen Geschichte ließ Gogol den Sammelband *Mirgorod* folgen. Dieser enthält u. a. die historische Novelle *Taras Bulba* und die fantastische Erzählung vom Schrecken erregenden Erdgeist *Vij.* Dass Unheimliches, Gespenstisches auch mitten im großstädtischen Alltag auftaucht, zeigen die *Petersburger Novellen,* in denen er mit den Mitteln der Groteske und der ↗ Satire das bürgerliche Milieu beschreibt. Wie in allen seinen Werken will Gogol das Gewissen seiner Leser wachrütteln, indem er das »Leben in seiner ganzen Wahrheit« darstellt. Mit seinem *Revisor* gelang ihm eine der besten Komödien der Weltliteratur.
Das Ansehen der russischen Literatur wuchs mit jedem ihrer großen Erzähler. Michail Lermontow (1814–1841) fasst fünf Erzählungen zu einem psychologischen ↗ Roman zusammen: *Ein Held unserer Zeit.* Darin verbindet er die ↗ Autobiografie Puschkins mit dessen Werk *Eugen Onegin.* Sein Held, Petschorin, fällt dabei ebenso wie Puschkin einem »überflüssigen« Duell zum Opfer; Abschluss eines übersättigten Lebens. Der erste Autor, der die Leser

nicht nur in seinem Heimatland, sondern in ganz Europa fesselte, war Iwan Turgenjew (1818–1883), vor allem mit seinem Novellenband *Aufzeichnungen eines Jägers.* In dem Roman *Väter und Söhne* behandelt er mit großem Einfühlungsvermögen das Generationenproblem seiner Zeit. Einen Meilenstein in der Weltliteratur stellt zweifellos die Dichtung Fjodor Dostojewskijs (1821–1881) dar. Diesen Autor bedrängt ohne Unterlass das Problem der menschlichen Schuld: »Alle Menschen sind schuldig, alle, und wenn doch alle das einsehen würden!« Erschütternd sind die »Beichten« seiner Romanhelden im Gespräch mit anderen und im Selbstgespräch. Die Wirkung auf den Leser steigert Dostojewskij, indem er sie in die trivialen Formen des Kriminal- oder Boulevardromans einbettet. Am ehesten findet man zu diesem Thema mit dem Roman *Schuld und Sühne* Zugang. Er weist den Weg zu den großen Romanen *Der Idiot, Die Dämonen, Der Jüngling, Die Brüder Karamasow.* In einem Atemzug mit Dostojewski wird oft Leo Tolstoi (1828–1910) genannt. Als scharfer Beobachter analysiert und seziert er gleichsam das vielschichtige Innenleben seiner Romanfiguren. Mit unerbittlicher Kritik legt er in seinem Eheroman *Anna Karenina* die Schwächen der einzelnen Menschen und ihrer Institutionen bloß. Sein vierbändiger Roman *Krieg und Frieden* verstrickt und verwebt eine Fülle menschlicher Schicksale vor dem Hintergrund des napoleonischen Einfalls in Russland. Bedeutender als sich selbst oder Dostojewski schätzte Tolstoi den Erzähler Nikolai Leskow (1831–1895) ein, dessen Roman *Klerisei* Einblick in das Leben der russisch-orthodoxen Geistlichkeit gewährt. Seine leise, humorvolle Art und Fabulierkunst übte in der Tat einen großen Einfluss auf die sowjetischen Erzähler unseres Jahrhunderts aus. Mit Anton Tschechow (1860–1904) schließt diese Entwicklung ab. Seine Erzählungen sind voll Melancholie. Ebenso schwermütig sind auch seine Schauspiele, wie *Der Bär* und *Der Heiratsantrag,* in denen Weinen und Lachen nahe beieinander liegen.
Maxim Gorki (»der Bittere«), eigentlich Aleksej Peschkow (1868–1936), weist den Weg in die sowjetische Literatur. Die frühen Erzählungen und Romane üben bittere Kritik an der bedrückenden Lage der unteren Schichten, der Kleinbürger und Arbeiter. Wie sehr ihn deren Situation persönlich betroffen hat, zeigen seine autobiografischen Schriften. Das düstere Bild des bäuerlichen Lebens vor der Revolution zeichnet Iwan Bunins (1870–1953) Roman *Das Dorf* nach. Vor allem in seinen Erzählungen, wie z.B. *Der Herr aus San Francisco,* spiegelt sich noch einmal die gesamte russische Erzähl-

tradition mit ihrer tiefen Liebe zum »Mütterchen Russland« wider. Während sich Bunin den Übergriffen des sowjetischen Machtapparates im Exil entziehen konnte, mussten andere Autoren bis zu ihrem Tod (Boris Pasternak, Michail Bulgakow) oder ihrer »Ausbürgerung« (Alexander Solschenizyn) diese leidend erdulden. Boris Pasternak (1890–1960) musste aus diesem Grund den 1958 an ihn für seinen in der Sowjetunion nicht veröffentlichten Roman *Doktor Schiwago,* einem Kolossalgemälde vom Ausbruch der Revolution im Jahr 1917, sowie für sein gesamtes dichterisches Werk verliehenen Nobelpreis »freiwillig« zurückweisen. Dennoch blieben ihm wie Michail Bulgakow (1891–1940) weitere staatliche Druckmittel, wie Zensur und Schreibverbot, nicht erspart. Alexander Solschenizyn (geb. 1918) stellt aus eigener Erfahrung in der Erzählung *Ein Tag im Leben des Iwan Denissowitsch* das »normale« Leben in einem sowjetischen Zwangsarbeitslager dar. Im Roman *Der erste Kreis der Hölle* und in *Archipel Gulag* nimmt er dieses Thema wieder auf. 1974 wurde er dafür – im Westen hoch geachtet und mit dem Nobelpreis ausgezeichnet (1970) – von der Sowjetunion »ausgebürgert«. Weniger Probleme mit den Staatsorganen hatte dagegen Michail Scholochow (1905–1984). Als Parteimitglied und Träger des Stalinpreises durfte er den 1965 verliehenen Nobelpreis annehmen. In Anlehnung an Tolstoi entwirft er in dem erfolgreichsten Roman der Sowjetliteratur *Der stille Don* die »Odyssee des russischen Volkes« in der Zeit der kommunistischen Revolution. In der Nachfolge von Turgenjew, Leskow und Bunin steht Konstantin Paustovski (1892–1968). In abenteuerlichen Reisen durchstreifte er Russland und fing den Zauber der Landschaft in seinen Büchern ein. Seine mehrbändige ↗Autobiografie bietet viele Informationen über das Russland unseres Jahrhunderts. Einen Spiegel des sowjetrussischen Alltags hält den Lesern Michail Soschtschenko (1895–1958) mit seinen satirischen Geschichten entgegen, von denen *Schlaf schneller, Genosse* schon zur Redewendung geworden ist. Der neben Solschenizyn bedeutendste lebende russische Autor ist Tschingis Aitmatow (geb. 1928). Er wurde mit *Dshamilja* bekannt, einer der schönsten Liebesgeschichten der Weltliteratur.

Polen und Tschechien

Aus der Vielzahl der nach dem Ende des Warschauer Paktes entstandenen Staaten sollen hier neben Russland nur Polen und die ehemalige Tschechische Republik herausgegriffen werden, da es beiden Völkern gelang, über die letzten Jahrhunderte hinweg beachtenswerte eigenständige Literaturen zu entwickeln. Konkrete Autorennamen fallen einem jedoch nur wenige ein; die Musiker Chopin, Dvorák und Smetana sind wesentlich geläufiger. Doch gab es auch einige Autoren dieses Kulturkreises, die durch Übersetzungen die Grenzen überschreiten konnten.

In der ältesten Literatur dieser Völker spielt vor allem die religiöse Dichtung eine Rolle. Erst seit dem ausgehenden 18. Jahrhundert setzte mit dem Erwachen eines Nationalbewusstseins auch eine Blüte der polnischen wie der tschechischen Literatur ein. Der bedeutendste polnische Dichter im frühen 19. Jahrhundert war Adam Mickiewicz (1798–1855). In seinem Hauptwerk, der Verserzählung *Herr Thaddäus oder Der letzte Ritt in Litauen* (1834), die am Vorabend des Napoleonischen Angriffs auf Russland spielt, erzählt er vom Freiheitskampf der Polen gegen russische Besatzungstruppen und schildert in farbigen Szenen das Leben des polnischen Adels und der Bauern. Noch heute zählt dieses Werk zu den bekanntesten und beliebtesten Dichtungen Polens. Unter dem Einfluss der großen Erzähler in ↗ England, ↗ Frankreich und ↗ Russland setzte sich eine realistische Erzählweise durch, zu deren bedeutendsten Vertretern Boleslaw Prus (1847–1912) und Henryk Sienkiewicz (1846–1916) gehörten, der 1905 mit dem Nobelpreis ausgezeichnet wurde. Die Polen schätzen besonders seine große Romantrilogie *Mit Feuer und Schwert,* in der er den Kampf der Polen gegen die russischen Kosaken im 17. Jahrhundert schildert. Im Westen wurde er durch *Quo vadis?* berühmt, einem historischen Roman aus dem alten Rom zur Zeit der Christenverfolgungen unter Kaiser Nero. Die packende und noch heute lesenswerte Schilderung wurde in 30 Sprachen übersetzt und mehrfach verfilmt. Zu den bekanntesten polnischen Autoren der Gegenwart zählen Marek Hasko (1934–1969), Slawomir Mrozek (geb. 1930), Jerzy Andrzejewski (1909–1983), Witold Gombrowicz (1904–1969), Andrzej Szcypiorski (geb. 1924), vor allem aber auch Stanislaw Lem (geb. 1921), als Vertreter der ↗ Sciencefiction-Literatur.

Auch am Beginn der neueren tschechischen Literatur steht eine Verserzählung. Karel Mácha (1810–1836) schildert in *Mai* die Geschichte eines Räubers, der unwissend seinen Vater erschlagen hat, gefasst wird und nun kurz vor der Hinrichtung noch einmal sein tragisches Leben an sich vorüberziehen lässt. Zu den auch heute noch gelesenen Romanen dieser Zeit zählt *Großmutter* von der Schriftstellerin Božena Němcová (1820–1862), eine reizvolle Schilderung bäuerlichen Alltagslebens in Böhmen um die Mitte des vorigen Jahrhunderts. Ein Gegenstück dazu bilden die *Kleinseitner Geschichten* Jan Nerudas (1834–1891), die das Leben der kleinen Leute auf der Prager Kleinseite schildern. Weltweit bekannt wurde Jaroslav Hašek (1883–1923) mit seinem *Braven Soldaten Schwejk.* Mit ihm schuf er eine der großen unsterblichen Figuren der Weltliteratur. Zwar ist Schwejk nur ein kleiner Hundehändler aus Prag, zumal durch ein ärztliches Attest als schwachsinnig ausgewiesen, in Wirklichkeit aber ist er eine Art tschechischer Eulenspiegel, dem es mit gesundem Mutterwitz und entwaffnender Einfalt gelingt, der tödlichen Maschinerie des Krieges zu entgehen und zu überleben. So ist der *Schwejk* eine scheinbar heitere, in Wirklichkeit aber sehr bittere Anklage gegen den Wahnsinn des Krieges. Kein Wunder, dass diese Geschichte dramatisiert und mehrfach verfilmt wurde. Bertolt ↗ Brecht diente die Figur später als Vorbild für sein Stück *Schwejk im Zweiten Weltkrieg*. Zu den bedeutendsten tschechischen Autoren zwischen den beiden Weltkriegen gehörte Karel Čapek (1890–1938), der mit dem Roman *Der Krieg mit den Molchen* internationale Anerkennung fand. Diese Geschichte vom ohnmächtigen Kampf der Menschen gegen eine hochgezüchtete Molchrasse ist nicht nur ein Vorläufer der modernen ↗ Sciencefiction-Literatur, sondern zugleich auch ein ausgesprochen politisches Buch, denn die fantastische Fabel symbolisiert den Kampf der Menschen gegen die damals (1936) übermächtigen faschistischen Bewegungen. Der erste tschechische Nobelpreisträger für Literatur war 1984 Jaroslav Seifert (1901–1986), der vor allem als Erzähler und Lyriker bekannt wurde. Václav Havel (geb. 1936) wurde durch seine Schauspiele, Romane und Essays bekannt, mit denen er zu den bedeutendsten Vorkämpfern für geistige und politische Freiheit gehörte. Nach dem Ende des so genannten Prager Frühlings musste er diesen Kampf mit Zensur und mehreren Jahren Gefängnis bezahlen. 1989 wurde er mit dem Friedenspreis des Deutschen Buchhandels ausgezeichnet. Heute ist er Staatspräsident der Tschechischen Republik. Der Lyriker Jiři Gruša (geb. 1938) ist Botschafter in Deutschland.

USA

Die Literatur Nordamerikas stand zunächst unter einem ungünstigen Stern. Die Kolonisten, Pelzhändler und Soldaten kämpften lange Zeit um die bloße Existenz, so dass für das Lesen und Schreiben von Büchern kaum Zeit blieb. Dazu kam bei den meisten Siedlern eine streng puritanische Gesinnung, die weltliche Dinge, eben auch die Literatur, als Sünde ansah, soweit es sich nicht um religiöse Dichtung handelte. Daran änderte sich bis zur Unabhängigkeit der Vereinigten Staaten nicht viel. Erst als führende Männer der Unabhängigkeitsbewegung selbst schriftstellerisch tätig wurden, wie z. B. Benjamin Franklin (1706–1790), setzte ein Änderungsprozess ein. Zwar schrieben sie meist ↗Biografien oder politische Schriften, aber immerhin bereiteten sie damit die ersten Höhepunkte der amerikanischen Literatur, die mit den Namen Charles Brockden Brown (1771–1810), James Fenimore Cooper (1789–1851), Nathaniel Hawthorne (1804–1864) und Edgar Allan Poe (1809–1849) verbunden sind, vor. Während Brown noch stark unter dem Einfluss europäischer Traditionen stand, schrieben Hawthorne und besonders Cooper über die Probleme der Menschen in Amerika. Bei Cooper geht es um die Kolonisierung und Kämpfe gegen die Indianer, so in seinem berühmten Werk über den Trapper und Waldläufer *Lederstrumpf.* Im Gegensatz zu Büchern aus späterer Zeit werden die Indianer bei Cooper nicht als blutrünstige Wilde dargestellt; so ist es bezeichnend, dass der alternde Lederstrumpf nur bei ihnen seinen Lebensabend verbringen will. Cooper behandelt auch aktuelle politische Fragen, z. B. in den *Papieren der Familie Littlepage.*
Das Werk eines weiteren herausragenden Autors der USA, Edgar Allan Poe, umfasst Erzählungen, Gedichte und Essays. Doch wollte er nicht das typisch Amerikanische, sondern Grenzbereiche, Grenzsituationen darstellen, wie die Grenze zwischen Wachen und Schlafen, Leben und Tod, Wahnsinn und geistiger Klarheit. Den Geschilderten gelingt es nur selten, mit Hilfe der Vernunft einen Ausweg aus ihren Konflikten zu finden (wie z. B. in *Die Grube und das Pendel* und *Der Doppelmord in der Rue Morgue*). In den Erzählungen *Die schwarze Katze* oder *Das verräterische Herz* wird die Grenze des Verstandesmäßigen endgültig überschritten – zum Wahnsinn, zum Verbrechen oder zum Tod. Poe versteht es, das Unheimliche, Übersinnliche und Makabre beklem-

mend und spannend darzustellen, besonders in seinen ↗ Shortstories. Mit ihnen begründete er eine Form, die für die amerikanische Literatur typisch werden sollte und die auch auf die Literaturen anderer Länder Einfluss nahm (z. B. auf ↗ England, Katherine Mansfield). Die aufkommenden literarischen Zeitschriften pflegten und begünstigten eine solche Kurzform. Zudem bot diese Gattung den Amerikanern die Möglichkeit sich von den marktführenden englischen Romanautoren abzusetzen. Selbst Herman Melville (1819–1891) wurde erst durch Erzählungen, nicht durch seine Romane bekannt, obwohl er diese, wie *Billy Budd, Taipi* und *Moby Dick oder Der Weiße Wal,* als seine eigentlichen literarischen Leistungen ansah. Heute wird besonders *Moby Dick* hoch geschätzt, der mehr ist als ein Abenteuerroman, denn Kapitän Ahab steht mit all seinen Vorzügen und Fehlern stellvertretend für den Menschen und der Wal verkörpert all das, wogegen der Mensch (meist vergeblich) ankämpft. In den Werken, die nach der Jahrhundertmitte entstanden, verstärkt sich die deutliche Hinwendung zu amerikanischen Themen. Zu internationaler Bedeutung gelangte Walt Whitmans (1819–1892) *Grashalme.* Den darin angeschlagenen kritischen Ton griff die Schriftstellerin Harriet Beecher-Stowe (1811–1896) mit *Onkel Toms Hütte,* ihrem Roman über das Problem der Sklaverei, auf, an der die Union zwischen Nord- und Südstaaten zerbrechen sollte. Mark Twains' (↗ Pseudonym, 1835–1910) Erzählungen, vor allem aber seine Romane *Ein Yankee aus Connecticut an König Artus' Hof, Die Abenteuer des Tom Sawyer* und *Huckleberry Finns Abenteuer,* zeigen ihn als witzigen Erzähler und scharfen Beobachter. Unübersehbar ist der ernste Grundton, besonders in *Huckleberry Finn*: Huckleberry, wegen seiner Herkunft als Außenseiter angesehen, kann nur zusammen mit einem anderen Außenseiter, einem entflohenen Sklaven, fern von den Menschen auf einem Floß im Mississippi so etwas wie Freiheit und Glück finden. Noch deutlicher werden die Zweifel an Amerika als dem Land der unbegrenzten Möglichkeiten und der unbegrenzten Freiheit bei Ambrose Bierce (1842–1914) und Jack London (eigentlich John Griffith, 1876–1916). Bierce zeigt in kühler, distanzierter Sprache, wie der Mensch für den Mitmenschen gefährlicher sein kann als das schlimmste Raubtier. Der amerikanische Bürgerkrieg, in dem viele seiner Geschichten spielen, war für Bierce der Beweis für diese Behauptung. Jack London beschreibt, z. B. in *König Alkohol*, welche Zwänge die Gesellschaft auf den Menschen ausübt und ihm dadurch jede Entscheidungsfreiheit nimmt. Auch seine Abenteuerromane *Ruf der Wildnis* oder *Der Seewolf* zeigen das Leben als unerbittlichen Kampf.

Dass dieser Kampf nicht nur in der Wildnis stattfindet, sondern auch in den Städten, im täglichen Leben, belegen die Werke von Stephen Crane (1871–1900), Theodore Dreiser (1871–1945), Sinclair Lewis (1885–1951) und Upton B. Sinclair (1878–1968). Als Beispiel sei Upton B. Sinclairs Roman *Der Sumpf* herausgegriffen, der das Schicksal einer Gruppe von Einwanderern in Chicago beschreibt, die sich vergeblich bemühten wenigstens etwas Ruhe und Sicherheit zu finden. Auch Erskine Caldwells (1903–1987) *Gottes kleiner Acker* und John Dos Passos' (1896–1970) *Manhattan Transfer* behandeln diese Themen. Besonders hervorzuheben ist aber John Steinbeck (1902–1968, Nobelpreis 1962), dessen Romane, etwa *Jenseits von Eden, Früchte des Zorns* oder *Die Straße der Ölsardinen,* ein ungeschminktes Bild der amerikanischen Wirklichkeit zeigen. Die großen Namen der Generation zwischen den beiden Weltkriegen sind Ernest Hemingway (1899–1961, Nobelpreis 1954), Francis Scott Fitzgerald (1896–1940) und William Faulkner (1897–1962). Hemingway und Fitzgerald zählten sich zu der desillusionierten »verlorenen Generation«, für die, durch den Ersten Weltkrieg und die Zeit danach, alle Werte ins Wanken geraten waren. So schildert Fitzgerald in seinem Roman *Der große Gatsby* eine Gesellschaft, die durch ungehemmten Genuss ihre Verzweiflung an einem sinnentleerten Leben verdrängt. Hemingways Helden sehen die Welt ähnlich, versuchen aber durch Kampf (auf der Jagd oder im Krieg), Verzicht und Liebe ihrem Leben einen Sinn zu geben. Besonders deutlich wird dies in *Der alte Mann und das Meer, Wem die Stunde schlägt* oder *Fiesta.* Kennzeichnend für Hemingway ist seine – scheinbar – kunstlose, unterkühlte Sprache, besonders in seinen ↗Kurzgeschichten (*49 Depeschen*). Faulkner gilt als der Autor des amerikanischen Südens, dessen geistig-kulturellen Untergang er in seinen Romanen *Licht im August* und *Absalom, Absalom!* und in Erzählungen beschreibt.

Die Erlebniswelt der Jugend nach dem Ersten Weltkrieg spiegelt das Werk Thomas Wolfes (1900–1938). Er verarbeitet vielfach eigenes Erleben, z. B. in dem Roman *Schau heimwärts, Engel!* In Wolfes eindringlicher Prosa wird deutlich, dass es für seine Generation keinen Rückzug in die Geborgenheit mehr gibt. Der Titel seines letzten Romans lautet folgerichtig: *Es führt kein Weg zurück.* Ein völlig anderes Zeitgefühl vermitteln die Romane, Erzählungen und Gedichte der »beat generation«. Maßgeblich für ihr Selbstverständnis wurde der Roman *Unterwegs* von Jack Kerouac (1922–1969), die Beschreibung einer rastlosen Autofahrt quer durch Amerika. Zentrum dieser sich auch politisch gegen den Vietnam-Krieg engagierenden Bewegung war der Lyriker Allen Ginsberg (geb. 1926). Sehr bekannt – auch in Europa – wurde Jerome D. Salinger (geb. 1919) mit seinen Romanen *Franny und Zooey* und *Der Fänger im Roggen.* Holden Caulfield, sein erwachsen werdender Held, versucht seinen Platz und seine Aufgabe in der Welt zu finden; dieses oft schon behandelte Thema wird bei Salinger so eindringlich und glaubhaft geschildert, dass sich die meisten jugendlichen Leser mit Holden identifizieren können. Eine vergleichbare Bedeutung in jüngster Zeit erlangte David Coplands (geb. 1961) *Generation X.* Einen Roman mit ähnlichem Thema schrieb Saul Bellow (geb. 1915): *Die Abenteuer des Augie March;* weitere wichtige Werke Bellows sind *Der Regenkönig, Herzog* und *Humboldts Vermächtnis.* Er erhielt 1976 den Nobelpreis für Literatur. Zu den bedeutenden Autoren des gegenwärtigen Amerika gehört auch Isaac Bashevis Singer (1904–1991), der als Nachkomme jüdischer Einwanderer aus Osteuropa das Leben der Juden in Amerika und in der alten Heimat – z. B. in *Jakob, der Knecht* – beschreibt. Für sein Werk, in dem sich uralte jüdische Kultur und Tradition, aber auch das entsetzliche Schicksal der Juden in unserem Jahrhundert spiegelt, wurde er 1978 mit dem Nobelpreis für Literatur ausgezeichnet. Auffällig ist die Vorliebe vieler amerikanischer Autoren für eine direkte Umsetzung geschichtlicher und politischer Ereignisse in Literatur. Dazu gehört Margaret Mitchells (1900–1949) Roman *Vom Winde verweht,* der ein Bild des amerikanischen Bürgerkrieges zeichnet, oder Norman Mailers (geb. 1923) Roman *Die Nackten und die Toten,* der über das Kriegsgeschehen im Zweiten Weltkrieg im Pazifik berichtet; dasselbe Thema behandelt James Jones (1921–1977) in *Verdammt in alle Ewigkeit* und Joseph Hellers (geb. 1923) *Der IKS-Haken.* Leon Uris (geb. 1924) beschrieb in *Exodus* die Geschichte eines Schiffes, das Einwanderer nach Israel bringen soll. Auch Truman Capote (1925–1984) gehört mit seinem Tatsachenroman *Kaltblütig,* der die Aufklärung eines Verbrechens und seine Sühne schildert, in diese Gruppe. Gegenüber der fast unübersehbaren Zahl hervorragender Prosawerke tritt die Lyrik trotz der Werke von Walt Whitman, Allen Ginsberg, Thomas Stearns Eliot (1888–1965, Nobelpreis 1948) und Ezra Pound (1885–1972) etwas in den Hintergrund. Weltgeltung erlangten dagegen die amerikanischen Nachkriegsdramatiker: Eugene O'Neill (1888–1953), Arthur Miller (geb. 1915) – oft gespielt ist sein Stück *Der Tod des Handlungsreisenden* –, Tennessee Williams (1911–1983) mit *Endstation Sehnsucht* und *Die Katze auf*

dem heißen Blechdach und Edward Albee (geb. 1928), der durch sein Stück *Wer hat Angst vor Virginia Woolf?* berühmt geworden ist. Auch in Deutschland viel gespielt wurde von Thornton Wilder (1897–1975) *Unsere kleine Stadt* und *Wir sind noch einmal davongekommen.* Mindestens genauso berühmt sind seine Romane *Die Brücke von San Luis Rey, Die Iden des März, Der achte Schöpfungstag* und *Theophilus North.* Einen wichtigen Platz in der amerikanischen Literatur nehmen ↗Sciencefiction-Literatur, ↗Kriminalromane und Wild-West-Geschichten ein. Hervorzuheben sind dabei die Kriminalromane von Raymond Chandler (1888–1959), Dashiell Hammett (1894–1961) und Patricia Highsmith (1921–1995). Wie sehr das amerikanische Publikum seine Identifikations- und Vorstellungsmuster von diesen Gattungen ableitete, zeigt die Vielzahl der erfolgreichen Verfilmungen dieser Sujets. Beispielhaft hierfür ist, wie sich Chandlers integrer Detektiv Philip Marlowe seiner korrupten Umwelt widersetzt. Er wurde damit zu einer der bekanntesten literarischen (Film-)Figuren. Ein anderes Darstellungsmittel verwendete Walt Disney (1901–1966). Ausgehend von Bildgeschichten (↗Comics) verfilmte er später nicht nur eigene Zeichentrickserien (Mickey Mouse), sondern auch Stoffe der Weltliteratur (Kiplings *Dschungelbuch*).
Gegen die Klischeehaftigkeit des »American way of life«, die diese Gattungen auch verbreiteten, wandten sich Autoren wie Hubert Selby (geb. 1928), Henry Miller (1891–1980), William Seward Burroughs (1914–1997), Robert Lowell (1917–1977) und Charles Bukowski (1920–1994). Sie bekamen die Schattenseiten des amerikanischen Lebens z. T. am eigenen Leib zu spüren und griffen es in oft schockierender Form an. Deshalb hatten diese Autoren auch in einem sonst so freien, aber häufig prüden Amerika mit eingreifenden Zensurbehörden zu kämpfen. Rassenprobleme und die Bürgerrechtsbewegung vor dem Hintergrund sozialer Missstände sind wichtige Themen, die die Afroamerikaner Ralph Waldo Ellison (geb. 1914), Toni Morrison (geb. 1931, Nobelpreis 1993) in ihren Romanen *Jazz* und *Sula* und Alice Walker (geb. 1944) und James Baldwin (1924–1987) aufgreifen. Aber auch die »Native Americans«, die indianische Minderheit, meldet sich heute mit Autoren wie Leslie Marmon Silko (geb. 1948) für eine breite Öffentlichkeit vernehmlich zu Wort. Dass aber nicht nur Außenseiter und Randgruppen gefährdet sind, sondern auch der Mittelstand in einer Scheinsicherheit lebt, zeigen Joyce Carol Oates (geb. 1938), Susan Sonntag (geb. 1933) und Philip Roth (geb. 1933).

Lateinamerika

Die Ureinwohner Mittel- und Südamerikas, die Azteken und Mayas, kannten vor der Ankunft der Europäer nur eine mündlich überlieferte Literatur, die aber mit dem Erscheinen der Eroberer bald verdrängt wurde. Die ersten schriftlichen Werke, die in der »Neuen Welt« entstanden, waren Berichte über die Eroberungen, z.B. *Wahrhafte Geschichte der Eroberung Neuspaniens* (= Mexikos) von Bernal Díaz de Castillos, die erst 1632 erschienen sind, oder die spanisch geschriebenen *Königlichen Kommentare* des Inka-Nachkommen Garcilaso de la Vega (1503–1536), die von der Herkunft der Inkas handeln. In »Lateinamerika« wurden die Sprachen der Eroberer Landessprache: in Mittel- und Südamerika Spanisch, in Brasilien Portugiesisch. Deshalb ist es verständlich, dass sich die Autoren in den Kolonien auch an diese europäischen Literaturen anlehnten.

Eine Abwendung von Europa begann erst mit dem politischen Niedergang Spaniens im 18. Jahrhundert. Es war nun nicht mehr Vorbild, im Gegenteil, der wirtschaftliche und politische Druck, den es auf die Kolonien ausübte, führte zu Ablehnung und Hass, die sich in den Unabhängigkeitskriegen entluden, in deren Folge (nach 1800) die lateinamerikanischen Staaten allmählich selbständig wurden. Diese Entwicklung lässt sich auch in der Literatur verfolgen, vor allem in der ↗Lyrik, die während der Freiheitskriege zu neuen Formen fand. Die Aufbruchstimmung dieser Zeit und die Rückbesinnung auf das Eigene, das Amerikanische, bedeutete nie einen radikalen Bruch mit Spanien, begünstigte aber die Aufnahme der – vornehmlich französischen – ↗Romantik, wie z.B. die Werke des Argentiniers Estebán Echeverría (1805–1851) und Antônio Gonçales Dias (1823–1864), dem eigentlichen Begründer der brasilianischen Literatur, zeigen. Besonders gepflegt wurde die Dichtung in den Hauptstädten Mexikos, Kolumbiens, Perus, Chiles und Argentiniens. Kuba nahm eine Vermittlerrolle ein: Noch war es eine spanische Kolonie, die sich geistig aber verstärkt an Amerika orientierte. Auf ihr bündelte sich der Ideenaustausch Lateinamerikas untereinander und mit Europa. Doch dieser Austausch kam häufig nicht freiwillig zu Stande. Vielfach zwangen die verschiedenen Diktatoren die Schriftsteller in die Emigration, so der argentinische Gewaltherrscher Rosas den Autor Echeverría. Die

zahlreichen politischen, wirtschaftlichen und sozialen Probleme führten im Verlauf des 19. Jahrhunderts zu einer realistischen und naturalistischen Darstellungsweise. Die Schriftsteller beschäftigten sich jetzt mit der eigenen Umgebung und Umwelt. Es entstand die Gaucho-Dichtung, in deren Mittelpunkt berittene Hirten, die Indianermischlinge der Pampa, standen, die auch in Gedichten und Epen, z. B. *El gaucho Martín Fierro* des Argentiniers José Hernandez (1834–1886) beschrieben wurden. Ein heutiges Beispiel dieser Dichtung ist *Das Buch vom Gaucho Sombra* von Ricardo Giraldes (1886–1927).
Neue Ansichten vertrat der so genannte Modernismus mit dem Kubaner José Martí (1853–1895), dem Mexikaner Manuel Gutiérrez Nájero (1859–1895) und dem Nicaraguaner Rubén Darío (1867–1916), einem der bedeutendsten lateinamerikanischen Autoren überhaupt. Sie wollten sich von alten Traditionen lösen und experimentierend einem neuen Bewusstsein Ausdruck geben. Zusammen mit europäischen Einflüssen und eigenen Traditionen schärften sie den Blick für politische und soziale Probleme und legten damit den Grundstein für die einzigartige Blüte der lateinamerikanischen Literatur in unserem Jahrhundert. Dazu gehören neben der chilenischen Lyrikerin Gabriela Mistral (↗Pseudonym für Lucila Godoy Alcayaga, 1889–1957) und ihrem Landsmann Pablo Neruda (Pseudonym für Neftalí Ricardo Reyes Basoalto, 1904–1973) auch der Argentinier Jorge Luis Borges (1899–1986) und Octavio Paz (geb. 1914, Nobelpreis 1990) aus Mexiko. Während das ↗Drama keine Rolle spielte, erreichte der Roman einen Höhepunkt. Zu den wichtigsten Autoren unserer Zeit zählt Jorge Amado (geb. 1912), dessen Romane *Gabriela wie Zimt und Nelken* und *Kakao. Roman aus dem brasilianischen Urwald* auch bei uns bekannt sind. Weitere wichtige brasilianische Autoren sind João Guimarães Rosa (1908–1967) mit seinem großartigen Roman *Grande Sertão: Veredas* über die zentralbrasilianische Steppe, den »Sertão«, und Graciliano Ramos (1892–1953). Bedeutende spanischsprachige Autoren sind Juan Rulfo (1918–1986) und Carlos Fuentes (geb. 1928), beides Mexikaner, der Argentinier Julio Cortázar (1914–1984), der mit *Rayuela Himmel und Hölle* den ersten großen südamerikanischen Roman schrieb, José Lezama Lima (1910–1976) aus Kuba und Miguel Ángel Asturias (1899–1974) aus Guatemala, der 1967 als erster Lateinamerikaner den Nobelpreis für Literatur erhielt und als Hauptvertreter des »Magischen Realismus« gilt. Er bezieht indianische Vorstellungen, z. B. Mythen, in sein Werk

mit ein, um so tiefer begründete Wahrheiten zu erfassen. Einer der ganz großen Autoren ist der Peruaner Mario Vargas Llosa (geb. 1936). In seinen Romanen, z. B. *Die Stadt und die Hunde, Das grüne Haus* oder *Die Kathedrale,* entwickelt er aus einer Vielzahl von Eindrücken, Rückblenden und durch wechselnde ↗Erzählperspektiven in kunstvoller Weise ein Bild, das gleichzeitig etwas über den Menschen an sich und über eine bestimmte reale Umwelt, das Südamerika von heute, auszusagen vermag. Ähnliches kann man auch über den bedeutendsten lateinamerikanischen Autor der Gegenwart, den Kolumbianer Gabriel García Márquez (geb. 1928, Nobelpreis 1982), sagen. In seinem Hauptwerk *Hundert Jahre Einsamkeit* verbindet er geschichtliche und aktuelle Ereignisse mit fantastisch-märchenhaften Elementen zu einer beeindruckenden Chronik karibischen Alltags.

Die großen Probleme Lateinamerikas machen jedes Buch zwangsläufig zu einem politischen. So ist es verständlich, dass viele Schriftsteller nicht nur schreiben, sondern auch selbst politische Verantwortung tragen wollen. Die Folgen dieser »Einmischung« sind häufig Zensur, Gefängnis und Exil, wie sie die Brasilianer Rubem Fonseca (geb. 1925), Augusto Boal (geb. 1931), Ignácio de Loyola Brandão (geb. 1936) und die Chilenin Isabel Allende (geb. 1942) erleiden mussten. In ihrem Roman *Das Geisterhaus* zeigt sie am Beispiel einer Familie die Geschichte Chiles in unserem Jahrhundert. Dem Mexikaner Octavio Paz und dem Nicaraguaner Ernesto Cardenal (geb. 1925) gelang der Spagat zwischen Kunst und Politik. Noch von der Militärjunta verfolgt, wurde Cardenal nach dem Umsturz durch die linksdemokratischen Sandinisten zeitweilig Kulturminister seines Landes. Paz war lange Jahre im diplomatischen Dienst für sein Land in der Schweiz und in Indien. Neben Isabel Allende machte sich auch die Schriftstellerin Gioconda Belli in Europa einen Namen. Besonders bekannt wurden ihre Romane *Bewohnte Frau* (1993) und *Tochter des Vulkans* (1992) und ihr Lyrikband *Zauber gegen die Kälte* (1992).

VI. Register